别人怎么对你，都是你教的

黄启团 著

中信出版集团 | 北京

图书在版编目（CIP）数据

别人怎么对你，都是你教的 / 黄启团著. -- 北京 : 中信出版社, 2019.6（2025 . 3 重印）
ISBN 978-7-5217-0614-7

Ⅰ. ①别… Ⅱ. ①黄… Ⅲ. ①人际关系－通俗读物 Ⅳ. ①C912.11-49

中国版本图书馆CIP数据核字(2019)第093419号

别人怎么对你，都是你教的

著　　者：黄启团
出版发行：中信出版集团股份有限公司
（北京市朝阳区东三环北路 27 号嘉铭中心　邮编　100020）
承 印 者：**北京通州皇家印刷厂**

开　　本：660mm × 970mm　1/16　　印　　张：23.5　　字　　数：240千字
版　　次：2019年6月第1版　　印　　次：2025年 3 月第 37 次印刷
书　　号：ISBN 978-7-5217-0614-7
定　　价：68.00元

任何一段糟糕的关系，必有你的一份功劳

无论你今天过得如何，只要你愿意，你都可以变得更好。

这是我非常坚定的信念，因为在过去22年心理领域的工作经历中，我见证了太多太多生命的改变，包括我自己。

在《升级生命软件》的课堂上，我曾经遇到过无数处于迷茫、痛苦又无助阶段的人。他们有的是为生活所累，感觉自己越努力却越疲惫；有的是抱怨婚姻不幸、遇人不淑，不断数落伴侣的各种不是；有的恨不能把自己拥有的一切都给对方，却还是得不到对方的爱；有的为了孩子的未来操碎了心，却没获得孩子的理解和支持，本该幸福温馨的家也变成了冲突不断的战场；还有的从世俗逃到寺院，又从一座寺院逃到另一座寺院，却还是想逃；甚至还有的因为受够了这无望、痛苦的人生，抑郁到想要结束生命……

他们中的大多数都问过我类似这样的问题——“我这都是为他好，为什么他丝毫不领情？”“我这么努力爱他，为什么他还是不爱我？”“为什么他老针对我？”……他们总以为，这一切都是别人的错。

每当这个时候，我都会反问一句：“那是谁把你自己逼到如此境

地的呢？”

我之所以会这样问，是因为我在心理咨询的个案中发现了这样一个规律：别人怎么对你，都是你教的。比如在一段糟糕的关系中，任何一个让你不舒服的伴侣、朋友、合作伙伴，这其中必有你的一份功劳。曾经值得托付终身的伴侣，如今却变成了你口中的“渣男”；曾经简单如一张白纸的孩子，如今却调皮捣蛋不听话；原本只是普通的同事关系、朋友关系，如今他们却处处针对你、忽视你……为什么会这样呢？有没有可能是你把对方培养成今天这个样子？

生活中的每个人都是你我的一面镜子，透过别人，我们看到的其实是真实的自己。我们之所以看到对方不好的一面，是因为，我们会把自己隐藏的内在投射到别人身上。遗憾的是，生活中绝大多数人并没有意识到这一点，不得不在黑暗中痛苦摸索，无助度日。每次看到这种情况，我都很痛惜、痛心。因为通过多年的经验，我摸索到一些关于人的规律，也学会了一些让人生变得更好的方法，这些方法已经在我的课堂上和咨询个案中验证过，十分有效。可惜的是我个人精力有限，能走进我的课堂和向我咨询的人十分有限，因此，我希望通过这本书，帮助大家看清错综复杂的情感和情绪背后的真相，让大家跟自己和解、跟关系和解，走出心灵的困境，活出生命的美好。

别人怎么对你，都是你教的！——这是心理学中的一句至理名言，适用于任何关系！比如说，男人怎样对你，是你从一开始就惯的、教他的；孩子不听话、软弱、不敢承担责任，是你教育失当，从小宠的；朋友无视你、忽略你，也许是永远没有主见的你让人习惯性地忽视你；同事不够尊重你，拿你当软柿子捏，也许是你畏首畏尾的样子给了别人得寸进尺的机会……总之，我们每个人都在无意识中教会了别人如何对待自己，有的人教会别人尊重自己，有的人教会别人如何爱自己，有的人则教会别人如何伤害自己。

面对生活的种种困境，抱怨一点用处都没有，与之对抗更会让你泥足深陷。那怎么办呢？

我们为什么会陷入一个又一个的困境中？这跟我们的人生模式有关。所谓的人生模式，就是我们俗称的“性格”或“习惯”，这些模式的背后，就是一个人的信念。信念决定一个人的行为，而行为会导致结果。你今天所面临的困境正是过去行为所创造的结果，而这一切都是由你所持有的信念决定。人们内心的种种痛苦、迷茫、失望、疲累等，都跟信念有关。我把这些决定一个人命运的信念比喻为“生命软件”，这些软件不改，生活就会不断地重复过去的模式。

无论我们的人生是幸福的，还是痛苦的；是自强的，还是懦弱的；是乐观的，还是悲观的；是充满希望的，还是绝望的……这都跟我们内在的“生命软件”的差异有关。人生，说到底，是内在软件的外在呈现，“生命软件”几乎决定了一个人的一生。这些软件一旦改变，会影响到个人、婚姻、家庭、事业等方方面面。所以，活出全新的自己的第一步，应该从觉察并看见我们的内在模式开始，因为看见后，你就可以重新选择你的下半生。

在《升级生命软件》的课程上，我接触了面临各种各样人生难题和困境的案主。而我的工作就是让他们看清楚这些事情背后的真相，当他们看见困境背后的模式后，他们因此而找到了不一样的人生活法，生活也会因此而改变。

在这本书中，我结合这些个案，通过对案例的深入分析和探讨，来带大家一起探索并“看见”案主当前的人生模式。人生的痛苦也许千差万别，但内在的模式大同小异，比如悲观模式、内耗模式、痛苦模式、假装忙碌模式、目中无人模式、指责模式、受害者模式、操控模式、恐惧模式、焦虑模式等。从这些活生生的案例中，你也许能看到自己的影子，并觉察到自己正在“运行”的人生模式。

一个人只有看到了自己的模式，他才会自然地做出改变。这个过程我把它称作“升级生命软件”。

这条路我自己走过，所以，我知道还有很多像我一样经历无明痛苦的心灵需要被唤醒！通过这本书，让读者的人生变得更加美好，这就是我写这本书的最大心愿。

每个生命都可以奇美无比，就像每个生命都可能平庸无奇一样。关键在于，我们能否觉察并看见自己的人生模式，并为了追求更好的人生而做出不懈的努力。所以，当我们都在感叹人生不如意，在抱怨命运不公之时，不妨问问自己——我是如何创造今天这一切的？我内在的哪种模式让世界如此对我？

翻开这本书，也许书中有你要的答案！

最后，团长祝愿大家都能活出生命的喜乐、称心、享受和满足！

黄启团

2019 年 5 月

目 录

05 第五章 学会接纳不完美：遇见更好的自己

升级生命软件

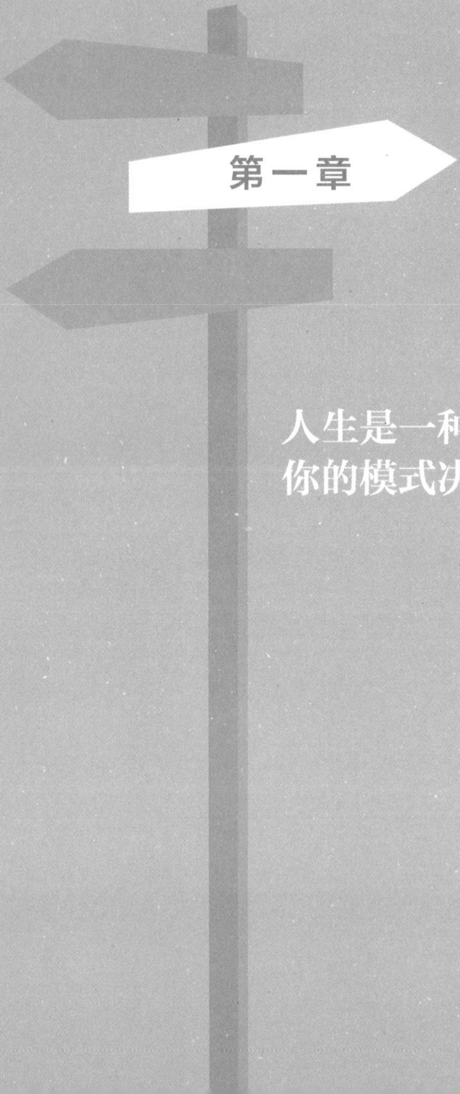

第一章

人生是一种选择：你的模式决定了你的人生

黄色的林子里有两条路，
很遗憾我无法同时选择两者。
身在旅途的我久久站立，
对着其中一条极目眺望，
直到它蜿蜒拐进远处的树丛。

我选择了另外的一条，天经地义，
也许更为诱人，
因为它充满荆棘，需要开拓；
然而这样的路过，
并未引起太大的改变。

那天清晨，这两条小路一起静卧在
无人踩过的树叶丛中，
哦，我把另一条路留给了明天！
明知路连着路，
我不知是否该回头。

我将轻轻叹息，叙述这一切。
许多许多年以后：
林子里有两条路，我——
选择了行人稀少的那一条，
它改变了我的一生。

——罗伯特·弗罗斯特《未选择的路》

你想要的人生，藏在你的生命软件里

人脑也会“中毒”？

有一次，在《升级生命软件》课程签到时，签到电脑突然中毒死机，给学员们造成了不小的困扰。为了重新录入学员的资料，我的同事加班直到深夜。

电脑系统会中毒死机，我在想，人脑会不会“中毒”呢？如果人脑“中毒”会怎样？

某研究生从宿舍楼顶的天台坠亡。警方调查结论为高坠死亡，排除他杀，不予立案。这件事让我不由得联想到某博士生跳楼事件。两个孩子都是高学历，属于鲤鱼跃龙门的优秀学子。但这两个让莘莘学子羡慕的天之骄子却用这样的方式放弃生命，未免让人为之惋惜。

我知道一个人放弃自己生命的原因有很多，有外在的种种困难，也有内在不为人知的痛苦。我没有权利去评价什么，只是这些让人心痛的事情引发了我的思考——如果电脑死机是因为病毒的攻击，那如果一个人按下了生命的休止符，是否也和大脑“中病毒”有关呢？电脑到了死机这一步，已经是最差的结果，在未死机之前，想必已经给使用者造成了不小的困扰。那人生的种种困难，是否也是我们的大脑中了某种“病毒”所导致的呢？

决定生命高度的不是硬件，是软件

电脑有硬件和软件两个系统。如果用它来做一个比喻的话，人的身高、长相、胖瘦等由遗传基因决定的外在特征就是人的硬件，那什么是一个人的软件呢？

硬件通常是不容易改变、相对固定的部分；而软件是随时可以更新升级的。每台电脑的外在构成都差不多，电脑与电脑之间最大的不同在于，它们安装的软件和硬盘里所储存的数据。人类也一样，人与人之间硬件都差不多，都是由大脑、躯干、四肢和内脏等器官组成。那人与人之间最大的不同是什么呢？

有一次，我随一位朋友去佛山，认识了一位做养殖业的新时代农民。我也是农民出身，深知做农民的不易，不仅要担心自然灾害带来的损失，还要担忧市场价格的影响。让我想不到的是，在聊到养殖业的风险时，这位农民朋友却非常喜欢价格的波动，因为她建了一个非常大的冷库，每当价格变低时，她就把农产品冷冻起来，还大量收购别人贱卖的农产品，待到市场回暖时出售，这样一来一回，就可以大大地赚上一笔。

同样是市场价格的波动，有人害怕，有人却欢喜，并能从中获利。人与人的差别究竟在哪里？我们再来看一个案例。

在《升级父母软件》的课堂上，有不少家长反映因孩子玩游戏而头痛不已，并且因为控制孩子玩游戏而产生了冲突，导致亲子关系恶化，问我该怎么办？这让我想起了我的老师张国维博士，他有 3 个儿子，3 个都是博士，他的教育成果让不少家长羡慕不已。他是如何教育出这些优秀的孩子的呢？和大多数孩子一样，他的二儿子小时候也疯狂地迷恋游戏，但张博士没有像大多数家长那样指责和控制，而是和孩子一起玩，结果当然是输给了孩子。就在孩子兴奋的时候，他对孩子说："你打游戏是很厉害，可是你打得过设计游戏的那个人吗？"这个挑战不得了，直接把儿子挑战成了电脑工程系的博士，因为这个问题让他的孩子从迷上游戏变成了迷上电脑。

同样是面对孩子玩游戏，有的家长头痛不已，有的家长却能利用孩子的兴趣激励孩子成才；同样是价格的波动带来的风险和不确定性，为什么有的人感到"穷途末路"，有的人却能看到新的商机呢？面对同一事件，不同的人有不同的反应，这不同的反应就直接决定了不同的结果，这些结果的累积就是我们俗称的命运。那究竟是什么决定了我们的命运呢？

一念之转，生命从此与众不同

很多人认为，是因为某件事引发了一个人的情绪和行为。但心理学家埃利斯提出的 ABC 理论[①]认为，对于同一事件，不同的人会有不同的情绪和行为反应。并非事件本身引起了这种反应，而是人们对这个事件的不同看法导致了不同的反应。看法在这个理论中被称为"信念"。事件只是激发了我们的信念系统，让它发挥作用。

ABC 理论也可以解释，为什么面对同样一件事情，人与人之间的表现各不相同？真正起作用的就是"B"——我们的信念。

信念是思想里最关键的元素，它决定了一个人的行动方向，同时也间接决定了一个人活着的状态。因为，信念决定了人的行动，不同的行动会导致完全不同的结果。

这也是美国心理学家费斯汀格发现的一种现象。他认为：生活中

① A 是指诱发性事件（Activating event）；B 是指个体在遇到诱发性事件后产生的信念（Belief），即他对这一事件的看法、解释和评价；C 是指特定情境下个体的情绪及行为后果（Consequence）。——作者注

10% 的事情是由发生在我们身上的事件决定，而另外的 90% 则是由我们对所发生事情如何反应决定的。换言之，生活中有 10% 的事情是我们无法掌控的，而另外的 90% 是我们可以掌控的。所以，我们的信念，就是生命的软件，它决定了我们的行为，可以影响我们做出那 90% 的决定。

我们想要怎样的人生，取决于我们生命的“软件”——信念。有时候，一念之转，足以改写一生。我认识一个女孩，她原本想了断自己的生命，后来因为张国维博士的一句话，她用自己的“翅膀”飞出了不一样的天空。

这个女孩叫小艾，我认识她那一年，她正读大三，拥有花季少女姣好的容貌。但命运跟她开了个玩笑，她得了视网膜退化的疾病。随着视力一点一点地下降，她也渐渐心如死灰。“妈妈，当我看不到这个世界的那天，就是我离开世界的那天。趁我的眼睛还看得见，我想好好看看这个世界。”女孩留下了这样一封让人心酸的遗书，离家出走。她母亲千辛万苦找到她，不忍心看着她放弃自己的生命，“逼”着她来到了我们的课堂。

张博士语重心长地对小艾说：“看不见这个世界的光明，的确很痛苦。但生活中，有很多人会失去比双眼更重要的器官，他们跟你一样痛苦。像我们这样身体健全的心理工作者很难理解他们的痛苦。而你不一样，因为你经历过这份痛苦。如果你愿意帮助他们，这对他们来说意义重大。如果你愿意学习心理学，你会成为一名正常人无法企及的心理咨询师。”

这番话仿佛一束光，让小艾看到了一线希望——原来自己活在世界上还是有价值的。后来她发现，她的视力虽然退化了，听觉却变得非常灵敏。经过一系列的学习，她现在已经是一名通过电话连线进行咨询的著名心理咨询师。在她的努力帮助下，一个个跟她一样经历过生命最黑暗阶段的人走出了痛苦，重获新生。

和电脑一样，如果把人的信念比喻成软件的话，人的软件也分成两类，一类是帮助我们人生变得更好的操作系统，另一种是让人生死机的“病毒”。小艾是幸运的，因为她遇到了可以帮她清除人生“病毒”的张国维博士。如果我们没有办法遇到像张博士这样有能力清除我们思想病毒的贵人，我们该怎么办？

你的“生命软件”升级过吗？

那些不正确的信念之所以会存在于我们的大脑里，是因为这些信念曾经帮助过我们，比如很多老人家挂在嘴边的“晚上洗头会头疼”。在以前，人们习惯早睡，晚上洗头只能用毛巾擦干，枕着湿漉漉的头发睡觉，长此以往，头痛是必然的。所以，在老一辈生活的那个年代，“晚上洗头会头疼”就是事实。但现在时代已经变了，家家都有电吹风，“晚上洗头会头疼”这个观点就过时了。

在我们的大脑里，有很多类似这样的过时信念，这些信念曾经给过我们帮助，但现在却给我们的生命造成了困扰。就像电脑软件要升级一样，我们大脑里的软件也要不断升级。

要检验信念是否过时很简单，只需看看你一直坚持的想法是否有效就行了。比如与伴侣争吵时，你的想法是一定要赢。这个“一定要赢”的想法会带给你什么效果呢？对夫妻关系的维护是加分还是减分？当你扪心自问时，你会发现，去吵赢自己的伴侣是一件多么荒唐的事情，赢了争吵，却输了关系。

你的信念决定你的行为，你的行为决定了你的结果。反过来，你今天生活的现状就是你过去行为的结果，而行为底下一定有一个支撑你这样做的信念。你的信念不改变，你的生活就会重复过去的模式。只有换一种新的信念，你才会有新的行为，新的行为才能创造出新的成果，所以，要改变命运，必须从升级生命软件开始。

每一个你“受够”了的生命困局下都有一个隐藏的病毒性信念。当你感到生活不如意时，不妨问问自己：是什么信念造就了今天这样的困局？是什么想法让我陷入这样的困境？把你大脑里冒出来的想法一一写下来，然后问自己：这些想法让我的生命变得更好还是更糟？

电脑使用一段时间需要升级，人脑也不例外。

你的应对模式决定你的人生

你的人生模式是哪一种？

古语有云："人生在世，不如意事十之八九。"可见，我们每个人都会有遇到挫折和困难的时候。那么，面对困难，你会如何做呢？

自推出导师育成班至今，不知不觉已经有近 400 人了，我为导师们建了一个微信群，方便大家讨论、学习和成长。这个群我亲自管理，但无论我如何用心经营，一个近 400 人的群总是众口难调。有一天晚上，有位导师私下对我说，有些人聊的话题他不感兴趣，他感到很失望，要退出导师群。我觉得可惜，因为这不仅是退群的问题，而是一种人生模式的选择。

当别人的观点和自己的观点不一致时，有些人会选择放弃、逃跑；有些人会选择和对方对骂，也就是网上俗称的"喷子"。攻击和逃跑，是我们遇到不同意见时最常见的两种应对行为；除此之外，还有一些人会选择对困难视而不见，忽略它的存在，或者用大脑将它合理化。攻击、逃跑或者忽略，是人们处理问题的习惯性应对模式。

这让我想起了当年创业时期的一个股东。20 多年前，我曾与另外 4

位股东一起创办过一家公司。其中一位姓张的股东非常聪明有才华，我很欣赏。我们在当时做了一次大型论坛，请到了一些非常有名的经济学家和企业家来做演讲。遗憾的是，那一年是文化事业的低潮，我们亏了30多万。也就是在那个时候，这位最聪明、最有才华的股东退出公司，选择了离开。之后每隔一段时间，我都会收到他因为去另一个地方工作而换手机号的短信，直到后来杳无音信。

有些人真的很聪明、反应很快，可是遇到困难的时候，他的模式就是逃避。退出也许只是人生中的一件小事，但它透露了一个人的应对模式，你今天会在这里退出，明天就会在别的地方退出，因为没有事情是一帆风顺的。如果这个世界有尽头，你总会退到退无可退的地方。

而攻击型模式的人，当遇到困难或不同的意见时，他会去批评、去指责，去找一个该为此负责的人，把责任推到别人身上，这样，自己就像个成功者似的，从困境中解脱出来。这样做虽然摆脱了自己的责任，却于事无补，还处处树敌。

做建设者，而不是抱怨者、逃跑者

那究竟是攻击型好，还是逃跑型好呢？从心理学研究来看，攻击、逃跑和忽略，是人类求生存的本能。打得过就打，打不过就跑，不能打又跑不了时，就忽略它的存在。事实上，这3种本能都不是最好的处理方式，只是动物求生存的本能。可我们人类是拥有智慧的生物啊！如果我们依然停留在这些原始的应对本能上，我们与一般的动物又有何不同？

那我们到底应该怎么办呢？我的做法是，面对困难，首先问问自己，我可以做些什么来让事情变得更好？做一名建设者，而不是抱怨者、逃跑者、袖手旁观者。建设者无论能力大小，至少他是负责任的。当一个人能够为一件事负起责任的时候，就离解决困难不远了。

回到前面提到的，当你对微信群感到失望时，作为群里的一员，你除了逃跑、攻击或忽略它的存在之外，是否能拿出什么建议来？或者你能否做些力所能及的事情，来提高群成员之间沟通和交流的价值呢？

如果我们总是把一个群体的责任推给别人，那究竟谁才是该为此负责的人呢？

一个人的应对模式一旦养成，他在哪里都会用同一模式去应对。在婚姻家庭里也是如此。不信你留意那些出现了问题的家庭，他们不是在互相攻击对方，就是选择离婚逃跑，或者是忽略问题的存在，貌合神离冷漠地生活在一起。而那些幸福的家庭呢？一定有一方是建设者——为建设一个温暖的家负起责任，遇到问题时主动去解决。当然，最好是一家人都是建设者，同心合力地解决问题的过程本身就很温暖。

快乐或痛苦，
只是你选择的人生模式不同

人生七情，喜只占七分之一

前不久我和一个朋友吃饭，他曾经是一家公司的高层，因和高管意见不合，总有种四肢被绳索紧紧卷裹的禁锢感，手脚无力伸展，生活苦闷无处消解。所以，他干脆自己出来创业。

我看他气色不好，人也憔悴了很多，一问才知道他现在创业的艰难和痛苦。虽然现在自己说了算，挣脱了原来打工的限制，可是，对于技术出身的他来说，创业后那些经营、财务、市场、合作等方面的事务足以让他焦头烂额。

他的经历让我想到了另一个人，我曾经面试过一家世界五百强公司的前销售经理，我问他为什么要离开这么好的公司，要知道这是多少人梦寐以求的工作啊！结果他的回答让我非常惊讶，他说："在外人看来，这家公司的确是个好企业，光是名声就无人不晓，只有我们内部人才知道，这家公司烂透了。"如果这样著名的企业都烂透了，在他眼里，我的企业岂非不可救药？也许他真的很有才华，但这样的人我真不敢聘用。后来听说他换了一家又一家企业。但愿他现在已找到一家不“烂”的企业。

工作如此，婚姻也如此。我做过不少第二次婚姻咨询的个案，他们本以为在第一段婚姻中受够了对方，换一个老公、老婆，人生就会更美好，没想到新的婚姻又有新的痛苦。“后来公主嫁给了王子，从此过上了幸福快乐的生活”，这是童话里才经常出现的情节。现实往往是，人们从一个火坑跳进了另一个火坑。事情好像在改变，然而痛苦依然在延续。

人生七情——喜、怒、忧、思、悲、恐、惊，喜只占了七分之一。大多数人都是在痛苦中度过一生。难道这就是生而为人的宿命？可是，为什么总有些人活得富足快乐？是他们命好，还是有一些不为人知的秘密？

怎样才能离苦得乐？

在回答这个问题之前，我们先看一个段子：

> 有一个人，身患有疾，小便失禁，经常尿床，极度痛苦，于是找了个心理医生医治。
>
> 不久朋友见到他，问：“你的病治好了吗？”
>
> 他：“治好啦！”
>
> 朋友：“你不尿床啦？”
>
> 他：“尿啊！”
>
> 朋友：“那你还说治好啦？”
>
> 他：“我现在尿床不痛苦啦！”

虽然很多人用这个故事来嘲笑心理咨询师的无用，但在我看来，这个段子恰好说出了心理治疗的真谛，心理医生的价值就在这里。

从这个段子可以看出，人的痛苦有两种：一种是身体上的痛苦；另一种是心理上的痛苦。这个人身体有恙导致小便失禁，这是身体层面的苦，是肉体的苦。因为饱受病痛折磨，心理上无法接受，就产生了另一种苦，这是精神层面的苦。这两种苦并不是割裂的，它们往往相辅相成。肉体感知到的疼痛会导致精神上的痛苦，精神上的苦反过来会加重身体的疾病，让痛苦不断发酵、加倍而至……那究竟是身体的苦导致心理的苦，还是心理的苦导致身体的苦呢？这就像先有鸡还是先有蛋一样，很难说得清楚。其实，这两者互为因果，互相循环。

怎样做才能离苦得乐？我的答案是，从你擅长的地方入手。如果你是位医生，当然从身体入手消解痛苦。大多数人不是医生，不妨从心理入手。就像前面提到的那位病人，如果他内心充满喜乐，即便是身体的疾病暂未疗愈，积极乐观的心态对疾病的治愈也是大有裨益。这就是所谓的"身病还需心药医"。就算无药可医，至少他可以活得开心点，难道不是吗？

除了和身体疾病有关的痛苦，人生绝大多数的苦都跟身体无关。比如文章开头举的两个案例，这样的苦都是心理上的苦，或者叫精神上的苦。面对心理上的痛苦，我们该怎么办呢？

总有你意识不到的好处隐藏在什么地方

有一次，我为一对夫妻做个案。太太计划性很强，处处都要按计划行事。男方刚好相反，喜欢随意，总是不按常理出牌，这让太太苦不堪言。而太太的规则、计划性也让先生感觉自己受困于牢笼，没了自由。他苦闷、压抑，不断挣扎想要跳出来。双方争吵不断，矛盾重重。

我只做了一件事，就让他们和解、破涕为笑。我问女方："如果你看一部电影，电影里的故事发展全在你的计划之内，你觉得好看吗？"答案当然是否定的。我又问她："你这么强调要有计划，你是喜欢你先生按计划送你鲜花呢，还是出其不意地收到代表惊喜的鲜花？"她笑了。其实她并不是真的一定要求先生凡事有计划，她只是一边享受不确定性带来的乐趣，一边抱怨不确定性给她带来的麻烦而已。

男方也不例外。我问他：“你的个性如此随意，如果没有一位计划性这么强的妻子在身边，你的生活会变得怎样？”

“乱得一塌糊涂。”他有点不好意思地说。也就是说，他的痛苦来自一边享受着太太的计划性给他生活带来的好处，一边又在抗拒着因为计划需要付出的代价。这就是这对夫妇彼此不喜欢对方的个性，却又无法分开的原因。事情的存在一定有其合理的地方，总有些你意识不到的好处隐藏在什么地方。

事情总是两面的，有一利就会有一弊。当我们试图抗拒那些弊端的同时，也会因此失去那些我们追求的好处。

人们习惯于看到代价，却因此屏蔽了好处，这是人们心理痛苦的原因之一。如果我们能够反过来，先看到自己拥有的，并为此表达感恩，你得到的一定会越来越多，而需要付出的代价，也就可以控制在可接受的范围。就像那对夫妻，当我请先生对太太说“谢谢你的计划，让我的生活有了保障”；同时请太太对先生说“谢谢你的不确定性格，让我的生活充满了乐趣”，横亘在他们之间的冰河瞬间消失。

因为快乐，所以富足

珍惜你拥有的，并表达感恩，这是消除心理痛苦最有效的方法，没有之一！

当然还有其他很多不错的方法，比如美国积极心理学之父赛利格曼通过大量的研究发现，活得开心幸福的人和活得痛苦的人（赛利格曼称之为“乐观者”和“悲观者”），他们的思维模式有着有趣的区别：

1. 时间框架上的不同：对于不如意的事情，乐观者会认为这是暂时性的；悲观者则认为是长期的，甚至永久的。对于生活或工作上的好事，则刚好相反，乐观者认为是长远的，而悲观者总认为那是暂时的。

2. 独特性与普遍性的区别：对于困难，乐观者会认为这只是个别事件；而悲观者则解读为这是他人生的常态。对于那些好事，乐观者会认为这是普遍性的；而悲观者则以为那只是个别特例。

3. 行为与特质的区别：对于取得的成就，乐观者会把成就归功于自己的特质，因为自己有能力，才会取得这样的成就；而悲观者认为，成就只是某个行为做对了的回报，跟自己的才华没有关系。而对于所犯的错误则刚好相反，乐观者会认为只是自己的某个行为造成的，只要加以改正，未来一定做得更好；而悲观者却认为，是自己能力不够，是人的问题导致了这样的错误。

从上面的研究可以发现，快乐，或者痛苦，只是你选择的一种人生模式，与你所处的环境、拥有的财富并没有太大的关系。相反，如果你能改变你的内在模式，化悲观为乐观，你的环境、财富自然也会跟着改变，这就是为什么我们总看到那些快乐的人比较富足的原因。并不是因为富有，他们才快乐，而是因为他们快乐，所以富有。

与其不断更换工作、更换伴侣，不如试着更换一下你内在的模式。而更换模式，从感恩你现在拥有的一切开始！

内耗是如何吞噬你生命的？

你的疲累跟工作有多大关系？

在朋友圈看到公司某位新同事说工作很累，他的工作量我清清楚楚，这么一点点工作怎么会累呢？

经常听到一些年轻力壮的年轻人说工作很累，做什么事情都提不起劲来。可是，你看看他们的工作，每天坐在宽敞舒适的办公室里，冬暖夏凉，咖啡飘香，不知累从何来？也偶尔会看到一些新闻报道，说某某名人过劳死了，那些功成名就的名人都会过劳死，那么在生存压力下苦苦打拼的无名小卒累死的岂不是不计其数？

我是农民的儿子，说到累，我想没有多少人累过我父亲。小时候我跟父亲下过地，种过田，我知道什么是真正的累。农忙时节，天微亮就下田，中午就靠几碗白粥、一点咸菜熬到太阳下山。夏天背对火辣辣的太阳，脚踩在烫脚的水田里耕种；冬天寒风刺骨，手脚被冻到皲裂，也要顶着风雪、忍住疼痛劳作；日晒雨淋、肩挑手抬，热时汗湿衣衫、冷时手脚冻僵……可我印象中从没听父亲喊过累，诉过苦。

回顾我自己走过的路，从农村到城市的跨越，十分不易。当年从小县城的小工厂里背着几个样品外加一本黄页闯荡珠三角的那段日子，住不起酒店、吃不起餐馆，更坐不起出租车，从一个城市辗转到另一个城市，很多路都是靠双脚一步一步走过来的，可我并不觉得累。现在，我已经是一家公司的老板，工作并未减量，既要经营公司，又要上台讲课，而且一讲就是四五天。讲课可不是一件轻松的事，既是脑力活，又是体力活，我依旧不觉得有多累。

可是为什么现在有不少人，工作强度并不高，既不是辛苦的体力活，也不是高强度的脑力活，却总感到累呢？这里说的并不是那些因为懒惰以累为借口、工作态度有问题的员工，而是真的身心俱疲的那类人，他们的累不是假装出来的，而是真的累到生命枯竭，如果再这样下去，也许真的会过劳死。

而有些人从事着高强度的工作，却依然神采奕奕、热情不减，让你劳累的真的是工作吗？还是另有原因？我们先一起来看一个真实的故事。

大多数身心疲劳都是由于内耗造成的

一次导师班上，有两个同学偷偷录像被发现。这两个同学态度很好，主动坦诚地承认了错误，并删除了偷录的内容。发生这件事后，我在导师班微信群里要求其他有类似行为的同学主动承认错误并删除偷拍内容，以尊重老师的知识产权。

有几个同学很大方，虽然没人发现他们偷拍了，但他们知错能改，主动在群里承认了错误。可惜，这样坦诚的人真的很少。几天后，一个同学给我发微信，向我坦承他也偷拍了，但碍于面子没有公开承认。为此，他心里一直很纠结，心神不宁，甚至影响到了工作。他说，坦白后，心里舒服多了。

他为什么说出来就舒服多了呢？这要从心理学的“超我”说起，弗洛伊德将人格结构分成3个层次：本我、自我、超我。本我是先天的本能，欲望所组成的能量系统，包括各种生理需要。自我位于人格结构的中间层，它一方面调节着本我，一方面又受制于超我，遵循现实原则。超我是由社会规范、伦理道德、价值观念内化而来，是一种追求完善的境界。弗洛伊德认为，超我不仅包含道德良心部分，实际上还包括自我理想。所谓自我理想，是指自我渴望达到的成就目标，也就是自己想要努力实现的理想（想成为什么人），相当于个体为自己所设的行为价值标准。

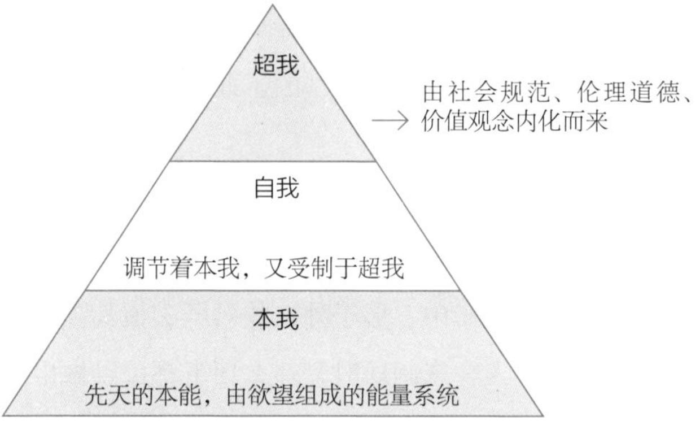

我们从小都会被教育要成为一个诚实的人，不能做偷鸡摸狗的事，因为那是坏人的行为。这就是超我，超我通常以“应该是”的方式出现。可是，由于竞争的压力，或者是生存的需要，人们往往又会做出一些与自己的价值标准完全相反，甚至背道而驰的行为，不知不觉间就把自己活成了自己曾经讨厌的那类人，这就是生活所呈现的“如是”。

当“应该是”与“如是”产生冲突时，内耗就开始了。这时，内在仿佛有两个自己在不分昼夜地争吵，在打架、在互相残杀，搅得你睡觉也不得安宁。这样的你，会有多少精力禁得起消耗？这样的日子，你又怎么可能过得不累呢？所以，你的身心疲累到底跟工作有多大关系呢？

大多数身心疲劳都是由于内耗造成的。导致内耗的原因有很多，比如矛盾信念、仇恨、身心不合一等。在这里，我们只谈“应该是”跟“如是”产生的内耗。如果你觉察到自己有类似的情况，该怎么办呢？

消除内耗的最好方法就是君子坦荡荡

我研究了10多年心理学，中国心学大师王阳明先生一直是我崇拜的人物之一。据说王阳明先生临终时，他的弟子周积强忍悲伤问道：“老师有何遗言？”王阳明微笑着说：“此心光明，亦复何言。”无论身处何种时代、何种体制，每一代人都有每一代人的困难和不容易。不管你身居高位还是凡人一个，你总会有内心矛盾的时候，没有人能替你梳理内心的乱麻。唯有真诚地面对自己，敢于把内心放到阳光之下，就像王阳明那样，“吾心自有光明月，千古团圆永无缺”。此心光明了，世界便会一同光明起来！

被誉为四书之首的《大学》曰：“所谓诚其意者，毋自欺也……小人闲居为不善，无所不至……掩其不善，而著其善。人之视己，如见其肺肝然，则何益矣。此谓诚于中，形于外，故君子必慎其独也。”大意是，心诚，就是不自欺。小人在家闲居时，什么坏事都可以做出来，表面上善良恭顺，为的是藏匿他们的不良行为。其实别人照样能洞穿你的内心，看到你，就像能见到你的五脏六腑那样透彻，装模作样有何用呢？这就是所谓的内心的真实，都会显露在外表上。所以，有德之人哪怕是一个人独处时，也一定要谨慎。

我父亲就是一位君子，即使生活穷困潦倒，但也一生坦荡。正因为他心里是亮堂堂的，没有内耗，所以，即便是干着十分消耗体力的农活、在最艰苦的条件下工作，他也总是神采奕奕、精神饱满。正直，是我父亲传给我最贵重的礼物，我一直以父亲为榜样。有这样一位父亲，我人生再艰难，也从不做苟且之事。这也许就是为什么我工作一直艰辛，却不会身心俱疲、无精打采的原因吧。

消除内耗，你将会精力充沛，而消除内耗的最好方法就是君子坦荡荡。一灯能除千年暗，我们无须花费力气去赶走黑暗，我们只需引入光明，黑暗自然烟消云散。只要你愿意敞开你的内心，光明自然就会进来！

每一次背叛，
都隐藏着一颗受伤的心

科幻小说《三体》很流行，不同的人会从中读出不同的味道。我是做心理研究的人，自然从心理学角度去分析探讨这部小说，尤其是关键人物“叶文洁”。这个为人类引来“死神”的高级知识分子，为什么明知三体人会给人类带来毁灭，却仍然义无反顾这样做?

ETO 是小说《三体》中的一个地球叛军组织，由叶文洁和人类中最优秀的一群精英组成。叶文洁是位智商超群的科学家，结果成了人类最大的叛徒。更可怕的是，人类中的叛徒远非她一人。将他们凝聚在一起的信念就是，自己的同胞是邪恶的，无人能改变这种状况，人类需要一个救世主来拯救这个世界，哪怕救世主是一个“死神”。毁灭，毁掉所有包括自己在内的人类，在她心里是结束邪恶的唯一方式。

叶文洁和背叛者们有共同点吗？有，在某一点上，他们是一类人，因为他们都背叛了自己的同类。从心理学角度看，“背叛”也是一种模式。

“背叛者模式”是一种什么样的模式？

一个老板曾向我诉苦说，他的企业里有一位高管，刚进企业时能力一般，但有潜质，他手把手地用心栽培。经过几年的发展，这个员工从一个小职员逐渐成长为企业高管，不仅掌握了企业的核心信息，在行业里也拥有了一定话语权。可是，成长带来的代价是，为人逐渐变得傲慢，眼睛都快要瞟到天上去了。

为了维持较高利润率，企业决定开拓新市场。就在实施这项计划时，这位高管百般阻挠，给项目设置重重阻力。老板忍无可忍，找他谈话，两人产生了激烈的争执，之后，这位高管便递了离职信，很快跳槽进了竞争对手企业，利用原企业的资源和经验，抢夺原企业市场。这位老板向我讲述这件事时，连说了 3 句“没想到”。对这家企业来说，这个高管的行为，就是一种“背叛者行为”。

除了企业中存在背叛者，家庭中也存在。背叛者无处不在。

一位 82 岁高龄的老人，含辛茹苦养育了 5 个子女，却没有一个子女愿意赡养她。女儿们说，她把财产留给了儿子，应该由儿子承担赡养义务，但是儿子、儿媳却拒绝接她回家。即使双方对簿公堂，法院判决 5 个子女轮流抚养，子女们仍然不接纳她，最后老人只能在养老院孤零零地，独自一人默默地度过无人陪伴、无人照看、无人承欢膝下的垂暮晚年。

对父母来说，这样的子女就是叛徒。如此行为，也是“背叛者行为”。

你可能会说，这些都是极端的例子，现实中背叛者毕竟很少。且慢，请你先看看身边有没有这样的人：

1. 身在一个组织或家庭中，不想办法用自己的力量让这个组织变得更好，而是一边享用组织的资源，一边却做出对组织不利的事情。比如员工领着薪水却不认真工作，还处处诋毁企业；比如父母含辛茹苦养大的孩子，对父母充满了怨恨，父母年老后不履行赡养义务。他们一个个都觉得自己是“受害者”，“抱怨”是他们每日必修的“功课”。

这一点的关键词是“受害者”。

2. 不相信可以通过自己的努力让事情变好，而是希望通过别人来拯救自己。在这样的人心中，他们永远在渴望找到一个“拯救者”。这一点的关键词是相信有“拯救者”。

符合这两点，就是“背叛者模式”。生活中，这样的人还少吗？

没有迫害，哪来伤害？

“背叛者模式”清楚了，那这种模式是怎么形成的呢？它和智商没有关系，和所处时代也没有关系。那到底是哪里出了问题？

《三体》中的叶文洁有几个身份——大学教授、天体物理学家、地球三体组织 ETO 统帅、妻子和母亲。然而这几个身份对叶文洁的影响都不大，因为她早已经给了自己一个身份，这个身份伴随她很多年，她做的所有事情都是围绕这个身份展开的。

在 NLP 理论中，身份对人的影响很大，因为它决定了一个人对自己的定位，决定了“你是谁”，你所做的一切事情都是为了去符合这个“身份”。

那叶文洁给自己的身份是什么？很遗憾，这个身份既不是精英，不是师长，不是领袖，不是妻子，甚至也不是母亲，而是一个受害者。受害者的内心深处有一种很深的无力感和绝望感，以及对被迫害的那段经历无法排解的愤怒。这种无力感和愤怒会让他们期望找到一种外在力量去依赖，所以他们无时无刻不在寻找一个“拯救者”，或者说“救世主”。一旦找到，他们会不顾一切去依附这种力量，向“救世主”证明自己的忠心，以免被“救世主”抛弃。可是，为什么像叶文洁这类人，他们即使成了世界上最有影响力的人，也无法摆脱受害者身份？我想，根源大概是他们在成长过程中出现了问题。

心理学将人的成长过程分为以下几个阶段：

1. 寄生期：0~7 岁，这一阶段因生存需要，在心理上会完全依赖父母及他人，表现了很强的顺从性，自我意识基本没有或很少。

2. 依赖期：8~14 岁，自我已经开始发展，但由于能力有限，对别人还存在很强的依赖性。

3. 叛逆期：15~21 岁，这是一个发展自我的阶段，为了证明“我”的存在，经常表现很强的反叛性，有时甚至为了反对而反对，处处挑战权威，非常注重自我感受，所以不太容易与人相处，特别是父母和权威。

4. 成熟期：22 岁以上，自我发展完善期，不再需要向别人证明自己，开始懂得和观点不同的人相处合作。

寄生期：0~7岁	自我意识基本没有，表现为顺从
依赖期：8~14岁	自我已经开始发展，表现为依赖
叛逆期：15~21岁	发展自我的阶段，表现为叛逆
成熟期：22岁以上	自我发展完善期，表现为接纳自己

心灵也是需要滋养的。如果一个人在每个阶段都能获得充足的心理营养，他的心理就会健康成长。遗憾的是，大部分人并没有按照这个发展阶段顺利成长起来，很多人“卡”在了成熟期之前的某一阶段。有些人三四十岁了还做不了决定，心理上停留在了寄生期；一些人则刚好相反，凡是遇到和自己持不同观点的就反对，见权威就对抗，这是典型的叛逆期心智模式。

我想，由于历史原因的伤害，叶文洁卡在了第三阶段，她的人格也被碾成了碎片，就算她拥有了“物理学家”“清华大学教授”这样高级的外在身份，在她的内心深处，她始终是个卑微的、需要保护的“受害者”，无法向成熟期迈进。当外星文明出现时，她终于找到了“救命稻草”，找到了寻觅已久的“救世主”，哪怕这个“救世主”会导致灭亡。

这就是隐藏在她优雅学者外衣下的叛逆——自己经历了一段极度悲惨的遭遇，就要用另一种极端的方式报复一个群体。虽然迫害她的只是一小部分人，她却要毁灭一个整体。背叛者模式形成后，这个人掌握的能力越大，毁灭性就越大。

没有迫害，哪来伤害？其实，每个背叛者的背后，都隐藏着一颗受伤的心。人格，就像人体的骨架。有了骨架，肉身才能有所依附，才能构成一副好身板。人格，也是思想的骨架，没有这副“骨架”，知识和技能就可能成为破坏者的帮凶。

所以，为人父母，在子女的教育上，除了灌输知识，更应该关注孩子心智模式的成长，让他们在每个心理成长期都健康地成长，让他们建立起自尊与自信的人格特质，从人格上成长为一个成熟的人。这样，他们长大后就会成为一名建设者，而不是破坏者，更不会成为受害者。

愿这世上的每个人，都能被他人温柔以待。

如果穷得太久，也许是你的错

我们经常看到一个现象，很多企业家发家致富后，面对记者的采访，他们都会云淡风轻地说，自己的成功都是偶然，是因为运气好等因素。可惜，大多数看客会把他们的成功归因为其他方面的因素——

因为人家老爸有钱或者有权，所以有钱；

因为人家无恶不作，所以有钱；

因为人家智商高，所以有钱……

在过去的20年里，我不断观察那些有钱人，发现除极个别人的发家致富是因为上述因素外，很多人变得富裕并不是因为智商特别高，也不见得他们能力特别强，更不能说是运气特别好，因为有不少人正是因为运气不好才成为有钱人的。那他们究竟是怎么成功的，又是如何成为有钱人的呢？

想知道答案，且听团长给大家说个真实的案例。

一件事情不断重复，就是一个人的模式

在一次《升级生命软件》的课程中，我给一个40多岁、叫庄原孟的

学员做过关于金钱困惑方面的个案。我从不为年轻人做这方面的个案，因为年轻人暂时囊中羞涩很正常。我经常说，穷，不是你的错，但如果穷得太久，也许是你的错。

他说："我做生意经常失败，有时候辛苦好几年挣的钱一下子就付诸东流了。我换过不少生意，一开始挺好的，但最后都不成功。团长你说得对，如果一件事情不断重复，就是一个人的模式。我想看看在赚钱方面，我的模式哪里出了问题？"

"在探讨模式之前，我想知道，如果你真的变得很有钱，你想做什么？"我说先不去探讨模式，但其实我这个问题就是在探讨他的模式。我故意这样说，是让他的意识层面对我降低抗拒。

"能买好多好东西啊！"

"还有呢？"

我问这些，就是想听听他关于钱的信念。一个人的处事模式，就是由一组信念所组成的。那些让人受苦的信念，我们称为"病毒性信念"。所谓升级生命软件，就是通过催眠等心理学手法，去发现一个人潜意识里的病毒信念，清除它，并植入新的信念。当一个人的信念改变了，他的行为、他的性格也会随之改变，他的生活自然也会越过越好。

"有了钱就拥有了更多的自由，可以吃好、穿好、住好，还可以周游世界。"他说。我知道这些都是意识层面的回答，而我想要探知他更深层次的潜意识。于是我继续问他："请你闭上眼睛，想象一下，假如你拥有了亿万资产，你会拿这笔钱去做什么呢？"我让他先假设自己拥有了想要的一切，以终为始，看看自己内心真正的渴求是什么。

"我会选一个风光秀丽的地方，买一处几百亩那么大的庄园，里面有别墅，有泳池，有农场，还有比基尼美女，好多好多人会去那里玩。"随着我的提问，这个神秘的豪华庄园渐渐揭开面纱。庄原孟脸上的表情告诉我，他正陶醉在这个豪华庄园梦里。

"那些来庄园的人，他们看你的眼神是什么样的呢？"

“赞赏，惊叹，有些人还会嫉妒我。”他闭着眼睛说。

“嗯，喝酒庆祝的时候他们赞赏、惊叹，那夜深人静的时候呢？”

“晚上的时候，我一个人在房间里，好像……有点孤单……这个房子太空了，他们走了，就没有人了，有点寂寞……”

“你已经拥有了你想拥有的一切，为什么还会感到孤单呢？”我轻声问他。

他说不出话来。

“好好感受一下这份孤单感，聆听它在跟你说什么，你真正想要的是什么呢？”他已经进入了深层的潜意识。

“陪伴……朋友的支持……还有爱……”他细声道来，却已不再是声色犬马的生活场景。

“我想有朋友在一起，得到他们发自内心的赞赏。”

“那当你拥有了一个亿，拥有了几百亩的庄园，拥有了奢华的生活，你真的就得到了朋友的赞赏了吗？”

“不确定……”他喃喃地说。

是的，不确定，这才是关键。接下来我问了他一个极其重要的问题——“你凭什么得到他们的赞赏？仅仅是你的庄园？你的财富？”

他久久说不出话。

当局者迷，旁观者清。当我用位置感知法让他站在旁观者的位置时，他一下子就看清了自己的模式。

我请他站起来，走到另一个位置，指着他刚才坐着的地方说：“你现在是庄原孟的好朋友，现在庄原孟拥有了亿万资产，坐拥那么大的庄园，夜夜笙歌，你会真心赞赏他、支持他吗？”

“不会。”他笃定地说，“他刚才说的话没一句考虑到了朋友，只想到了自己，他自私！这样的人想得到我的赞赏，他不配！”

“一个自私的人不配得到你的赞赏，那他配拥有那么多钱吗？”

“不配。”

“为什么呢？”

“因为他只关心他自己，就像团长您那本书的书名一样——《只因目中无人》，这样的人谁愿意跟他干呢？他的客户怎么会支持他呢？怪不得他的生意总失败。”

“你现在看清楚他的模式了吗？”

“清楚了！”

“那你觉得他要怎么改变，才能变得有钱？才能获得朋友的赞赏呢？”

“他在幻想他的庄园的同时要想到朋友啊！他快乐，会跟我分享快乐；碰到不开心的事，也会向我倾诉，这才是朋友。如果他心中真的有我这个朋友，不管他是否真有一个亿，我都会支持他……”

这一刻，庄原孟终于意识到，自己生意失败，原来不是不够努力，也不是能力不够，而是他内心深处根本就没有别人，因为目中无人，才导致生意一次次地失败。

要想赚更多的钱，你得有足够的“贝”

在汉字中，挣钱的“挣”字，左边是“手”，右边是“争”。所以挣钱比较辛苦，要费心费力去与他人竞争，才能换来血汗钱。

而赚钱的“赚”字，左边是“贝”字，代表资本和资源；右边是兼并的“兼”字。所谓“赚钱”就是用你的资本和资源去兼并市场上的钱。赚钱其实就是运用现有的资源去赚取更多的钱，而资源除了现金这个看得见的资源外，更重要的是人力资源，这就是古人一直强调“得人心者得天下”的原因。

当一个人想着挣钱只为自己享受时，他如何能获得别人的支持？没有了团队的支持，除非他真的是个天才，靠自己一个人的发明创造就可以获得无尽的财富。

熟悉心理行业的朋友都知道“壹心理”这个全国最大的心理学互联网平台，它现在拥有近 2 000 万用户，每天影响着数以百万计的人，是心理健康领域的标杆企业。投资壹心理的成功，是因为当年我被黄伟强（现任壹心理首席执行官）说的一句话给打动了——“心理学从业者生活都很辛苦，自己都活得苦哈哈的，却心怀梦想要去帮助其他人。但自己都没过好，又怎么去帮助其他人呢？”他希望通过搭建一个互联网平台，方便心理学从业者输出健康、科学的心理学价值，为需要心理帮助的人提供有价值的心理学服务，帮助心理困顿者走出困境。他的格局和眼界打动了我，才促成了我对壹心理的投资。从今天壹心理的发展来看，我当初真的没有看错人。

这样的例子比比皆是。我现在投资会首选那些心中有爱、目中有人的创业者，因为我知道，这样的人能获得更多人的支持，他们有足够的“贝”去赚取市场中的钱。

庄原孟原来的想法是当他拥有足够多的钱、拥有豪华庄园时，他就会得到别人的赞赏，获得友谊，得到爱，这也许是这个社会绝大多数人的想法。只有那些踏实走过从没钱到有钱这条路的人才会明白，当你真正得到别人的支持、赞赏、获得友谊、得到爱时，你自然就会变得有钱。

目中无人，是庄原孟从抽离位置看清自己的模式。“人”是最宝贵的资源之一。如果你真的想变得更有钱，试试从目中有人开始！但愿这篇文章能让更多人看清楚自己的模式，从此走上一条富足的路。

活得累也许是一种“遗传”

为什么有些事一再出现、不断轮回

列夫·托尔斯泰说过，“幸福的家庭都是相似的，不幸的家庭却各有各的不幸”。世间不幸有万千种，其中一种叫作“父母不幸，所以我不幸”。

郭时蕾就是这样一位女士。她是我《升级生命软件》课程的学员，一头乌黑亮丽的长发，戴着副眼镜，穿一件白色的T恤，给我的第一印象是聪明能干。那天，她积极主动要求做个案。

可是当她坐在我面前时，眼圈微红，我能感知到她积极上进的外表下，内在那份沉甸甸的疲惫。果然，当我问她要做什么个案时，她说：“我太累了，换了好几份工作，工作量都很大，领导总是把大量的工作交给我，而我的同事都很轻松。回到家里也一样，所有的家务都是我在做，老公在家里什么都不做，只会看手机。我不知道自己还能撑多久，感觉快要崩溃了。”

这一问，她内心的苦水就像决堤的河水一样，倾倒而出。我大概明白怎么回事了，于是我向她确认：“听你这样说，不管是在单位，还是在家里，最辛苦的人永远是你，而你身边的人都很轻松，好像所有工作都落在你身上。你换了好几份工作，这种状况都没有改变，是这样吗？”

“是的，就是这样。”她频频点头。

“你有没有想过，这一切都是你自己造成的？也许换个老公，情况也一样。”我半开玩笑地问她。

“这个倒没想过，可能跟我的性格有关吧。我看到一些事情没人做就受不了，我不明白为什么我老公可以忍受家里乱糟糟的，也不收拾一下。有时候我出差几天回来，家里简直变成垃圾场了，说也说过，骂也骂过，可是一点用处都没有，收拾工作最后还是落到我的身上……”她一直在抱怨别人，可是我在听她不断抱怨时，分明感觉到她隐藏在抱怨下面的一点点自豪。

别人怎么对你，都是你教的。不管工作还是生活，郭时蕾总是很忙、很累，工作换了好几份还是一样，我猜就是换个老公，她的生活也不会有所改变。她之所以会这样，是因为她的内在模式导致的。所谓模式，就是那些一再出现在你生命里，不断轮回的事情，是一个人固有的行为、思维、情绪反应等的统称。

在我的记忆里，把“模式”诠释得最好的，是一首叫《人生五章》的小诗：

第一章
我走在大街上，
人行道上有一个深洞，
我掉了进去。
我迷失了，我绝望了，
这不是我的错，
我费了好大劲才爬出来。

第二章
我走上同一条街，

人行道上有一个深洞。
我假装没看到，
还是掉了进去。
我不能相信我居然会掉在同样的地方。
但这不是我的错，
我还是花了很长的时间才爬出来。

第三章
我走上同一条街，
人行道上有一个深洞。
我看到它在那儿，
但还是掉了进去……
这是一种习惯，
我的眼睛张开着，
我知道我在哪儿。
这是我的错，
我立刻爬了出来。

第四章
我走上同一条街，
人行道上有一个深洞。
我绕道而过。

第五章
我走上另一条街。

读完这首小诗，再看看郭时蕾的情况，我想各位聪明的读者已经很清楚地看到她一次次掉下去的那个“洞”了。我的工作就是让她自己也看到，然后从第二章走向第五章。于是，我继续深入探索她的模式。

“回顾以前的工作经历，你总是那么累，总是去做很多事情。再看看你的家庭生活，也是一样，好像哪里少了你都不行，当你想到这些，你会有什么样的感受呢？”我不喜欢与案主在头脑层面对话，因为聪明的大脑总会找很多理由来证明他现在的一切都是对的，这叫作合理化。我比较喜欢带领案主进入他的感受，因为感受会带我们看到更多的真相。

“很累，很疲惫……”

“你一边说着很累、很疲惫，可是你却一直让自己处于这样一种你不想要的状态，这一定会带给你什么好处吧？如果其中有好处的话，会是什么呢？”我当然知道这种状况能带给她价值，只是我不能告诉她，要让她自己觉察。

她沉默了好一会儿，然后用一种怀疑的语调说：“我不知道，我看到一些事情没人做时，我就会忍不住去做，做完之后我心里就舒服了，从小就是这样，这是不是你说的价值呢？”

改变从你看见自己的模式时开始

一个不断重复的行为，一定有着隐藏的好处。如果一件事情没有好处，一个人是不会这样长期去做的。她提到“从小”这个关键词，顺着这个点，我想试着从她的原生家庭寻找答案：“你说从小就这样，你能告诉我从小就怎样吗？”

她沉默了好一会儿，看了看窗外说，在她的童年记忆里，父母都非常辛苦，他们起早贪黑地工作，总是很忙碌，所以她从小就很乖，很自觉地主动找点事做，这样心里就会好受一点。

看到这里，我想读者已经大致明白了她为什么一直在忙碌，总把自己弄得那么累了。但郭时蕾自己还没看到，当一个人能够看到自己的模式时，他才会自然地做出改变。我让她在现场选了两个同学，分别扮演她的爸爸和妈妈。

为了更好地还原这一幕，我灵机一动，请台下的学员把他们那些五彩斑斓、款式各样的包包，分别挂在郭时蕾爸爸妈妈的扮演者肩膀上、手臂上。于是，台上呈现了非常震撼的一幕：一大堆各式各样的包包挂满了郭时蕾爸爸妈妈的全身，压得他们快要站不稳。看到这一幕，郭时蕾顿时哭成了泪人。

“当你看到他们那么累、那么辛苦，你内心是怎样的感受？”我小声问她。

“我心里很难受，很想为他们分担一些。”她一边哭一边去拿挂在妈妈身上的包。

“不行！他们有他们那一代人的命运，你无法替他们背负重担！”我制止了她的行动，然后问她，“当你看到他们这么辛苦，你心里是不是非常不安？”

“是的，我心里很难受。”她啜泣着说。

接下来我又请台下的学员帮忙，把他们的包包像刚才那样挂满了郭时蕾全身，直到无法再挂为止。我留意到此时的郭时蕾已经停止了啜泣，明显没有刚才那般伤心和难过。

“现在感觉怎么样？累不累？”我问她。

“累！但是心里舒服多了。”她的话让全场学员惊讶，但我一点都不觉得奇怪，我知道这就是她的内在模式。现在，郭时蕾终于知道了，剩下的改变我就交给她了。

“你现在明白为什么自己这么累了吗？既然这样子你会心安，那我们就让你一直这样下去好了？”我看着站在一旁沉默的郭时蕾，调侃地问。

“不要！我不要这样下去了，这样大家都累，对父母也没有好处，我干吗这么蠢？”

“那该怎么办呢？”我问她。她的人生，只有她自己可以做主。我的工作就是让她看清楚一些事情的真相，当她看清楚事情的真相后，她自然会找到解决方案。

你没有太多能量背负他人的命运

接下来的对话我就不一一描述了。我能告诉各位的是，个案完成后，我看到郭时蕾深深地呼出一口气，从她那坚毅的脸上，我看到了放松之后的柔软。

设想有一天，单位老板表扬你，给你加薪，你特别开心，于是你一路哼着小曲回家，本想和爸爸妈妈分享那一份喜悦，可是推开门的一刹那，你看到爸爸妈妈满面愁容、忧心忡忡的样子。这时，你还敢开心吗？父母不开心，子女通常不敢开心，因为子女对父母都有着深深的爱，这种爱会让他们用行动去表达对父母的忠诚，哪怕这种忠诚是多么的“愚蠢”。

约翰·列侬曾经说过，当我们正在为生活疲于奔命时，生活已离我们而去。每一个父母都希望看到孩子青出于蓝而胜于蓝，都希望孩子过上更好的生活，而不是像他们那一代那样疲于奔命。是时候跟自己说：只有我活得更好，父母才会心安。过好你的人生，活出最好的自己，才是送给父母最好的礼物！所以，从今天开始，为自己而活，而不是为父母而活，你并没有太多能量背负他人的命运。

一个出家人的“心灵回家”之路

哪里才是你的伊甸园?

你是不是经常会冒出这样一个想法——如果我能逃离现在的婚姻、家庭、企业、国家，甚至尘世，换个环境该有多好啊？可是又没有勇气付诸行动。人们总会抱怨自己所处的环境不够好，幻想着能有一处属于自己的伊甸园。如果看完了尘的故事，或许你会有不一样的想法。

了尘是第一位出现在我课堂上的女出家人，端庄秀丽，身穿僧衣的她格外引人注目，当然也引起了我的注意。我对一位出家人为什么会来学心理学的课程充满了好奇。所以当她举手想要做个案时，我毫不犹豫地选择了她。

我一直认为，佛法博大精深，出家人早已看破红尘，放下执着。我不明白了尘为什么还需要学心理做个案？于是我问她，你有什么难题呢？她说，她没什么朋友，总觉得寺院里的一些师父很难相处，也不知该如何相处。她换了好几座寺院，情况都一样，心里很痛苦。一个偶然的机会，她看了我的书，觉得很有收获，所以想让我帮她做个案。

我完全没想到一个出家人也会有这样的困扰，我不知该如何去帮助一位出家人，所以只好把她当成一般人来看待了。

带着好奇，我邀请她上台。我问她，当你从一座寺院换到另一座寺院，发现里面的师父都不大好相处时，有什么样的感受呢？她说，很无助，很害怕，感觉自己无依无靠，总希望下一座寺院的情况会好一点，但总是很失望。

我知道有不少人会从一家企业换到另一家企业，从一个单位跳到另一个单位，也有人从一段不如意的婚姻换到另一段婚姻，但没想到一位出家人也会从一座寺院换到另一座寺院。其实，这都是一个人的行为模式，只是表现形式不一样而已。我接着问她，在成长的过程中，有没有出现过类似的场景，觉得现状不够好，总想换一个环境，可换了之后依然不如意？

了尘沉默了好一会儿，我看到眼泪从她眼角涌了出来。她说，小时候爸爸经常打她，也打妈妈，她总想逃离那个家。8 岁那年，她被送到外婆家，跟着外婆一家人生活，她终于离开了那个让她害怕的地方。最初过了一段好日子，可好景不长，因为父母没给舅妈生活费，舅妈经常骂她，每每那个时候，她都感觉自己像无根的浮萍，漂泊无依，特别无助。

每个行为背后，一定有其正面动机

听到这里，我大致明白了个中缘由——逃，已经成为她人生的模式。

为了让了尘觉察到这一点，我运用了心理剧的手法，请几位同学分别扮演她的父母、外婆、舅妈，还有寺院里的师父。我带着了尘的扮演者从父母的家里逃到外婆家，再从外婆家逃到寺院，然后又从一座寺院逃到另一座寺院，不管到哪里，总有人用手指向她、批评她。

看着这一幕幕人生的重演，了尘已经泣不成声。她哭泣着向我说，这个世界上没有自己可以依靠的人。当她找人问路，别人不告诉她时，她甚至都会觉得对方是看不起自己，是讨厌自己，感觉自己快要崩溃了！那一刻，我感觉到整个课室的空气里都弥漫着她的委屈与无助。

我抬头望了望台下600多个学员，问道："你们中间有没有人不喜欢了尘呢？"偌大的会场，有3个同学不约而同地举起了手。我转头对了尘说："你看，这里也有人不喜欢你。"

"我知道，到哪里都会有人不喜欢我。"她更加崩溃了，低下了头，不敢看我。我请她抬起头来，看着我的眼睛，然后一字一字、非常有力地问她："别人喜不喜欢你我不知道，我比较感兴趣的是，你自己是否喜欢你自己呢？"

她沉默了好一会儿，摇了摇头，泪水夺眶而出。

"如果连你自己都不喜欢你自己，你如何能指望别人喜欢你呢？如果连你自己都看不起你自己，你又指望谁能看得起你呢？"我盯着她的眼睛，缓缓地问她："而且，你又怎么知道别人不喜欢你呢？"

我把目光转向台下的学员，问大家："有喜欢了尘的朋友吗？请举手。"台下绝大多数同学都把手举了起来。我对了尘说："看到了吗？有不喜欢你的，同时，也有喜欢你的，可你为什么总把目光放在那些不喜欢你的人身上呢？我们再来看看那些不喜欢你的人，他们是如何想的。"我让工作人员将麦克风递到刚才举手说不喜欢了尘的一个学员手上，问他为什么不喜欢了尘。他说："我讨厌她遇到问题就躲，太懦弱了！"

我知道，每一个行为背后，一定有其正面动机。于是我问那个学员："那你希望她怎么做呢？"

"我希望她坚强一点，勇于面对困难，而不是遇到困难就逃。"

这时，一旁的了尘已经无法安静下来，她抢着说："我明白了，团长！其实批评我的师父平时待我也挺好的，只是当她们批评我时，我总会觉得她们不喜欢我、瞧不起我，就总想逃避。看来这是我一直以来的一种习惯。我该怎么办呢？”

除了自己，又有谁能拯救你？

从了尘的故事中我们可以知道，小时候父母打她，她逃到外婆家；在外婆家舅妈骂她，她又想逃回去；长大后，觉得家里待不下去，就选择了出家，可是在寺院里也有师傅批评她、不喜欢她，于是她又从这个寺院逃到另一个寺院。渐渐地，逃避就成为她和外部世界互动的一个固定模式。只要遇到问题不想面对，或者不知道如何面对，她的潜意识就会让她选择逃避。逃避的原因是她把自己看成是受害者，总希望有一位拯救者能救她出苦海。

可是，除了她自己，又有谁能拯救她呢？

于是我对她说：“你已经明白了逃避是你的模式，而这种模式已经让你深受其苦，我猜在你的同修中，有不少像你这样因为逃避而出家的，她们跟你一样，也在受着苦，煎熬度日，你愿意去帮助她们吗？还有那些骂你的师父，她们心里也许是有很多苦才会骂你。佛法普度众生，你为什么不用心学佛，去帮助那些需要你帮助的人呢？”

“是啊，我以前怎么没有这样想呢？”她一下子精神起来了，“团长，你让我明白了，心理学也可以帮到像我这样的人，可是我暂时能力不够，你能再送我一些课程吗？我学完之后也要像你一样去帮人。”我瞬间感受到了她的力量，我知道她已经从“受害者”的模式中走了出来。我还需说什么？只有用实际行动去支持她的成长了。

很多时候，我们也会和了尘一样想要逃，想逃离一份工作、一份感情、一个家庭，甚至，想逃离一个国家。可不管我们逃到哪里，总会有人不喜欢我们，总会有人和我们的意见产生分歧，总会有人批评或指责我们，环境总会有不如意的地方。面对不如意，我们当然可以选择逃避。可是，了尘从世俗逃到了寺院，却还是想逃。到底逃到哪里才是我们理想的伊甸园？真的有那么一个处处如意的伊甸园吗？我想，如果把自己看成“受害者”，逃到哪里，结果都一样。

除了选择做受害者，不断逃避，为什么不选择当建设者呢？能拯救自己的，最后还是自己！成为自己的建设者吧，当你成长了、有力量了，我相信，通过你的努力，人生处处可以建成伊甸园。

第二章

看见你的情绪模式：修补你的能量漏洞

你不知道给你选一份礼物会那么艰难。

似乎什么都不合适。

为什么要送黄金给金矿，或水给海洋。

我想到的一切，

都是像带着香料去东方。

给你我的心脏，我的灵魂，无济于事，

因为你已拥有这些。

所以，我给你带来了一面镜子。

看看你自己，记住我。

——莫拉维·贾拉鲁丁·鲁米《给你的礼物》

羡慕与嫉妒：谁偷走了你的幸福？

物质贫乏，但他们最幸福

说到幸福，一定绕不开不丹。

不丹，被誉为全球幸福指数最高的国家之一。我几年前去过不丹，发现那里除了山清水秀之外，物质条件相当贫乏，大多数人的生活都很清贫，但从他们那清澈的眼神和纯真的笑容中可知，他们的幸福感真的很高。

再看我们中国，改革开放 40 年来的发展举世瞩目，可是，在物质高度丰富的今天，大多数人却过着焦虑的生活，就算那些先富起来的人也不例外，他们的焦虑感甚至高过普通人。

为什么我们的物质条件比不丹优越，幸福感却远不如不丹人呢？

这个问题并不难回答。曾经，一篇题为《你的同龄人，正在抛弃你》的文章引起疯狂转发，网友为此写了个段子：

溥仪 3 岁登基，你的同龄人，正在抛弃你。

王俊凯 17 岁身家过亿，你的同龄人，正在抛弃你。

项羽 24 岁率兵起义，你的同龄人，正在抛弃你。

扎克伯格 34 岁身家 4 000 亿元，你的同龄人，正在抛弃你。

马化腾 47 岁身家 3 000 亿元，你的同龄人，正在抛弃你。

比尔·盖茨 60 岁身家 5 000 亿元，你的同龄人，正在抛弃你。

李嘉诚 90 岁身家 2 000 亿元，你的同龄人，正在抛弃你。

……

无论你今天过得如何，总有人比你更优秀。一旦你的内心开始竞争和比较，你就很难不焦虑，于是，拼命往前赶就成了大多数人的生活状态。如此生活，又怎能幸福？

中国有句古话叫“不患寡而患不均”，比较，让我们产生焦虑。我曾经认为，不丹人今天之所以幸福指数高，是因为不丹人现在的生活状况大致差不多。所以，我曾问过不丹前总理吉美·廷礼这样一个问题：“如果不丹有一部分人先富起来了，不丹的幸福指数会不会受影响？”总理非常肯定地回答我：“不会。”他为什么这么肯定？我稍后再和大家分享他的理由。

人为什么总喜欢与他们比较？

比较的“比”字就像两把匕首，一把插向别人，一把插向自己。一味地追求如何比别人幸福，这无异于自我折磨。可是，人们为什么还是要跟别人比较呢？

我们先来看个小故事。

两个好朋友在森林里遇到了一头猛兽，其中一个立刻换上轻便的运动鞋。另一个说：“你换鞋也跑不过猛兽啊！”那人回答，“我只要跑得过你就可以了”。这个故事很好地说明了人们为什么总是会跟别人比较。

在求生存的环境下，比身边人优秀的人能够获得更多的生存机会。灾难来临时，什么人存活的概率更大？当然是“跑得快的人”。所以，比较，是人类的天性，是人类为了满足自己生存的需要。从远古时代开始，人类求生存的本能就像内置在我们基因里的程序，它让我们获得更多的生存机会。不管你愿不愿意，你都会自觉或不自觉地跟别人做比较，因为，只有你比身边的人优秀时，你才会心安。

既然比较是人类的天性，在真正开悟之前，我们很难做到不去比较，我们又该怎样正视“比较”呢？

与其“嫉妒”，不如“羡慕”

比较，一般会让人产生两种情绪——羡慕与嫉妒。这两种情绪就像一对兄妹，看似两个个体，产生的根源却相同。

羡慕是指看到别人拥有的，自己也希望拥有，当一个人意识到自己的身份、成就或财产等不及别人时，渴望得到或希望像他人一样的一种情绪。这种情绪会激励自己进步，努力争取自己想要的东西，变得和羡慕对象一样好。但映射出这样一个事实——想和别人一样好甚至是比别人还要好，究其原因是觉得自己还不够好。“我不够好”这样的信念会打击人的自信心，产生较低的自我价值。

而嫉妒则程度更深，它是指，当我们看到别人拥有和享受着我们想要的东西时，希望对方失去，以平衡自己的内心，而对方没有失去时所感受到的一种痛苦的情绪。嫉妒会伴有冷漠、贬低、排斥或是敌视的心理状态以及一定程度的攻击性，会使自己有意无意地迫害他人。严重时，人会产生恨的情感，想要毁灭他人。

有人说，要成为一座城市最高的大楼有两种方法，一是摧毁所有比自己高的大楼；另一种就是打好基础，不断努力往上建。前者是“嫉妒”，后者是“羡慕”。羡慕看起来很正面，但这两种情绪都有一个共同点，就是不太相信自己，觉得自己不如别人，是自我价值不足的体现。

你追逐的不一定是真正的幸福

我们之所以习惯于和他人进行比较，就是因为自我价值低，觉得自己还“不够好”。当你觉察到自己不够好时，要如何感知幸福、如何创造幸福？

还记得前面我问不丹前总理吉美·廷礼的那个问题吗？如果不丹有部分人先富起来了，幸福指数会不会降低？不丹前总理是这样回答我的：

> 获得幸福的方式有两种，一种是以自我为中心，向外寻求，从刺激反应中满足自身。通过五感（视觉、听觉、味觉、嗅觉、触觉）获得幸福的来源，这种满足是靠外在刺激得来的，不仅短暂，而且危险。另一种是透过内省获得平衡，透过对心灵本质的了解，由内而外滋生的满足感和幸福感，这种幸福感不依赖任何物质。不丹的幸福来自后者，所以，不会受经济发展影响。

这番话说得很好。是的，中国最近几十年来物质生活是取得了巨大的进步，但是人们的精神生活并没有得到应有的重视。绝大多数人都像吉美·廷礼总理所说的那样，通过外在的刺激来满足自身，透过物质的丰富来获得幸福感，这样的幸福感是短暂的，因为当你往外寻求时，你总会看到别人比你更好，这样，“羡慕”和“嫉妒”就会让你不得安宁。要获得真正的幸福，必须从内在入手，从精神层面去寻求。

如何才能了解心灵的本质？可以尝试从“羡慕”和“嫉妒”两种情绪入手，让这两种情绪成为觉察的入口。每当自己感到嫉妒，恨不得竞争对手彻底消失时，提醒自己，与其“嫉妒”，不如“羡慕”。我们不用去毁灭别的高楼，只需打好自己的地基，不断往上建就好了。

当然，把“嫉妒”转化为“羡慕”还不够，因为还是会觉得自己不够好。这时要记得提醒自己，不是自己不够好，而是自己还可以变得更好。当你能够看到祖先因为生存的需要而内置在我们基因里的比较程序时，你就会明白，你今天之所以要做得更好，并不是出于生存的需要不得不跟别人比，而是你选择让自己变得更好，这样，你就能从无形的压力中解脱出来。当你内心平和时，幸福感自然而生。

不丹之所以是幸福指数最高的国家，除了不丹人贫富差距不大之外，我想更重要的原因是，不丹人的精神生活丰富。我所到之处，到处都是庙宇，几乎人人修行。不知随着不丹的经济发展，当人们开始追逐外在的财富之后，会不会放弃修行。如果国家在发展经济的同时，能重视人们的精神生活，我们的幸福指数会越来越高。

我们总以为幸福来自外在，所以汲汲营营去追求物质的丰厚。却不知，物质是生活所需，追逐物质并不能让我们的幸福稳定持久，真正的幸福快乐来自我们内在的丰盈。但愿越来越多的人能意识到这一点。

接纳与接受：
接纳不等于接受，知足也不等于安于现状

你是在“修行”？还是在逃避？

我认识一位做导师的朋友，博学多才，课也讲得不错，可就是极少有人请她讲课。听她的朋友说，她经常要借钱开伙，连自己都养活不了。当年读大学时什么都不懂的我，都可以靠双手养活自己，满腹经纶的她却要借钱开伙，实在无法理解。看她一表人才，我总想帮她突破一下，于是试着找她聊天：“你怎么不主动去开拓一下培训业务呢？”你猜她说什么来着？她说：“人要懂得接纳自己，知足常乐，花香蝶自来，干吗要低声下气去推广自己呢？”

你身边有没有这样的人？他们总是满口大道理为他们所处的现状辩解，而且理由十分充分，让你无力还击。读书越多、学识越渊博的人，理由就越充分，好像他们读那么多书就是为了证明自己只能是这样子。

人们总在努力证明自己是对的。为了证明这一点，宗教，也能成为他们失败的借口。几年前，公司新招了一个业务同事，他十分好学，博览群书，从心理学到佛学，无所不知。一开始我们都十分看好他，可是

一年多时间过去了，他还是毫无业绩。

负责业务的经理想要开除他，我一向爱才，于是找他谈话，他的一番话竟让我无言以对。他说："团长，你我都是学佛之人，干吗那么执着于业绩？对于收入的多少，我早就放下了。"我看着年纪轻轻的他，只有深深的无奈。他的这番言论简直是对佛学的一种亵渎。

在教育行业做了20年，还算好学的我到过世界各地学习，但一直不敢去印度，因为我认识的不少朋友，从印度归来后就放弃了自己的事业，年纪轻轻的就退出"江湖"，靠吃老本生活，更有甚者，靠家人养着，有手有脚，却活成了废物，还美其名曰"放下"。正是因为这样，我一直误以为印度有某些课程是教人"不食人间烟火"的。我50岁那年"冒险"去了趟印度，却发现，原来某些人只是假托修行之名，为自己的逃避找理由罢了。

无论是对过去还是现在的自己，都宽容悦纳

生活中有不少人安于现状，还几乎把所有的智慧都用在了证明自己这样做是对的上。我并不反对接纳自己和知足常乐，这两者都是修行者的基本功，只可惜被某些人拿去做了安于现状的借口。那究竟怎样才是真正的"接纳自己"和"知足常乐"呢？

首先，接纳不等于接受，知足不等于安于现状。

接纳，是有时间框架的，指对过去及现在的自己宽容、悦纳，对未来持开放态度，相信未来可以变得更好并为之努力。接纳对应的是人而不是事，不管过去的我如何，哪怕一事无成，也要接纳自己、喜欢自己、欣赏自己为变得更好所付出的努力。但接受对应的是事，不能接受自己失败的事实，更不能接受自己某些不良的行为，对于没有效果的行为要不断修正、不断优化、不断进步。

知足，是感恩现在拥有的一切，看见并享受已经拥有的一切资源，让现有的资源发挥它的价值。知足并不是安于现状不作为，更不是故步

自封、就此止步，而是对未来充满希望，是一种积极主动的人生态度。而安于现状是满足现在的一切，不思进取，就此止步不前，是一种被动的人生态度。现在拥有的一切是你的基础，是你人生的立足点，所以我们要接纳它、感恩它，而不是否定它、对抗它。只有怀着感恩的心去珍惜现有的一切，我们才能拓展自己的疆域，让自己的人生变得更加美好。

现有的一切是过去你所能创造的最佳成果

有一篇著名的祈祷文说：

> 上帝，请赐予我平静，
> 去接受我无法改变的。
> 赐予我勇气，
> 去改变我能改变的。
> 赐予我智慧，
> 去分辨这两者。

什么是可以改变的？什么是无法改变的？如何分辨？在我看来，这根本无须区分，因为，现有的一切都是过去你所能创造的最佳成果。但请记住，世界是变化的，人也是变化的，我们对未来要保持开放的态度，用变化的眼光去看待它。不管发生什么事，只要符合张国维博士提出的LOVER原则，我们就无须刻意去做出改变，随着时间的推移，你自然就会发现生命越来越美好。

LOVER原则由五个英文单词首字母组成：

Learning：学习。不管发生什么事情，无论是收获成功还是遭遇挫败，只要我们抱着学习的心态，就一定能从中学到什么。当你保持学习的状态，你自然会遇见更好的自己。

Outcomes：效果。张国维博士说过，一艘没有目标的船，海上吹什么风都不是顺风。当你清楚自己要到达的目的地，并为之设定方向，不管吹什么风，你自然会调整你的风帆，让四面来风为你助力。

Value：价值。一切行为背后都有它的正面动机，任何事情的发生总有其价值所在。一块石头是绊脚石，还是垫脚石？全看你把它放在什么位置和如何使用它。意之所在，能量随来，只要你心中有价值，你一定能从外在发现万事万物蕴藏的价值。

Ecology：整体平衡。任何事情必须是在你好、我好、大家好的整体平衡状态下才能够长远发展，只要有一方的利益没有顾及，一定会招致某些力量的对抗、攻击或破坏，因为大自然会有一股无形的力量让事情回归平衡状态。

Responsibility：责任。人们总是习惯把责任推给他人或环境，一辈子活在被动的状态中。当一个人开始懂得主动为自己的人生负起责任时，那一刻他已经拿回了人生的主导权，他会越来越成熟，生活自然会越来越好。

面对未来时，如果我们能够做到这五个原则，我相信，那些可以变好的自然会越来越好，那些暂时还不能改变的，只要我们接纳它，同时开放未来的可能性，总有一天，它会给你意外的惊喜。那我们又何必知道什么可以改变、什么不能改变呢？

所以，与其祈祷上帝给你智慧，不如做一名“LOVER”；与其把才华用在证明自己只能这样上，不如用宝贵的才华去拓展你的人生。我比你自己还相信，你值得拥有更好的生活！

自律与自由：没有自律，谈何自由？

有的人身陷牢笼，内心却无比自由

跟一名培训师聊天，发现她挺有经营天赋的。我问她："为什么不做经营者而选择做一名培训师呢？"她说："我喜欢自由，不喜欢被控制。在企业里，会有很多规则，做导师想做就做，不想做就不做，多自由啊！"

这不由得让我想起多年前，我曾经派两名员工到深圳某公司参加培训，回来后，两人都提出辞职，理由跟这名导师朋友何其相似，都是以追求自由为名，离开企业，选择做一名自由职业者。这种现象在心理培训界特别多，有不少培训师本身就是因为这样的原因才选择了当培训师。

在《升级生命软件》课程中，我曾经做过一个关于嫁不出去的个案。案主是一名年近 40 岁的女士，迫于家庭和社会的压力，有意识的大脑很想结婚，可是她的潜意识对婚姻有很大的抗拒，认为婚姻就是一种约束，不愿意被控制，所以有意识和潜意识一直在矛盾中挣扎着……

现在越来越多的年轻人，害怕被婚姻束缚，从此没了自由，所以不想结婚；害怕被工作约束，不愿意打工，所以选择自己创业；就算是创业，也不愿与人合伙，宁可自己单打独斗。按照这种逻辑，好像结婚就没了自由，工作就会失去自由，合作也倍感束缚。难道，自由是一个人想干什么就干什么吗？

这让我想起了《活出生命意义》的作者弗兰克的观点，他在书中写道："就算是身处每天都要面对死亡的纳粹集中营，他也是自由的，因为，他的每一刻都是可以选择的，就算不能选择外面的环境，也可以选择如何去面对。"

为什么有些人认为婚姻、合作就会失去自由，而有些人就算陷身四面都是墙、抬头是铁窗的集中营，他的内心也无比自由呢？究竟什么是自由？我们该如何获得属于我们的自由？

别因追求自由而失去自由

我们先来看一下自由的概念：自由是指人类可以自我支配，凭借自由意志而行动，并为自身的行为负责。可见，一般人所谓的自由，只追求了定义的前半部分，而忽略、逃避了后半部分。

当一个人为了躲避约束，而任凭自由意志行动时，他真的能获得真正的自由？我们来看看十字路口的红绿灯，红灯停、绿灯过，这是交通规则。这一规则让我们必须在红灯亮起时停下脚步，表面上看，这是限制了我们的自由。可真的如此吗？如果繁忙的十字路口没有了红绿灯会如何呢？你会发现，当你堵在十字路口时，你才真正理解了什么是自由。

因追求所谓的自由而失去自由的例子比比皆是，而我们也经常沦为别人追求自由的受害者。每个周末，我都会去离家 3.5 公里的一所学校接孩子。这么近的距离，本来 20 分钟就足够了，可是我经常要花去 1 至 2 个小时。原因是，学校门前那条路是单行道，经常有一些追求"自由"

的家长，破坏规则逆行而上，结果，整条路堵得水泄不通，连交警也无可奈何，2 000 多个家长都把宝贵的生命耗费在了这无谓的拥堵上……

著名音乐人高晓松，2011 年 5 月 9 日晚，因酒后驾驶，造成四车追尾。后因涉嫌危险驾驶罪，被判拘役 6 个月，并处罚金 4 000 元。当时，他在询问室亲笔写下“对不起，永不酒驾”几个字，并签上了自己的名字交给民警。他是酒驾入刑后第一个被抓的名人，他用现身说法告诉我们，逃避规则追求所谓的自由，只能让你失去自由。

真正困住你的并不是规则，而是你内在的局限

很多人把自由与规则看成是矛盾，认为有了规则，就会失去自由。人们所不知道的是，恰恰相反，规则才是自由的保证，没有了规则，自由无从谈起。我去过新加坡，这个国家以刑法严格著称，就连随地吐痰、扔垃圾这些小事都会被处以鞭刑。表面上看，如此酷刑不禁让人望而生畏，可是我在新加坡的那几天却感觉非常自由，即使晚上一个人走在人潮拥挤的街道，也觉得特别踏实，整个人很自在、很惬意，因为我知道，在这个国家，每个人都非常自律，正因为他们的自律，才没有人妨碍我的自由。

真正的自由，是以自律为基础的，这就是“自由”定义的后半句“并为自身的行为负责”要表达的意义。当你在追求自由时影响到了别人的自由，别人就会让你无法自由。所以，真正的自由是以大家的自由为基础的。规则只是为了保障，你不会因为别人追求自由而失去自由。因此，没有自律，根本谈不上自由。

那如何才能做到自律呢？自律从自觉开始。所谓自觉，就是能够从不同的角度来看见自己。能够看见，就会自觉；懂得自觉，就会自律；有了自律，就会为自己的行为负责；能为自己的行为负责，就不会影响、伤害别人；没有影响、伤害到别人，就没有人会约束你；没人约束你时，你不就自由了吗？

NLP有一个方法叫“位置感知法”，能让我们从不同的位置来感知自己。最基本的三个位置是：自己的立场、自己的位置；对方的立场、对方的位置；公众的立场，一个抽离、中立的位置。当我们能够从这三个位置去看自己时，这就叫“自觉”。

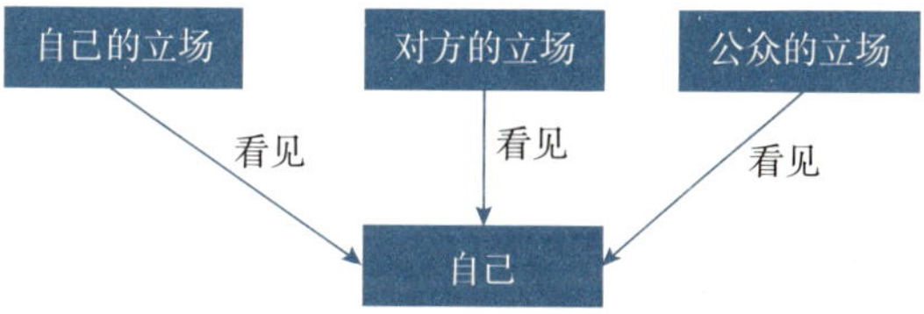

位置感知法

当一个人变得自觉后，他就能看到每种行为后面，自己需要承担的责任，然后做出不一样的选择。有选择，就意味着他是自由的。因此，自由无须逃避婚姻、无须拒绝合作、无须躲到深山、更无须一个人待着，只要你能够自觉、自律，眼中能看到别人。当自觉、自律变成一种本能的习惯，你就会享受到它的快乐。

相反，如果你没有觉察的能力，在你的眼中，没有别人，只有自己。为了满足自己对自由的追求，你恣意生活、为所欲为，就算你躲到深山老林，就算你能逃避得了法律法规的约束，你依然无法实现自由，因为，真正困住你的，并不是外在的规则，而是你内在的局限！

我曾看到过这样一则寓言故事，分享给大家：玻璃抱怨窗框的束缚，总想着要挣脱它。有一天，它终于如愿了，但没想到，刚离开窗框，它就掉到了地上，“哗啦”一声摔成了碎片。所以，没有自律，谈何自由？

控制与操控：与其抗争、逃避，不如与道同行

追求自由是人类的天性，人类为此不知斗争了多少岁月。可是，为了让人类能够和平共处，生活安全有品质，聪明的人类在进化发展的过

程中慢慢建立了各种各样的规则。为了保障人身安全，人类制定了法律；为了保障交通安全，人类制定了交通规则；为了保障下一代的健康传承，人类有了婚姻制度；为了方便货物流通，人类有了货币制度；为了公司的发展，有了公司的组织管理制度……这些规则在保障人类生活的同时，也在一定程度上限制了个体的自由，于是，不少人就陷入了一边享受着规则带来的好处，一边奋力与规则抗争，一生都活在一种心不甘、情不愿、“不得不”的矛盾状态中。

在碧水青山间且听风吟，于欢歌笑语中尽情释放，无拘无束，自由自在，没有钩心斗角，远离是是非非，这样完全自由的世界想想都觉得很美好。可是，真的存在完全自由的世界吗？活到今天，我反正暂时还没见过。那喜欢自由的我们该怎么办呢？难道我们只能一边享受规则的好处，一边与规则抗争到底，活在这种“不得不”的矛盾、压抑中吗？能否从这种状态中走出来呢？

控制≠操控，两者要分清

如果我们能辨别“控制”与“操控”这两个词的不同，对解除这种人生矛盾也许会有所帮助。

“控制”是指掌握住对方，不让其超出范围任意活动。用在人际关系中，控制分好的控制和坏的控制。那些为了维护大众利益而制定的法律、法规、制度，避免个体超出规定的范围，从而让人们生活在一种约定的良好秩序中，这是好的控制。比如路口设置红绿灯，是为了保障行人、司机的生命财产安全，也为了保障交通秩序顺畅。当有人违反交通规则时，就需要有交通执法人员对其加以控制引导。

如果为了控制者个人意愿，对另一个人采取控制手段，使用某种力量让受控制者按自己的意愿行动，这种控制是坏的控制，我们称其为“操控”会更加准确。比如，父母强迫孩子按他们的意愿选择专业、工作，甚至配偶；伴侣之间，一方强迫另一方去做自己不愿意做的事情。这些都是典型的操控，这样的操控会严重破坏人际关系，让操控与被操控双方陷入痛苦的状态中。

好的控制保障人们的生活质量，坏的控制（即操控）会让人苦不堪言。通常情况下，这两种控制很容易混淆，所以，人们一听到控制就会恐惧，就会马上想到被操控，没有人愿意被操控的。但我也相信，没有人愿意生活在完全没有安全保障的世界中，所以，绝大多数人还是愿意被那些保障大众利益的制度所控制的，只是不愿意被操控。

不管逃到哪里，我们总生活在某些规则中

如果能够清楚区分控制与操控，我们就能从矛盾的状态中解脱出来。如果管理者的控制范围是公司的规章制度，而不是自己的意愿，被管理者遵守的是大家一视同仁的规则，这些规则是为了保障公司更好地发展，员工就没有了被操控的感觉，他又怎会逃离组织呢？如果父母、学校对孩子的控制仅限于保障孩子的安全及有利于孩子健康成长，而不是出于父母或老师的个人意愿，孩子又为什么要去抗争呢？如果伴侣之间所谓的控制只是双方约定的规则，是为了保障婚姻生活更加幸福，而不是出于个人意愿的操控，那谁还会想要逃离婚姻呢？

如果能够清楚辨别这两者，却依然不愿意接受规则制度的控制，那只能说这样的人是目中无人了，也许在他们的世界里只有他们自己，没有他人。其实，这样的人在社会上比比皆是，他们违反交通规则，置他人生命于不顾；他们违反法律法规，无法无天；他们无视公司的规章制度，忽视公司的利益；他们在婚姻中任性、出轨，完全不把伴侣放在眼里；他们无视伦理、目无尊长，家庭因他们的存在而变得冰冷、毫无生气……

为什么人们害怕被控制？就算是好的控制也不愿意接受？甚至还会刻意去破坏制度和规则，难道他们天生是坏人吗？从心理学来看，人无好坏之分，只有好的行为或坏的行为。他们之所以会有这样的行为，原

因有很多，但其中一个重要的原因是，他们在成长的过程中，特别是在“自我”形成阶段，也许曾经被身边的人操控过。操控是一种让人丧失自我的行为。为了摆脱操控，孩子会与操控者抗争，在抗争的过程中，有些人会因为无力而放弃，从此变成任人摆弄的木偶，过上唯唯诺诺的人生；而另一些人则坚持抗争，甚至把抗争变成一种习惯，为了抗争而抗争……

追求自由没有错，但以自由之名与控制抗争时，请区分你所抗争的是好的控制还是坏的操控。如果为了所谓的自由而无视保障我们生活质量的制度，那也许是你在成长过程中养成的一种抗争的习惯，或者是一种对压力的逃避。企业有企业的规则要遵守，社会也有社会的规则需要遵从。不管你逃到哪里，你总生活在某些规则的控制中，与其逃避，不如顺应规则，与道同行。

拖延与推迟：别让你的拖延症拖垮你的人生

一边渴望改变，一边“我做不到”

有个学员跟我说，他儿子失业了，一直不肯出去找工作，整天赖在家里玩游戏。夫妻俩只是公职人员，收入本就不高，供孩子读完大学已是不易，本以为孩子毕业后可以接过父母的重担，改写家族命运，现在看到他这副浑浑噩噩的样子，简直伤透了心，问我该如何是好。

改变现状，过上理想生活，也就是“圈层突破”，这是多少人梦寐以求的事。就算自己做不到，也希望孩子可以做到。可现实是，绝大多数人只不过是在带着美好的愿望，重复着过往的日子，日复一日。

为什么有些人明明知道要做某件重要的事，却偏偏不去做呢？相反，为什么有些事情我们明知道不该去做，却乐此不疲，甚至上瘾呢？

就像明明知道该锻炼身体，却从不行动，任由身体肥胖、血脂升高；明明知道该早睡早起，却每晚抱着手机刷到深夜，第二天拖着疲惫的身体上班；明明知道该提升自己，积极上进，却依然每天重复着过往的生活，任由自己把一生活成了一天……

一边告诫自己“我要改变，我要改变”，一边却得过且过。这就是拖延！关于如何治好拖延症，已经有太多人给出了“药方”。人们渴望改变拖延的症状，然而，很多人只停留在“渴望改变”的层面，真到要去付诸行动，一句“我做不到”，任何药方都无能为力。难怪有人把“拖延”定义为“21 世纪的都市瘟疫”。

面对这样的瘟疫，难道我们就没办法治了吗？治疗顽疾的根本方法，就是找到病根，拖延症也是一样。那究竟是什么原因导致一个人拖延呢？

习惯了被保护，拿什么对抗未知的恐惧

被誉为中国心学的集大成者王阳明认为，“知”“行”本合一，知而不行，只因未知。我很赞同这个观点，很多时候，我们知而不行是因为我们了解得并不全面。当我们能够透过现象看本质，看到更多实相时，拖延问题便会迎刃而解。

我们来看看前面那个学员的孩子，他为什么赖在家里不去找工作？究竟是什么在拖住他的人生？

美国著名心理学家弗吉尼亚·萨提亚说过，孩子永远没有问题，如果有，也一定是父母的问题。所以我猜测，问题可能出在父母身上。果然，通过与孩子的父母沟通，我了解到了更多关于这个孩子的情况。原来，他们生活在一个小县城，孩子是家中独子，从小在父母的百般呵护下成长，非常听话。大学毕业后，孩子到外省工作了两年，但父母总是不放心，希望他能回到身边，甚至在县城里给他找了个女朋友。现在孩子终于回来了，父母该如愿了，却未承想孩子竟变成了这副模样。

读到这里，想必大家也看出来，这个孩子从小到大走过的路都是父母为他铺设好的，他前半生的命运任由父母摆布，完全失去了自我。试问，一个习惯了被保护、自我价值极低的孩子，拿什么去面对外面未知世界带来的恐惧呢？

很多人以为暂时不做某件事也是拖延。但“拖延”并不是“推迟”，

推迟是因为有更重要的事情要做，而把某件事情暂时延后，当完成紧要的事情后，再继续完成延后的事情。事分缓急、轻重，这是一种正常的人类行为。

可拖延不一样，一些明明重要的事情，当下不去做，却把时间花在一些不太重要，甚至是无聊的事情上。被拖延的事情一旦放下，也许一辈子也不会拿起来。绝大多数人的生活原本可以过得更好，可惜，美好的生活往往就这样被拖延症拖垮了。

人有两种与生俱来的情绪，一种是“爱”，一种是“恐惧”。恐惧是为了确保人类生存的需要而设置的，面对一些不确定的因素，每个人都会感到恐惧。为了确保自己生存的安全，人们会设置种种屏障。只是这些屏障在保护自己的同时，也限制了人生的许多可能。

孩子真正需要的不是建议，而是接纳与支持

既然人人都会恐惧，那为什么有些人一辈子画地为牢，有些人却能跨越屏障，走出自己的舒适空间，突破所谓的圈层限制，生活越过越好呢？

让我们再回到孩子的成长过程来看。为了孩子能安全、健康成长，大多数没有学过心理学的父母都会希望孩子乖、听话，并因此给孩子设置了种种限制，以确保孩子生活在一个可控的安全范围。这样做可能导致两种结果，一是孩子像前文提到的“拖延小孩”那样，真的变得很乖、很听话，从此习惯于活在窄小的舒适空间里。而另一种可能则是，孩子为了反抗父母的限制，从小学会了挑战规则，以叛逆的形式挑战父母或权威。

不管是哪一种，孩子长大后都有可能会拖延。前者会因为恐惧面对新的可能性而拖延；后者会因为叛逆而拖延，也就是父母或权威希望我做的，我的潜意识就偏偏不做。

这两种孩子都有一个共同点，因为父母的教育方式，他们从小被剥

夺了自我，长大后他们的自我价值非常低。所谓“自我价值”是一个人自己对自己的主观评判。一个自我价值高的人，会认为自己值得拥有更好的生活，因此，他们能够一边恐惧，一边挑战自己，敢于走出父母为自己设置的舒适空间，让自己的生活越活越好。

而那些自我价值低的人，他们的潜意识会认为自己不值得拥有更好的生活，不配过更好的人生，所以，他们会尽一切所能，让自己停留在目前这种安全、舒适里。表面上看，是因为没有动力，或者被其他各种各样的借口拖住手脚。其实是内在的恐惧，或者更深一层说，是自我价值在决定这一切。这，就是“拖延”的实相！

造成拖延的根本原因是自我价值。所以，我告诉那个学员：“你儿子今天会这样，可能跟你有关，因为你培养了一个自我价值低的乖孩子。如果你们夫妻因为孩子今天这个样子还继续批评、指责甚至打骂他，只会让他的自我价值变得更低，情况变得更糟糕。”

这时候，孩子真正需要的并不是建议，更不是指责，而是接纳与支持，因为这是他人生中最脆弱的时候。指责只会落井下石，而支持和信任才会培养出自我价值更高的孩子。外面虽然风大浪大，但只有经历过风浪的孩子才会真正长大；家里虽然安全、温暖，可温室只会养出娇嫩的花，只会让你的孩子变得脆弱、恐惧未知。

没有什么教育比逆境来得更实在。家长不可能是孩子一辈子的“保护伞”，信任你的孩子，教会他坚强，引导他敢于冒险，在逆境中提升自己的能力，这样，孩子长大后，才能更安全、从容地应对自己的未知人生。相反，从小为了孩子的安全而限制孩子，就像从小剪断了孩子的翅膀，孩子长大后却抱怨他不会飞那样可笑。

一个人的翅膀，就是他的自我价值。如果你也有拖延的习惯，请不要去抱怨自己的父母，因为自我价值低也有你自己的责任。父母当年已经用了他们认为最好的方式来对你。今天你已经长大了，你可以通过学习重新塑造新的自我，通过提升自我价值，改写自己的一生！

开始改变前，请直面你的恐惧

怎么塑造？王阳明说，“知”“行”本合一，当你真正“知”了，自然就会去“行”。当你看清楚这个实相——是你在通过“拖延”这种行动让自己一直生活在现有的状态中，是你认为自己不值得拥有更好的生活时，你就会开始觉察到自己的低自我价值，并且不再认同“我不值得拥有更好的生活”这个信念，你自然会有所行动，去改变、去追求变得更好。

当你开始行动时，你需要面对自己的恐惧，因为前半生你已习惯了窝在一个角落里享受安全了。只要你认为自己值得拥有更好的生活，穿越恐惧就不再是一件困难的事了。面对恐惧，可以问自己以下问题：

“如果我这样做了，会发生什么？最坏的情况是什么？这个最坏的结果我能接受吗？”

如果答案是肯定的，那就没什么问题了。如果答案是否定的，再继续问：

“如果最坏的结果我无法接受，为了避免它发生，我现在可以做什么呢？”

“最坏事情发生的概率究竟是多少？”

当你这样问自己时，你会发现，糟糕的事情发生的概率其实并不高，也许只有不到1%的可能性。也就是说，你内心的那颗定时炸弹，被引爆的可能性几乎为零。于是你会会心一笑，整个人一下子轻松起来。

穿越恐惧很重要，因为你能穿越恐惧，就能突破拖延；突破拖延，你人生的境界就又上了一层楼，自我的世界就变得更大，人生的可能性也会更宽广，当然，前提是，你认为自己值得拥有更好的生活！

压抑与接纳：
面对情绪，看到它、接纳它

百忍不一定成金，却可能致病

很多人对情绪有误解，觉得修行时间长、阶层更高的人，就没有情绪了。在一次关于亲子的课程上，一位妈妈说，她一直认为，情商比智商更重要，所以，她从小就很注重培养儿子的情商。但是她理解的情商，可能不是真正意义上的情商。

她说她看了很多书，用了很多的方法，终于把4岁的儿子训练得不闹情绪、不发脾气了，可是有一天，她朋友说这个方法不对。她希望我作为亲子方面的专家，告诉她从小教育儿子控制情绪到底好不好。当我听到这个问题的时候，我感觉头皮发麻，试想一下，一个4岁的孩子就开始学会控制情绪，那他长大之后，会变成一个怎样的人？

这让我想起了我人生中脾气最好的一个朋友，每每想到他，我都会很难过，因为他年纪轻轻就离开了这个世界。我认识他十几年，从未见过他发脾气，是公认的好脾气男人。我俩都是农村走出来的，毕业后被分到同一个小县城里。我印象最深的一个画面是，当时单位给他分了一间房，约20平方米，村里的人每次去县里，都会把他的房间作为中转场，又是鸡，又是鸭，又是鱼的，弄得房间里脏兮兮、臭烘烘的，可是他从未拒绝过。

我问他，这么多同乡来干扰你的生活，你能接受吗？他说，不接受又能怎样？老乡来了，总得帮帮吧，不好意思拒绝。他总是什么事情都往自己肚子里吞，都忍着。这么好的一个同学，最后竟然因为肝癌早早就去世了。稍微懂点情绪心理学的人都知道，一个不断压抑情绪的人，情绪就会向内攻击，伤害你的身体。有一句话叫“百忍成金”，其实“百忍”，只能成病。可惜知道这一点的人，实在太少了，每每想到这里，我都万分难受。

面对情绪时，要看到情绪背后的真实表达

忍耐情绪，不是一件好事。那么，一味地发泄情绪是不是就好呢？几年前，某明星家暴的事情闹得沸沸扬扬，最终引发千夫所指、企业崩溃。好脾气不对，坏脾气也不对；忍受不对，发泄也不对，那么，关于情绪，怎么做才是对的呢？

事实上，情绪只是身体面对外面世界的一个自然反应，它是潜意识给我们的一个信号。如果我们接收到这个信号后，强行去压抑的话，它就会对我们的身体造成伤害；如果我们任由情绪宣泄、发展，那可能会伤害到其他人。所以，正确面对情绪的方法，不是管理它，而是看到它、接纳它。

好脾气其实有两种不同的境界，一种是压抑，另一种是接纳，张国维博士的好脾气就是后一种。张博士是我最尊敬的一位导师，是 NLP 界的泰斗。我和他合作了 16 年，从未见他发过脾气，和他合作非常舒服。佛家说，人生不如意事十有八九，面对种种不如意，他就真的一点情绪都没有吗？

就这个问题，我问过他。他告诉我，他原来是一位地质工程师，工

作非常烦琐，接触的人也比较多，以前的他也是爆竹飞花的脾气，一点火就着，时常与人发生冲突。我好奇地问，为什么你现在脾气这么好呢？

他告诉我，自从他学习了 NLP，接触了心理学之后，他就能够觉察情绪、看到情绪背后的真实表达。比如愤怒，通常是对自己无能为力时的一种习惯性反应，其实它仅仅是一种次要情绪。愤怒的背后，往往掩盖着无助、无奈、伤痛等我们不愿意去面对的情绪。当我们感觉到无能为力，又不愿接受愤怒背后的这份脆弱时，我们就会用愤怒的方式去向外攻击，把责任转嫁到对方身上，这样，我们就不用去感受因自己的无能为力带来的痛苦了。

如果我们能了解情绪，并及时觉察、看到它，然后问自己，我可以做些什么？我们就可以有很多选择：可以压抑、可以攻击、可以发泄或者是合理化忽略它，当然，你也可以选择做一些有建设性的事情。

跟以前不一样的是，我能够觉察到自己的愤怒，同时能透过愤怒，感受愤怒背后那份深深的无力感。我深吸一口气，然后问自己："我可以做什么？""我还有什么选择？"我的大脑里会冒出很多答案——"揍扁他的鼻子"是其中一个选择；"接纳这份情绪，回去努力把项目做得更好"也是一个选择，我当然选择后者。

压抑负面情绪的同时，正面情绪也被压抑了

其实，学不学心理学，人都会有愤怒的情绪，只是产生愤怒情绪后的行为会有所不同。宋代青原行思禅师说："参禅有三重境界：参禅之初，看山是山，看水是水；禅悟渐深，则看山不是山，看水不是水；彻悟后，看山仍是山，看水仍是水。"当我们学了心理学，能够带着觉察地看到自己的真实情绪，我们就会有更多的空间来接纳这份情绪，就会很平淡、很从容，这种从容是很有活力的。

同样是好脾气，其实也会有不同的状态，一种是压抑，一种是接纳。如何分辨这两者？很简单，前者死气沉沉，后者魅力四射。

很多人觉得情绪波动不好，所以一直压抑自己的情绪，喜怒哀乐不形于色。当他压抑情绪的同时，他的生命能量是很低的，整个人就像木头人一样，了无生趣，生命苍白又无力。在一个团体中，这样的人是最没存在感的。

为什么会这样？我们习惯把情绪分为正面的和负面的，比如，开心、快乐是正面的。愤怒、悲伤是负面的。事实上，当你习惯于压抑负面情绪，你的正面情绪也同样被压抑了。一个不懂得愤怒的人，他不懂何谓激情；一个不懂得伤心的人，他感知不到快乐；一个感受不到痛的人，他也感受不到兴奋……所以，情绪是两面的，你压抑了其中一面，另一面也同样被你压抑。死气沉沉，皆因你压抑太深。

活出生机、活出活力、活出色彩其实很简单，只需从接纳你的负面情绪开始。但愿心理学能让很多已经“死”了多年的人重新活过来。

宽恕与原谅：
别人伤害你一次，你为什么要伤害自己很多年

在 20 多年心理培训生涯中，我看过各种各样的故事：恋爱失恋、结婚离婚、相聚分离……其中有个案例最让我震撼，虽然事隔多年，每每想起依然心神未定。

那是在《教练式管理》课程上。按照惯例，每个技巧我都会邀请学员做案例示范。在教“位置感知法”时，我如常询问场中学员，有没有工作或生活上的难题需要解决。在众多举手的学员中，一个 40 多岁、满脸沧桑的学员表现得最为急切，于是我让他做个案示范。但是，他一开口，我手心就开始冒汗了。

他说，小时候亲眼看到父亲被人吊死在家族的祠堂里。

“我很想去帮助父亲，但是我什么也做不了，只能看着……”他的声音低沉又悲伤，眼中泛泪，但眼神很冷冽。

“我恨他！可是那时候我很小，没办法报仇。我无法面对我的仇人，只好离开村子，外出打拼，等长大后回去报仇。可是等我长大终于有了报仇的能力时，仇人……他已经死了。他杀了我父亲，怎、么、能、自、

己、死、掉？！”他的声音依然不高，但一字一顿，说得咬牙切齿。

“父亲吊在祠堂横梁上的景象一天比一天清晰，我的痛苦也一天深过一天。这些年我都在密谋一件事：如何杀掉那个仇人的儿子。”

听完他的讲述，全场一片静默。我握着汗渍渍的手，心里的斗争非常激烈。

我当然想帮他，一个人背负这样深的仇恨，日子太艰难了。但我从来没有处理过创伤这么深的个案，何况这是课堂示范？看着他那张因痛苦而扭曲的脸，我放下了自己的犹豫和担忧——在一个被仇恨困扰 30 年的人面前，我的面子值几何？

我硬着头皮为他做了个案，至于我做了什么，稍后再说。当我听到他吁出长长的一口气时，我知道，他终于放下了一个沉重的负担。果然，第二天一早，我收到了他的短信：“谢谢团长！30 多年我都没有睡过一个好觉，但昨天我睡得很好。心里舒坦多了。”

原谅的焦点是在他人的过错上

心理咨询界有一个很经典的案例。一位女士年轻时曾遭遇过性侵，她受伤很深，十几年了一直无法释怀，不敢交男朋友，也不敢走进婚姻，希望心理咨询师可以帮助自己疗愈创伤，走出痛苦。

咨询师问她：“那个坏蛋只强奸你一次，你为什么要强奸自己十几年呢？”

这句话问得很重，但正因为足够重，才唤醒了她那颗沉溺于痛苦多年的心。

是啊，那些人只伤害了我们一次，我们为什么要让这个创伤持续、反复地伤害自己几年、十几年、几十年，乃至一辈子呢？

那些伤害过我们的人确实可恨，我们对他们充满愤怒，这是正常的情绪反应。可是，因为仇恨，我们食不知味，睡不安寝。我们为什么要让自己过得这样痛苦呢？

如何面对那些曾经伤害过我们的人？如何让自己重新过上平静的日子？

也许有人会告诉你，原谅他们吧。可是当事情落到你头上时，你会发现，原谅，真的很难做到。

为什么原谅一个人那么难？我们先来看看什么是原谅。原谅的定义是："对他人的疏忽、过失或错误表示谅解，不加责备或惩罚。"从这个定义可知，原谅的焦点是在他人的过错上。当一个人把焦点放在他人的过错上时，其实就很难原谅了。这就是为什么我们很想原谅对方，却又原谅不了的原因。因为我们总是去看到对方的过错。可见，原谅其实是有条件的。

在关系中，我们经常会听到这样的说法："如果你做了什么改变，我就原谅你。"

那么问题来了：别人的生命、别人的人生，我们能改变吗？我们能掌控别人吗？自己如何选择，却要指望别人是否会改变来决定，这无疑是把自己人生的遥控器交给了他人。

与其责怪，不如疗愈自己的伤口

可是，为什么有些人能够很大度地面对那些伤害过自己的人呢？比如曼德拉，他失去自由 27 年，可重新掌权后却放过了那些把他投入监狱的人；比如甘地，当殷红的鲜血染红了他洁白的缠身土布时，他捂着伤口，却说："请宽恕这个可怜的人。"

他们是怎么做到的？也许他们并不是原谅，而是选择了宽恕。

从文字结构来看，"恕"字是"心"上一个"如"字——心宽了，心就自如了、自在了。所以，"宽恕"是关于自己的，是自己修炼的成果。就算别人有错，我们不能改变，但是我们放宽心态，内心就会变得平和自如。原谅的焦点在别人，宽恕的焦点在自己。我们虽然无法改变别人，但可以掌控自己。

这就像我们走在路上遇到一只疯狗，如果我们被疯狗咬了一口，难道要指望疯狗改变吗？疯狗就是疯狗，不管你怎么恨它，被它咬过的伤口依然鲜血淋漓，于事无补。最重要的是清理伤口，打狂犬疫苗，疗愈那个被疯狗咬伤的伤口，不要让伤口持续对身体造成伤害。与其责怪疯狗，不如疗愈自己的伤口，这才是我们应该做的。因为受伤的是我们自己，而不是疯狗。

我们不一定要原谅，但可以宽恕

宽恕是有希望的，因为宽恕是关于自己的疗愈，与别人无关。这也是上述案例中，我对案主所做的。

首先，我使用完形疗法[①]，让他把压抑了多年的情绪释放出来。情绪的释放很重要，只有当一个人的情绪得到完全释放之后，他心中的执念才会动摇。

接着，我使用了位置感知法[②]。一个人所处的位置通常决定了他的视角和观点。当我们从不同的位置去看待同一件事情的时候，他的视角就会被拓宽。

我让案主从不同的角度去看待他父亲的悲剧。这个过程中，我结合了催眠的技巧。我让他想象，如果真的有在天之灵，他父亲的灵魂在天堂的某个位置，我让他进入那个位置、进入父亲的角色。然后问他："看到自己的孩子为当年的不幸而悲伤了 30 年、仇恨了 30 年，你有什么样的感受？"

作为一个父亲，当然不愿意看到自己的孩子因仇恨而悲伤、愤怒，而心怀仇恨 30 年。所以，当他进入父亲的角色时，顿时泣不成声。

---

① 完形疗法为存在治疗的一种形式，强调人人皆须有属于自己的生活方式，并肩负起自我成长的责任。自我觉察是完形疗法的核心。——作者注

② 位置感知法就是通过不同的角度去看待同一个事物，来获得全新的视角，拓宽自己思维的广度和宽度，增加选择性，从而更加全面而有效地解决问题。——作者注

当他从父亲的角色出来时，其实他的执念已经开始松动了，因为他的视角变得更宽广了。

接着，我带他进入仇人儿子的位置。这个时候他明白了，仇人的儿子是无辜的——父亲当年做的错事，为什么要他来承担这样的恶果？

然后，我再让他进入社会的角度，让他看看那个荒唐的年代。他明白了，在那样的历史时代，他父亲的遭遇不是个例；那个杀害他父亲的人既是加害者，其实也是受害者。那一刻，他长长地舒了一口气，整个人似千斤重担一朝放下般，终于得以解脱。也因此，才有了他 30 年来难得的一夜好眠，才有了他第二天发给我的短信。

这是一个关于宽恕的故事。宽恕是关于自己的，是自我的疗愈，是为了让自己活得更好，无关他人。但我们往往容易偏执于自己的立场和视角，困于仇恨无法脱身，心变得很窄。当一个人能够跳出自己的视角，从不同的角度看待问题，从更高的地方看到周围人的不同处境、不同思想时，他才是一个成熟的、有智慧的人，才是拥有宽恕能力的人。当然，在宽恕的同时，我们要提升自己防范风险、不再被伤害的能力。

我们很难改变或者控制别人，唯一能做的，就是照顾好自己。自己变好了、变强了，自然再难被外面世界伤害。这就好比中医讲的“固本培元”。人其实没有病，生病是因为元气不足导致。最好的养生之道不是生病时治病，而是日常生活中养好元神，使得外邪无法入侵。

所以，当你因为曾经的伤害、过去的仇恨而夜不能寐时，不妨让自己站得更高一点，去看事件中每一个人的处境，试着从不同的角度去看问题，探寻不同的真实。

可能有人会质疑：我为什么要宽恕那些伤害自己的人呢？伤害是实实在在的存在，我就是无法宽恕，就是恨他。

你当然可以憎恨他，因为那是你的人生，你的人生你做主。我只是希望你能看到，你在憎恨他的时候，伤害的其实是自己。别人伤害你一次，你为什么要伤害自己很多年？！

如果你能看到这个真相，你也许会笑自己："我怎么这么蠢？"然后会心一笑，于清风明月中了悟一切。

是的，我们不一定要原谅，但我们可以宽恕。宽恕并不容易，但值得我们去尝试，因为这是我们每个人必须面对的人生功课。正如宫崎骏所说："内心强大，才能道歉；但必须更强大，才能宽恕。"

恐惧与焦虑：
我们要接纳焦虑，甚至感谢焦虑

恐惧与焦虑这两种情绪容易混淆

有一次在印度学习，为了让自己能有一个清静的学习空间，去之前我特别交代公司的管理层，学习期间，公司的事情不要找我。不巧的是，我还是接到了同事的电话，她情绪很紧张，说出大事了，不得不打电话向我求救。原来，我们主办的“反脆弱”第十二届实用心理学大会邀请的重要嘉宾临时有事，没办法出席。

可是大会的宣传已经全面铺开，而且门票已经全部卖出去了，还有一些人就是奔着他来的，怎么办？这可真是件大事，负责这次大会的同事不知道该怎么办，陷入了深深的焦虑中，食不知味，彻夜难眠。

变，是这个世界唯一不变的法则！特别是生活节奏越来越快的今天，我们面对的变化越来越多，难免会陷入焦虑、不安的情绪中。焦虑会影响我们的睡眠，降低我们的免疫力，还会严重拉低我们的生活品质。面对焦虑，我们该怎么办呢？在节奏越来越快的今天，我们又要如何从焦虑中回归生活呢？

要回答这个问题，我们首先要分清“恐惧”与“焦虑”这两种不同的情绪。没有学过心理学的人，经常会混淆。厘清这两个概念，我们就可以从焦虑中轻松走出来。

适度的焦虑，具有积极意义

恐惧是什么？它是一种人类及生物的心理活动状态。从心理学角度来讲，恐惧是人们正面临某种危险情境，企图摆脱而又无能为力时所产生的担惊受怕，是一种强烈压抑的情绪体验。恐惧，也就是“害怕”，是一朝被蛇咬，十年怕井绳。

我们要知道恐惧并没有什么不好。很多时候会听人说，如果我没有恐惧就好了。甚至我们有一些俗语像“你个胆小鬼”，好像胆小是不好的。其实这些都是对恐惧这种情绪的误会或者误导。恐惧是有它天生的功能的，如果不懂得恐惧，我们人类可能就少了生存的可能性。

比如我们看到蛇，会恐惧，会害怕，于是会躲开，这样才能保证生命不受威胁。比如我们看到爆炸，会恐惧，于是会逃离，如此才能保存我们生存的机会。所以，对当下发生的威胁如果你不恐惧——比如面对老虎你不恐惧，反而靠近它，那恐怕就只有死路一条了。恐惧是对当下威胁的自然反应，当威胁解除时，恐惧自然会消失，恐惧并不会困扰我们的生活，相反，它还会保障我们的生存。所以，我们要学会接纳恐惧，甚至感谢恐惧。

而焦虑就不同了，它是对未来可能发生威胁的预见性情绪反应，是大脑想象出来的一种恐惧。一般情况下，适度的焦虑具有积极意义，它可以适度提高大脑的反应速度和警觉性。比如，考前焦虑就是一种正常的心理现象，适度焦虑有利于考试发挥。可是长期或过度焦虑，会使我们陷入一种负能量的磁场，影响我们的睡眠，消耗我们的能量，每天除了面对饭碗里不知滋味的饭菜和枕边散落的碎发，不知该如何应对当下的生活，只好任由宝贵的生命在指间白白消耗，我们的健康也会受到影响。

未来还没来，因此焦虑会一直存在，不断消耗我们生命中的能量。当我们焦虑时，所有的焦点都放在了一种可能会失去、可能会受到威胁的负面情绪里，我们就没有足够的精力来想解决方案应对未来。人这一生，无论我们想让自己有何种成就，都需要保持自己的能量，因为它是为我们提供源源不断的动力和活力的源泉。可是，当焦虑耗掉我们的能量后，我们就没有多余的能量去解决问题，未来就真的会受到威胁了。

焦虑不可怕，不觉察才可怕

焦虑本是人类为了获得更好的生存机会，充分调动身体机能以应对环境变化的一种大脑反应机制，可是，这种机制的过度反应，却恰恰起到了相反的作用，过早地虚耗了生命的能量。当生命的威胁真正来临时，已无力应对，这就是焦虑的悖论。

如果能够觉察到这一点，当你感到焦虑时，试着把焦点拉回到当下，问自己，面对未来可能的威胁，现在该怎么办？我现在可以做些什么来减少未来可能的损失呢？于是你的焦点就回到了解决方案上，而不是把精力虚耗在无谓的担心上。

回到本文一开始的案例上。对于吴晓波无法出席大会的消息，我同事焦虑，我本人也感到十分焦虑，唯一不同的是，我能觉察到自己的焦虑。当我清楚地觉察到它后，深深地吸了一口气，让自己平静下来，然后问自己：吴晓波不来，我现在能做些什么？谁可以替代吴晓波？于是我就想到了一系列解决方案，暂时放下正在学习的课程，开始联系好几个替代人选。当信息和邮件发出去后，我的心很快就安定了。

第二天一早，我就陆续收到了各种回应，最后确定请张德芬老师来救场，然后通知公司同事逐个告知已购票的客户，向客户真诚道歉。对于不接受变化的客户，马上启动退款处理，同时开始新一轮的宣传，重新向市场公开售票，以弥补退票的损失。整个过程有条不紊地进行，最后，大会虽然受到了一定的影响，但依然圆满成功举行，并获得了参会人员的大量好评。

当我们受困于焦虑时，就被焦虑给掌控了。而当我们能够看到焦虑是对未发生之事的恐惧，就会回到当下的解决方案，就能找到解决方案，这样，生命就开始活在当下，我们就淡定了，就不再焦虑了。

其实，大多数人所担心的未来，都是不一定真的会发生的事情，其中 80%，甚至 90% 以上都是我们大脑所创造出来的。如果我们能够觉察到这一点，从对未来的恐惧和焦虑中跳出来，回到当下，着力寻找解决方案的话，我们就会淡然、淡定地应对我们的生活，哪怕是生活在喧嚣都市，也能享受到悠然自得的田园般生活。关键是，你能否觉察你的焦虑，然后回到当下，享受当下。

一切问题的根源在于自我价值

从心理学角度看，焦虑通常是由于安全感不足所致。当我们内心对未来感到不安时，就会担心有更坏的事情发生，于是我们就把未来还没发生的事情放到了今天来害怕。

那安全感又跟什么有关呢？当一个人相信自己有足够的能力应对未来可能发生的变化时，他就会对未来充满信心，相反则会因恐惧而焦虑。自己是否有信心应对未来，这是一种主观的评判。一个人对自己的主观评判，在心理学上称为“自我价值”。从主观上相信自己的能力，相信自己有能力解决一切问题，这就是自我价值高的表现，这样的你对未来有着十足的安全感，自然就不会焦虑了。

所以，一切问题的根源在于自我价值。

读到这里，我相信聪明的读者已经知道如何与焦虑共舞了。当你感到恐惧时，先区分一下这是对当下危险的“恐惧”，还是对未来的“焦虑”？如果是焦虑，你马上就知道是因为你对自己没信心所导致的结果。这时，你可以问问自己：如何做才能让自己对未来充满信心？要应对未来可能发生的危险，我需要具备哪些能力？当你这样问时，你就把对未来的焦虑转化为了当下的行动。

如果你能够把焦虑转化为行动力，那焦虑也会变得有价值，它不再消耗你的能量，反而会成为一种推动力，推动你采取行动，去成为更美好的自己。当你拥有了足够的能力时，你自然会对自己充满信心，对未来胸有成竹。

如果你懂得如何与焦虑共舞，那你就懂得了，焦虑其实是一份精心伪装的“礼物”。因为焦虑背后隐藏着对未来未雨绸缪的提醒，隐藏着提升自我价值、成就更好自己的动力和机会。所以，与其坐地焦虑，不如起而行动。

看破与逃避：痛苦不会消失，只会被你消融在生活里

她过着别人梦寐以求的生活，却痛苦无比

我非常佩服一位朋友，因为他把心理学课程开到了佛教的庙堂。我曾对他开玩笑说："佛法博大精深，出家人已看破红尘一心向佛，他们还需要心理学吗？"他莞尔一笑说："团长，什么是看破红尘？有几个人真正做到了看破？看破还是逃避，是需要智慧甄别的。很多人就是在尘世中经历了太多的苦，无法穿越痛苦才选择出家。佛法当然博大精深，但心理学在疗愈创伤方面有其独特的地方。先用心理学疗愈创伤，对他们修行会有很大的帮助。"

我非常赞同他的观点，因为我的课堂上也曾经出现过出家人。只是我的这位朋友，他一方面为出家人疗愈，另一方面，自己也经常因公司经营的事情苦不堪言。他跟我认识的大多数导师、治疗师一样，曾为无数人解除痛苦，但自身也会有无法回避的苦楚，依然会痛会难过会挣扎。

痛苦究竟是什么？是否有方法可以消除？也许大多数人都会这样想，等我们功成名就时，就没有痛苦了，真的吗？

曾记得在《升级生命软件》课程中，一个学员陈述她的痛苦时，全班哗然。原来她是一个豪门阔太，住豪宅、开豪车、养名犬，她基本什么都不用操心，过着多少人梦寐以求的生活。可是，她却觉得自己活得无比痛苦，因为这样的生活让她感到毫无价值，生命毫无意义，人生越活越没意思。

可见，那些过着我们梦寐以求生活的人，甚至是那些精神导师，他们也有他们的痛苦。

痛苦是自己加给自己的

那痛苦的本质是什么？我们又该如何面对人生的痛苦呢？

痛苦有 3 种：

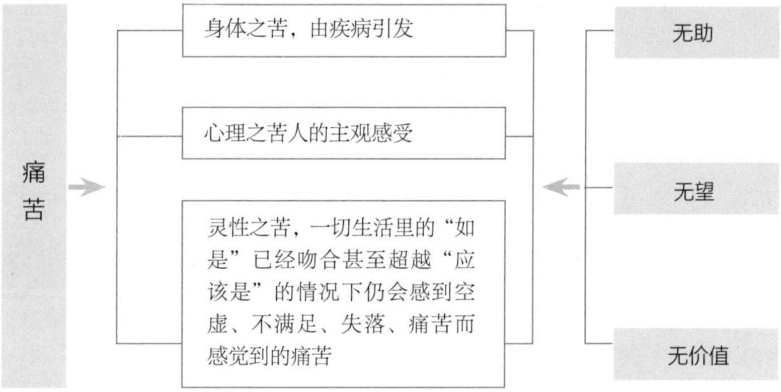

1. 身体的苦

这种痛苦很容易理解，它一般由疾病引起。要解决它，毫无疑问应该去看医生。

2. 心理的苦

心理的苦是人的一种主观感受，是自己感觉自己很痛苦。这种苦跟事情无关，跟一个人对事情的看法有关。

我们经常看到有些人明明正做着很痛苦的事情，他们却很快乐。比如极限运动爱好者，惊心动魄的同时，身心备受折磨；有些人在健身房里挥汗如雨，被教练虐到怀疑人生；还有的人去挑战登顶珠峰，明知每年都有很多人因此丧命，却还欣然前往；还有沙漠徒步活动，在恶劣的环境里徒步行走三四天，挑战身体的极限，可是参加者却引以为豪……这些人都在做着别人无法承受的痛苦之事，但他们并不会感到痛苦。他们之所以愿意以性命为代价去做这些常人难以想象的事，是因为他们能从中获得愉悦感和成就感。

也就是说，痛苦带有主观性感受，是自己加给自己的，所以每个人对痛苦的感受并不一样。也许你觉得痛苦不堪的事情，却给别人带去了满足和快乐；而你一直憧憬并努力追求的生活，对另一些人来说，却如人间炼狱，苦不堪言。为什么会这样？因为这种苦并不由外在决定，而是由我们的内在信念决定。

心理学家埃利斯提出的 ABC 理论认为，不同的人对于同一事件会有不同的情绪和行为反应。并非事件本身引起了这种反应，而是人们对这个事件的不同看法导致了不同的反应。“看法”在这个理论中被称为“信念”。

也就是说，当一个事件发生时，我们信念中认为的“应该是”和现实中发生的“如是”产生了矛盾，我们就会感到痛苦。比如我认为我应该拿到一万元奖金（应该是），但老板只给了我 8 000 元（如是）。即使 8 000 元在行业里已经是很高的水准了，我依然会闷闷不乐。也就是说，当我们的想象跟现实的世界不一致时，我们就会产生痛苦的感受，这也就是我们心理上的苦。

3. 灵性层面的苦

德国哲学家叔本华说过，生命是一团欲望。欲望不能满足就会痛苦，满足了就会无聊。人生，就像是钟摆，在痛苦和无聊之间不停摇摆。

当我们该有的都有了，比如事业、家庭、子女，这些常人追求的生活目标都有较好的收获，一切生活里的“如是”已经吻合甚至超越“应该是”的情况下，我们仍然会感到空虚、不满足、失落、痛楚。这种苦，就是灵性的苦。灵性的苦很特殊，它无以名状且难以形容。

我曾经遇到过这样一个案主。当他说起自己的痛苦时，抱头痛哭。他撕心裂肺的哭喊让我以为他遭遇了家庭的不幸或事业的失败，但都不是。在他情绪稍稍平复后，他抽泣着对我说：“团长，我再也回不到那个状态了。”这个回答我从来没遇到过，于是好奇地问：“什么状态？”他说，一个偶然的机会，他进入了一个非常好的状态，那种美妙的感觉让他仿佛置身天堂，没有痛苦，一切都非常愉悦、美好。可是当他从那个状态出来后，整个人又回到了人间，要面对现实的生活。只要一想到自己再也无法回到那个状态，拥有那种感受，他内心就痛苦不堪。

我曾经在一个灵性的课程中也体验过这样的状态，那是一种妙不可言的感觉。从这种状态中出来后的一周内，我感觉到，生命的每一刻都如此愉悦。可惜我跟他一样，之后再也没有回到过那个状态中。

这位案主所受的苦，就是一种灵性层面的苦。灵性层面的苦，一般人不太可能会遇到。在这里，我重点和大家聊聊心理的苦。

消除了低层次的痛苦，还有更高层次的痛苦

心理层面的苦，一般由3个病毒性信念所导致，即无助、无望和无价值。

1. 无助：因为比较产生的苦。

不管你拥有什么，拥有多少，总会有人比你拥有的更多，过得比你更好。如果你因此而感到痛苦的话，这就是由无助导致的痛苦。无助的人内在有这样一个信念——“别人做得到，而我做不到”。有这种信念的人，无论他怎么努力，就算毕业于名校，知识渊博，富可敌国也无济于事，因为他总会找到比自己更强的人。当别人比自己更强时，他就会痛苦。

2. 无望：因为“不可能”产生的苦。

我们身边有很多这样的人，他们画地为牢，因循守旧，墨守成规，不愿创新，不敢尝试。就像拉磨的马，一直在有限的空间里打转，把一辈子活成了一天。在他们的世界里，有太多太多的“不可能”，他们会把一次失败看成永远。让他们受苦受困的不是外在的环境，而是心中“无望”的信念——我做不到，别人也做不到，因为这是不可能做到的。一旦形成这样的信念，他人生的某个领域就停止了。如果这样的信念越来越多，这个人会对生活感到绝望和痛苦，严重者甚至会放弃生命。

3. 无价值：因为“一无是处”产生的苦。

某研究生因毕业论文暂时没通过就选择了轻生；某老板因一次生意的失败而放弃生命；某年轻人因失恋而割腕……当一个人事业有成时，人们会对他仰视；当一个人暂时没有取得成绩时，人们就会认为他一无是处。这就是痛苦悲剧发生的根源，只因人的价值轻如鸿毛。一个人如果没有看到自己的价值，就只能依赖所做的事情来体现自己的价值，这样的结果就是，一旦事情失败了，就意味着人也失败了。有这种信念的人，他们把人生的价值都寄托在了外在的事物上，一旦遭遇挫败，对他们来说，将是万劫不复。

无价值感是所有病毒性信念里危害最大的一种。当一个人的内在种下了“无价值”这种“病毒”后，他的心仿若玻璃心，一点小小的挫折就会造成深深的挫败感，轻则放弃自己的事业，重则放弃自己的生命。就算勉强活着，也脆弱不堪。与这样的人相处，不仅他痛苦，你也会苦不堪言。

身体、心理与灵性层面的 3 种苦，是递进的关系。它们此消彼长，消除了低层级的痛苦后，还会有高层级的痛苦出现。例如，当你的身体还处在求生存的状态，生病或是受伤时的你是感觉不到心理层面的苦和灵性层面的苦的；而当你身体健康时，你也许就会感觉到心理层面的痛苦；当有一天心理的苦终于消失了，也许你就会开始有灵性方面的苦。这就是为什么帮助他人解决心理困惑的心理学导师，自己依然有很多痛苦的原因。因为他们消除了低层次的痛苦后，还需要面对更高层次的痛苦。

既然痛苦层层递进，无法消除，那我们该怎么办呢？

痛苦不会凭空消失，不如与痛苦共舞

当你抗拒痛苦时，痛苦反而会越来越强烈。情绪的钟摆理论认为：当一个人压抑了某一情绪的感知度时，其他情绪的感知度也会同样降低。那些所谓的负面情绪强度降低了，正面情绪也会同样降低，就像钟摆一样，左右两边的摆动幅度总是一样的。

痛苦跟快乐也是一个钟摆的两端。很多人感觉到痛苦时，会本能地选择用压抑这种方法来对抗。只是，当你压抑和抗拒痛苦时，你同样压抑和抗拒着你感知快乐的能力。同理，当你能感受那份极致的痛苦时，你会发现，你在某一刻也会感受到极致的快乐。我想这也是为什么会有“痛快”一词的原因吧。

人生难免会和痛苦不期而遇，痛苦不会凭空消失，只有当你不断修炼自己，让自己消融在痛苦里，完完全全地经历它，这才是面对痛苦的最好方法。我们不需要压抑它，而是要看清楚产生痛苦的根源究竟是什么——是身体的苦、心理的苦还是灵性层面的苦？如果是心理层面的苦，那让你痛苦的原因究竟是无助、无望，还是无价值感？

当你能够看清这些痛苦，就能分辨它、应对它，并一步步地穿越它。每穿越一个痛苦，你的人生就会上升一个层次。

据说开悟的人才没有痛苦，我远远没有达到那个境界，所以我跟大家一样，会面对各种各样的痛苦。但我相信，只要我们愿意学习和成长，也许有一天，我们也会到达那个没有痛苦的极乐世界。但在真正到达那个世界之前，我愿意和大家一起与痛苦共舞，从痛苦中学习，痛并快乐着。

容与忍：放得下才能放下，能容就无须忍

模式都有其根源，从源头上改变才彻底

人们常说，一个人的胸怀有多大，他的事业就有多大。因为受委屈的人会不断容忍、以求退一步海阔天空，于是让人觉得，哇，这个人真的很有胸怀。

委屈真的能撑大一个人的胸怀吗？我不敢苟同，因为我在做个案的过程中，看到不少人虽然委屈了大半辈子，胸怀却没被撑大多少。

在《教练式管理》课程上，一个学员因为人际关系方面的困扰找我做个案。他说自己很难跟强势的人搞好关系，特别是领导、客户，因为每当有人想指挥或控制他时，不管是多小的事情，他都会跟人发生冲突。他知道这样不好，却控制不住。

当一个人不断在重复一件事情时，那就是他的模式在作祟。通常每种模式都会有其根源，找到根源事件，从源头上处理，才能让改变更加彻底。于是，我开始带他往前探索，发现他有满肚子的委屈。原来，他有一个继母所生的弟弟，父亲总是偏心弟弟，几十元钱的书都不舍得买

给他，却毫不犹豫地给弟弟买了一万多元钱的电脑。说起这些被不公平对待的经历，这个大男人突然失声痛哭。

孩童时代的委屈至今依然在内心发酵，这份委屈不仅没能撑大他的胸怀，反而转化为对外界的攻击。他难以跟强势的人相处，是因为面对这类人时，潜意识会把他对父亲的怨恨投射到这类人身上。由于内在压抑了太多愤怒，他才会一言不合就怒发冲冠。

一个胸怀足够大的人，哪来的委屈？

胸怀是否够大，与委屈未必有关，或者说，那些胸怀够大的人，他们根本不会感到委屈。

南非前总统曼德拉，政敌将他投入监狱整整 27 年，他人生三分之一的时间都在坐牢。但他从阶下囚成为一国首脑后，第一件事却不是清算政敌，而是推行民族和解政策——只要说出真相，就能获得宽宥。在他的影响下，南非没有像其他非洲国家那样，每逢政权交接必然引发大规模流血冲突，让百万人民陷入地狱深渊。

曼德拉因反对种族隔离而身陷囹圄，虽然受到不公正对待，但在国家利益面前，他放下了小我的得失荣辱，宽恕了那些给他带来灾难的人，用实际行动诠释了何谓胸怀宽广。

为什么有些人被委屈撑了一辈子，胸怀却没有变大？有些人不用靠委屈来撑，胸怀也足够宽广？胸怀的大小究竟跟什么有关？要回答这几个问题，我们要先弄明白什么是胸怀。胸怀是一个人能够从更宽广的角度去考虑问题。那什么是委屈？委屈是指受到不公平的待遇后，心里感到难过。不公平待遇是外力，而委屈则是主观感受。之所以会感到委屈，是因为当事人的思想蓝图太过狭窄，容不下不同的观点和意料之外的事情。当事情不能按自己的设想去发展，而自己又无能为力去改变时，那种不得不接受的情绪就是委屈。

曼德拉从来没有因不公平对待而表现得委屈，是因为胸怀足够大。一个胸怀足够大的人，哪来的委屈？而那些满肚子委屈的人，何来胸怀？

汉语有个词叫“容忍”，虽然是一个词，却包含两种完全不同的意思。“容”是一种空间概念，而“忍”是一种心理状态。心里放得下，叫能容；心里放不下，则要忍。因此，能容，就无须忍；如果要忍，则一定是容量不够。

我想，“胸怀”和“委屈”也是这样一种关系。所谓委屈，其实就是因为心胸太窄，容不下一些人或事，但这些人或事却不随己愿地来了，所以只能忍，但忍起来又心不甘情不愿，于是积累了满肚子委屈。

佛家有一个词叫“放下”，就是不要计较，对功名利禄、富贵得失、悲欢离合、嗔恨嫉妒、忧悲苦恼等不要耿耿于怀。放下，是一种境界。如何才能放下？前提是放得下。要放得下，内心的世界必须足够强大。

有人说干吗要那么大呢？在自己的小世界里过日子也没什么不好啊？井底之蛙又怎样？在一口井里生儿育女过一辈子也挺不错的，世界是小了点，但足够了。真的吗？井底之蛙能幸福生活一辈子的前提是，那一口井永远只属于它们，万一哪天来了一条蛇呢？幸福的一家就会成为蛇的早餐了。因为它们的世界太小，实在容不下一条蛇。

而在湖里生活的青蛙就不一样了。因为湖足够大，容得下不同的生物。人的心胸也一样。一个人的胸怀如果太狭窄，是放不下意料之外的人和事的，这些不速之客的到来会干扰你的人生，让你感觉不舒服。为了抵御这种不舒服的感觉，你只好委屈自己，逆来顺受。

这样做，胸怀会越来越宽广

放得下才能放下，能容就无须忍，胸怀小才会感觉委屈。

其实，委屈不仅无法撑大胸怀，还会伤身体。一个人长期感受委屈却不懂得发泄的话，通常会导致两种结果，一种是对外攻击，变成怨恨；另一种是对内攻击，让自己抑郁。

个案中的男士就属于第一种，父亲的偏心让他倍感委屈，他开始怨恨父亲，甚至怨恨所有比他强的人。每当遇到这类人时，他就容易愤怒，向外攻击。这不仅会破坏他的人际关系，还会影响他的健康。有人说“愤怒是用别人的错误来惩罚自己”，这样说一点都不为过。

第二种伤害也不小。当一个人感觉自己受到不公平对待时，因为弱小或其他原因不敢向外抗争，而选择向内攻击时，他会认为，别人之所以会这样对待自己，是自己不够好，自己有问题，长此以往，会得抑郁症，怀疑自己，怀疑人生，严重者甚至放弃生命。

不管是哪一种结果，委屈与撑大胸怀都没有正向关系。相反，委屈不断恰恰是胸怀不够的结果。既然委屈无法撑大一个人的胸怀，那怎样才能让胸怀变大呢？心理学有一种方法叫超越。

人类是有情感的动物，遇到不如意的事情时，很容易被卷入情绪中，任由情绪牵制。其实，在自身与情境之间有一种空间感。而超越，就是创造这样一种空间感，让我们可以从一个具体的情景中抽离出来，从更高、更广、更有效的时间和空间去看待事情，用新的途径去达成你想要的效果。

超越的方法有很多，这里分享三种。

方法一：位置感知法。

一个人会陷入困境，通常是站在自己的角度看问题所致。但不管一个人见识有多广，他总有自己的盲点。位置感知法就是让你从不同位置、不同角度去看待同一个问题。当位置和立场不同时，看待问题的方式自然不一样。

对前文所述的那位学员，我用的就是这种方法。我先用催眠手法让他进入父亲的角色，体验父亲再婚重建家庭的不容易。这样的位置互换让他开始理解父亲当年为什么那样对自己，也懂得了，面对强势的继母和幼小的弟弟，父亲也有很多无奈。通过位置感知的转换，他不仅接纳了父亲，还跟自己达成了和解。催眠结束后，他压抑了多年的委屈慢慢消散，整个人柔软、温和了许多。

方法二：时间线——从未来看今天，以终为始。

有人说，时间是一剂良药，可以治愈很多伤痛。当年那些看起来天大的困难，今天来看不过是小菜一碟。同样，你面临的困难，这一刻也许压得你喘不过气来，但如果站在10年后的时空来看，压根就不算什么。所以，拉宽看问题的时间框架，会让你的胸怀变大。

方法三：看到更大价值。

同一件事情，有不同的价值。有人丢了戒指，郁郁寡欢，是因为他只看到了戒指的价值，却看不到健康的价值；有人因为伴侣不小心损坏了财物而加以责备，是因为他只看到了财物的价值，看不到夫妻情感的价值；父母因为孩子考试成绩不好而指责孩子，是因为他们只看到了成绩的价值，看不到孩子心理健康的价值……这些例子在生活中比比皆是。

曼德拉当年能够宽恕他的政敌，是因为他看到了国家安定、民族和谐的价值。当一个人在决策时能看到更大的价值，自然不会因为更小价值的损失而介怀，反而会打开胸怀，超越无意义的对立。林肯为了通过废奴法令，曾跟政敌交朋友，同党派的人对此十分不满，认为他应该用权力消灭那些异党。林肯笑笑说："当他们变成我的朋友时，难道我不是在消灭我的敌人吗？"

当你感觉到委屈或者面对其他令你难过的负面情绪时，不妨试试这些超越的方法，也许你的胸怀不用去撑就会越来越宽广。我们不要指望一味地容忍负面情绪就能撑大一个人的胸怀，那样只会破坏你的关系，伤害你的身体。最好的方法是借这些情绪来自我察觉、修炼自己，努力让自己变得柔软、顺应而随处自在。

喜欢与讨厌：
没有你的允许，没人能伤害你

有人讨厌你，就一定有人欣赏你

“多个朋友多条路，多个敌人多座山”，这是我妈从小教我的道理。“君子和而不同”是孔子的处世态度。从一个目不识丁的农村妇女到圣人孔子，都知道和谐相处的重要性。“和”是中国文化的一部分，然而要做到“和”，谈何容易？

负责公众号的同事小琳跟我说，她一气之下拉黑了一个粉丝，我笑了笑问她，现在涨粉这么难，你怎么还拒人千里之外呢？她很委屈地说道：“团长，你不知道那个人有多过分，最近我只要发文章，她总会第一时间跑到留言板骂我，攻击我，不是说我写的文章三观不正，就是说我选的是鸡汤文，会误导人、害人……”

辛辛苦苦熬夜写原创文章，没有带来多少的阅读量，却遭到不少的攻击，难怪小琳会如此委屈。

谁都希望得到别人的认可，可是，有人欣赏你，就一定会有人厌恶你；有人赞美你，也一定会有人责备你。每个人都会站在不同的立场、不同的角度看待你的言行，立场和角度不同，也就决定了得出的结论不同。所以，别人口中的你并不是真的你。在表达不同意见的时候，并不是每个人都能做到孔子“和而不同”的境界，缺乏修养的人往往很容易演变为攻击。

那面对攻击，我们应如何应对呢？像小琳面临的问题就容易解决了，选择“屏蔽”或者“删除”那些攻击的人就行了，这叫眼不见为净。可是，生活中没这么简单，我们总不能把同事、邻居、亲人都一个个地“拉黑”吧？

昔日，寒山问拾得：世间有人谤我、欺我、辱我、笑我、轻我、贱我、恶我、骗我，如何处治乎？拾得云：只要忍他、让他、由他、避他、耐他、敬他、不要理他，再待几年，你且看他。

我们没有拾得那样的定力可以“再待几年”，于是大多数人奋起还击，以其人之道还治其人之身，结果把自己变成了自己曾经讨厌的那类人。有没有一种办法，可以让我们在面对他人的谩骂、攻击时，不仅能够礼貌又智慧地回应，不让自己怒火攻心，还可以争取和对方成为朋友呢？我的回答是，有，这种方法就是心理学。

能被我们看到的，都是他人在意的

在这里，我给大家分享一个 NLP 里面经常用到的小工具——智慧语言模式。即在与人沟通时，对语言进行上归类、横归类和下归类。上归类寻求共识，横归类增加选择，下归类找到具体解决方法。

所谓“上归类”，就是找到行为背后的正面动机。NLP 认为，每个行为背后一定有其正面动机，我们也许不能接受某种行为，但行为背后的正面动机一定值得我们肯定。

比如小琳拉黑的那个粉丝，她攻击小琳的文章这个行为背后的正面动机是什么呢？至少有以下几点是值得肯定的：她及时地发表留言，说明她很关注小琳这个公众号；她担心小琳的文章会害人，说明她是一个善良的人，也很在乎小琳的形象；她能够分辨什么是鸡汤文，说明她是一个爱读书、会读书的人……能被我们看到的，都是他人在意的。如果我们能够看到并肯定这些，她就会感觉自己被尊重了、被看到了，感觉有人了解她、懂她，于是她的心门就会为你而打开，这就创造了后续沟通的可能性。

其次，进行横归类，就是在同一个层次，看到更多的可能性，让他从单一的焦点中走出来，看到更多的可能。我们还是回到小琳拉黑粉丝的例子，在充分肯定了粉丝的正面动机之后，你可以对她说，我知道你不厌其烦地跟我说那么多，都是为我好，可是为我好的方法有很多，除了老是批评我，可不可以给我一些改进的建议呢？

最后，再进行下归类，找到具体的方法。当对方由指责变成建议后，他也许会提供不少有价值的方法给你，你从众多方法中选取一个可行的方法，去跟他讨论如何细化、执行，并对他表示感谢。这样，一个攻击你的网友很快就变成你的免费顾问了。这是一件多么美好的事情，难道不是吗？

关系陷入僵局？试试智慧语言模式！

小琳按照我教的方法去处理和粉丝的关系之后，获益良多。有一天，她很开心地跑过来和我说："团长，你教我的那个方法真好用，现在已经没有什么评论能激怒我了，我和粉丝也成了很好的朋友。前阵子留言骂我的那个粉丝，经过一番互动后还向我道歉了！谢谢团长，分享了这么好用的方法给我。几乎没费什么精力，就将负面评论的负能量完全转化成正能量了。真的太棒了！"

当然，现实生活中应对攻击可没有小琳那么简单，因为面对面时，你会受到情绪的影响。但无论如何，这个方法值得你去尝试。以后，当你面临他人的质疑、谩骂，甚至是攻击时，不妨试试智慧语言模式，先上归类求共识、然后横归类增加选择、最后下归类找到具体执行的方法。

我相信这样一来，我们和同事上司的关系，和父母子女的关系，和爱人朋友的关系，都会得到改善，我们还可以和那些人成为朋友，生活也会因此而变得更加和谐、美好！

最后，我想和大家说的是，面对语言的攻击，我们其实并没有受到伤害，只是感觉到了受伤害。我们要学会，面对他人的赞美，报之以微笑不全当真；面对他人的贬损、攻击，不恼羞成怒、反唇相讥。他人的喜欢与讨厌，都与自己无关，做自己就好。没有你的允许，没有任何人可以用语言来伤害你。

自信与自负：
你以为的自信只是自负而已

没有失败，只有回馈

一名读者问我："团长，你的文章总鼓励我们相信自己，这是好事，我很认同。但自信过度的人会不会变得自大呢？"这是一个很有趣的问题，我想不少人会有类似的困惑。

很多年以前，我为了举办一个"知识经济"的巡回演讲，几乎把当时广东21个地级市的团委书记采访了一遍。其中，A市的团委书记让我印象最为深刻。他是位青年才俊，精干帅气，才二十八九岁就成了团委书记，可谓少年得志。跟他合作的过程中，我能够深切地感受到什么叫春风得意，因为好像没有他办不成的事，所有难题到了他那里都会迎刃而解。每次见到他，他都是自信满满的样子。

后来他成了A市的副市长，一路高歌猛进。不承想受一个突发案件的影响，遭受了牢狱之灾。刑满释放后，他突然就像人间蒸发一样，我们谁都找不到他。他让自己躲起来，不愿意再去见当初的朋友。

你身边是不是也有这样的人？有钱有权的时候，他们看起来自信满满，甚至高高在上不可一世。一旦失去财富、地位，整个人就濒临崩溃，消极颓废，失去了直面世界的信心与勇气，甚至为此放弃生命。

谁的人生都不可能一帆风顺。我的老朋友何西在商界打拼多年，他也曾遭遇过一次人生的滑铁卢，不同的是，他在人生低谷时依然自信满满。

几年前，他公司因资金链断裂而破产，欠下了3 000多万元债务。当时，大家都挺担心他的，生怕他没了斗志突然想不开。当我试图安慰他时，他的一番话却让我大为感动。

他笑了笑对我说："团长，请放心，我没事，你不是经常跟我说，没有失败，只有回馈嘛！我只是暂时投资失利而已，只要生命还在，一切都可以从头再来！唯一的不同是，以前能坐头等舱，现在只能坐火车了；以前住五星级酒店，现在只能住旅馆。我的生活方式改变了，但我还是我啊，并没有什么改变。"

听了他的话，我大为感动。不禁想到褚时健老先生，他曾经是有名的"中国烟草大王"，把红塔集团做到了亚洲第一、世界前列的大型烟草企业。后来，他从人生的高峰跌到了谷底，因受贿被判无期徒刑，获得保释后，75岁高龄重新创业，和妻子承包了一片荒山，种起了橙子，以"褚橙"红遍大江南北，再一次成为传奇，走出了一条令人惊叹的"V型"反转人生路。

可惜的是，我们绝大多数人没有褚老那样的智慧。一次登顶，就以为自己赢得了众星捧月般的人生；一次坠落，就觉得自己掉入了万劫不复的深渊。为什么有些看起来自信爆棚的人，一旦时运不济就自卑到无以复加；有些人就算是在人生低谷也能自信满满？究竟什么才是自信？那些看起来不可一世、目空一切的人真的是"自信过度"吗？

为什么有些人自信满满，却又不堪一击？

自信，是指个体对自身成功应付特定情境的能力的评估，是一种发自内心的自我肯定与相信，是对自身力量的确信，深信自己一定能做成某件事，实现所追求的目标。

自信通常跟做某件事的能力有关。比如我有演讲能力，所以对于演讲这件事，我很自信；我唱歌没有天赋，在唱歌方面我没有自信。但我不会因为自己歌唱得不好而否定自己。就算我在某些方面有弱点、有不足，我也不会因此而怀疑自己，依然对自己这个“人”充满信心。在这里，这种信心叫“自尊”。

自尊，是指个人基于自我评价产生和形成的一种自重、自爱与自我尊重。自尊是一种自我价值感，是对自己综合价值的主观评判。如果没有特指某一具体事情，一般人所说的自信（例如某某是一个自信的人），其实就是自我价值感，或者叫“自尊”。

而人们所说的自大，是指自以为了不起。很多人都有过这样的经验：我们身边总不免有这样一号人物存在——他们总是一副自信满满的样子，甚至有点盛气凌人，或者对别人不屑一顾。这些人讲起话来，让人乍听之下觉得他很牛、很在行，没有他不知道的，他似乎成功在望、不可限量。然而相识久了，却发现他总距离理想“一步之遥”，说话也言过其实，不可尽信。久而久之，大家会知道，某某是个自我膨胀的家伙，对他的信任度也大打折扣。

自大的人喜欢把自己的地位、财富在集体中的作用和可利用价值等看得过分重要，他们喜欢夸大自己在团队中的价值。与之相似的状态还有自负和自傲，“自负”是自己过高地估计自己的能力，“自傲”指自以为比别人高明而感到骄傲。

从上面的定义可以看出，一个人是否自信（自尊）与事情无关，与能力无关，它是一个人发自内心地相信自己、不依赖任何事的一种能力。而自大、自负、自傲这些状态都跟所做的事或能力有关，都要以能力或所做的事为依托。一旦这些赖以依靠的能力或事不再存在时，整个人的价值感都会坍塌。

而自尊刚好相反，这种感受因为不依赖任何外在的东西，所以即使遭遇失败、挫折，他也会认为这是暂时的，他有能力跨过去。失败和挫折并不会影响一个高自尊的人对自己的信心。

上文提到的那位团委书记，出众的天赋使他年纪轻轻就进入国家未来力量的人才储备库。以他的能力，即使遭遇一次失败，也无损他的能力，不会影响他今后继续为社会做贡献，但他却没有力量重拾生活的信心。其实，不是他没有东山再起的能力，而是他对自己失去了信心。

为什么有些人有时自信满满，有时却又不堪一击？答案很简单，他们的自信都是建立在某件事情上的。当他们成功时，他们自信，甚至自负、自大、自傲。可惜的是，他们对自己本身并没有信心，因此，一旦他们赖以建立信心的事情遭遇挫折和失败，他整个人就会跟着崩溃。

何西之所以能在人生低潮时依然淡定从容，很大程度是因为他学习了心理学。他知道困难是暂时的，人是会成长的；人的一生会做很多事，失败只是其中的一件。他也知道，所谓的“失败”，只不过是事情没有达到期望的效果而已。假如还有明天，事情还没有结束，一切皆有可能，何谈失败？而他作为人的价值也并不等同于他所做的事，所以，他的自信是建立在对自己本身价值的充分认可上，并不会受事情的成败影响。

由此可知，一般人所说的自信其实分两种。

一种是建立在自己所做的某件事情上的自信，这种自信会因为过度而演变成自大，其实是一种虚假的自信，是自卑！是因为对自己缺乏信心，所以才需要依赖某件事情来建立信心，仿佛自己人生的价值只有通过外在的成功来证明。这样的自信是危险的，因为一旦赖以支撑其自信的外在事物消失，人生也会跟着坍塌。

另一种是对自己这个人的自信，是自己相信自己，即使他人把我贬得很低很不堪，即使我遭遇了挫折、失败，可我了解自己，知道自己依旧存在闪光的地方，知道自己能成事。这种自信不以任何外在的事物为衡量标准，是发自内心地无条件地主观相信，这才是真正的自信。如果是这种自信，就不存在过度的问题，因为越是自信的人就越平和，越不居功自傲，他根本无须依赖任何外在的事物去证明自己，他们相信自己，并尊重他人。

一个有钱人无须去证明自己有钱，自信也一样。因此，自大、自负、自傲恰恰是自信不足的表现。正因为不够相信自己，所以才需要依赖别的东西来证明自己，才会用自大对自我进行过度补偿。换句话说，自我膨胀是自卑的表现，自负与自卑，就像是一枚硬币的正反面一样，联系密切，不可分割。

心理学认为，个体会通过回避现实来避免接受自己的弱小感，所以弱者为了避免感受弱小感，会用自大、自负、自傲等自我膨胀的方式进行自我防御，这种防御既能避免自己弱的一面被人看到，也能不被自己看到，因此，他们很多时候活在自我欺骗里，不仅无法让自己变得强大，反而更容易遭遇挫折和失败，陷入新一轮“挫败—自卑—防御—自我膨胀”的恶性循环。

真正的自信只能向内修炼和成长

既然自大并不是自信过度，相反还是自我价值不足的外在表现，会影响我们对自己的客观评价，那我们该如何面对自大呢？

首先对自己：

当你觉察到自己有自大或者骄傲的行为时，问问自己——我的价值真的需要这些外物去证明吗？如果有一天我不再富有、不再掌权、不再优秀、别人不再追捧我、喜欢我，我还能为自己感到骄傲吗？如果我的自信、我的骄傲离不开这些外在的东西，那我身上值得骄傲的也只是那些外物而已，跟自己有什么关系呢？要依赖这些东西才能骄傲，我真正的价值在哪儿呢？

这些问题能够让你清醒地看到，你的自大恰恰是因为自卑所致，你就不用再去伪装自己，了解并接纳自己在某些方面的弱小和不足，重新回归自我成长的路上，让自己由内而外地散发自信的气息。

其次对他人：

如果你需要与一个自大的人打交道，请先唤醒自己的慈悲心，用你的慈悲心去看到，这个自大的人之所以这样，是因为他的内在十分脆弱。

如果你能透过他看似坚强的外表，看到他隐藏的那颗脆弱的心，你就不会跟他计较。面对这样的人，要多肯定他们、鼓励他们。因为只有当他们的内在越来越相信自己时，他们才能从自大的状态回归平和的心态。

真正的自信源于心灵，源于内心那份平和与喜悦以及对自身力量的确信，只能向内修炼和成长。只有对自我和环境拥有较为客观的认识，觉察最真实的自己、接纳不完美的自己，如此才能获得稳定而恰到好处的自信与自尊。心灵成长的路上，我们一路前行。

洒脱与冷漠：你以为的洒脱可能是一种病

现在多愁善感的我，其实比过去洒脱多了

在疗愈课堂上，每当案主敞开那些创伤经历时，通常全场学员都会眼含热泪。但总有一些学员，不管别人如何悲惨，他们总能淡定、洒脱地面对。

对那些喜怒不形于色的人，历史一向是赞赏有加的。比如《论语》中讲过令尹子文的故事，说他“三仕为令尹，无喜色。三已之，无愠色”，三次升迁面无喜色，三次遭贬面无怒色，认为这个人称得上“忠”。

可是，这样深藏起自己的情绪，喜怒哀乐不上脸，就真的是洒脱吗？

我曾经就是这样“洒脱”的人。记得第一次进入疗愈课程时，我一直试图逃离。因为学员们的情绪表达太感性了，每次做个案都会有人掉眼泪，尤其是女学员，甚至号啕大哭。而引发他们哭泣的那些事，在我看来实在算不得什么，是每个家庭都会发生的芝麻绿豆般的小事。

“他们怎么那么脆弱？泪腺怎么那么发达？”对着那些涕泪横流的人，当时的我真的很难理解。男儿有泪不轻弹，男人怎么能随便掉眼泪？！

还有一次在深圳参加一个呼吸工作坊，那是一个非常特别的课程，特别到保安也循着哭声匆匆赶来，可想而知，那是一种怎样的号啕大哭，才会引起保安的误会。可是，就算是在这样的氛围中，我也不为所动。我还清楚地记得，班上有 40 多人，我和另外 3 个男学员被老师称为“四大金刚”，因为我们最“坚强”，整整 5 天的课程，一滴眼泪都没有流，眼圈都没有红一下。

可是当年十分“洒脱”的我，今天却变得多愁善感了，虽不至于“感时花溅泪”，但确实很容易被生活琐碎的事情感动。

两个礼拜前我家的猫失踪了，我们朝夕相处了 3 年多，它的离开对我来说是一件很悲伤的事，即使现在想起来，我心里头还是涩涩的。一只猫的离开都会如此，面对人生的悲剧就更不用说了。无论是在课程中还是接受咨询时，我的心总会跟随案主们讲述的故事九曲十八弯。

是我退步了吗？当然不是。恰恰相反，这正是我多年学习带来的进步。因为，现在看起来多愁善感的我，其实比过去洒脱多了。

洒脱是接纳，而冷漠是隔离

为什么这样说呢？我们先来看看什么是洒脱。

一段关系结束时，一脸无所谓地转身就走吗？

或者亲友离世时，面无凄色，如常生活吗？

为什么看起来很酷，喜怒不形于色的人，真正遇到事情时，往往放不下；而另一些人平常看起来多愁善感，一旦事情发生反而能够处之坦然？

洒脱并不是轻视身边的人和物，或者不去珍惜已经拥有的一切；洒脱是真正地放下，真正地接纳生活给予的一切。

洒脱的人对生活、对身边的人或物，都非常重视、非常珍惜。因为他的内心丰盛而富足，所以当不得不失去、不得不放手时，他会坦然面对。

洒脱的人不是没有悲伤，而是在悲伤之后，可以平静面对经营的损失、可以真心祝福离开自己的伴侣、可以坦然付出情感而不计较回报有几何……之所以可以这样，正是因为他们内心能量满满，他们无须掩盖悲伤；也是因为这份力量，他们才能从容面对失去。

洒脱的特质在孩子身上表现得最清楚。

如果你去留意，会发现当你从孩子那里拿走一个玩具时，他并不会特别在意。为什么？因为他内心富足，坚信这个玩具只是暂时失去，以后他还会再度拥有，甚至拥有更多。所以，他根本不用担心，更无须恐惧。

洒脱绝对不是冷漠。你看孩子就知道了，孩子的情感世界是非常丰富的，喜怒哀乐，每一种情感都被他表达得惊天动地。哭起来是倾盆大雨，笑起来是满园春色。因为一个生命力丰富的人，肯定有敏锐的感受能力，但他不会执着于某种感觉。这就像孩子，有很好的敏感力，伤心就哭，但哭完就放下了；高兴就笑，分秒不迟。所以孩子们经常眼眶里的泪水还没滚落，笑容又上了眉梢——这才是真正的洒脱。

洒脱不是不在乎，不是没感觉。那些对一切都不在乎，对一切都感受迟钝的人不是洒脱，是冷漠。

冷漠是一种隔离，是不愿意碰触那些引发不良感受的事情而采取的一种防卫态度。这样的人，在任何时间任何地点，面对任何人，他都会把焦点放在某种形式上，要不沉迷于玩乐，要不沉迷于工作。当他没有具体事情可以聚焦时，就算他跟关系最好的朋友、最亲密的伴侣在一起，他也感觉浑身不自在。这就是冷漠的最大特点。

一个人之所以会选择用冷漠来面对世界，用隔离来应对世情，是因为他内在的力量不足，所以不敢面对自己的脆弱。所以，冷漠是内在匮乏的外在表现，是因为害怕失去或者得不到而采取的一种逃避方式。因为害怕而不敢去尝试，也是一种冷漠，对事的冷漠。

所以，你所认为的洒脱可能是一种病，一种名为“冷漠”的病。

让人变得脆弱的东西，也让人变得美好

那怎么办呢？第一步，我们要学会分辨洒脱和冷漠。

洒脱的人和冷漠的人最大的不同就是内心是否富足。当一个人内心富足时，他的情感是丰富的，因为他内心充满力量，所以，他敢于敞开自己，去充分感受和体会；同时，也因为他有力量，才可以真正洒脱地面对人生的种种不得已。

而冷漠的人刚好相反，因为他内心是匮乏的、脆弱的，所以，他需要用各种防卫机制来保护那颗脆弱的心。而假装的洒脱就是其中一种保护形式。这种假装的洒脱，其实是一种逃避。

如果你得了一种名为“洒脱”的病，就要好好对症治疗了。

首先不要假装洒脱，这样只会让你变得冷漠。勇敢去经历生命中的种种不易，承认它、感受它、面对它，去填补内心的匮乏。只有这样，你的内心才会真正变得富足，那时你自然而然就会真正洒脱起来。

接下来，去觉察。如果你觉察到自己在假装洒脱，看到它，勇敢地接纳它。伪装洒脱是需要花费精力的，我们为何不把这些精力放在自我能力的提高上呢？当你有足够的能力时，信心自然就足了。承认事实比什么都有力量，当你充满力量时，面对挑战就不会逃避退缩，也就有足够的洒脱了。

那些七情不上脸，喜怒不形于色的人，不是真正的洒脱，仅仅是冷漠而已。而那些真正洒脱的人，一定感情丰富。因此，团长想对那些情感充沛的女士说：其实你们离洒脱更近一点。因为面对生命中的喜怒哀乐，特别是悲伤和伤痛时，你们更勇敢。只有当你真实面对自己的悲伤和伤痛时，你才有机会去疗愈它们，才会更容易从伤痛中走出来。当你们开始勇敢地疗愈创伤时，你会一天比一天更洒脱。

那些不敢面对自己创伤的人，他们的创伤永远都在，一辈子都在。

为了掩盖那些不敢面对的痛苦，他们只能用一层又一层的外壳去包装自己，伪装成洒脱。这样也许他们一辈子都做不到真正的洒脱。

经过这么多年的学习和成长，我的内心越来越有力量了，虽然还没达到真正的洒脱，但我知道自己一直在路上。希望有更多的人像我一样，勇敢地面对自己的匮乏，勇敢去疗愈自己。因为只有勇敢地直面、接纳、经历自己的伤痛，我们才能走向洒脱。

正如布林·布朗在《脆弱的力量》中讲的那样："让人变得脆弱的东西，也让人变得美好。"

愤怒并没有什么不好

愤怒只是一种防卫机制

人们经常会给情绪“正面”或“负面”的评判，其中最常见的负面情绪就是愤怒。我们总觉得愤怒是不好的，因此当愤怒来临时，大脑里会有一个声音：“我怎么可以愤怒？”紧接着，我们会想尽一切办法去控制、压抑愤怒。可越是控制，愤怒就来得愈加猛烈，于是，我们都像对待老鼠屎一样，尽量躲避这种情绪。

可是，存在即合理，愤怒这种情绪真的就没有积极意义吗？

几年前，我和公司同事到泰国普吉岛度假，回国那天坐的是凌晨两点的飞机。深夜办理登机手续时，我们又困又饿。偏偏那天人很多，排了好长时间的队，大家都心情烦躁。这时，突然有两个人跑到队伍前面插队，我一下子愤怒了，前往柜台对服务人员提出抗议。我的愤怒引发了在场所有人对这两个乘客的愤怒，这两个人不得不重新排队，秩序得以重新建立，大家的权益也得到了应有的保障。

愤怒，是一种情绪。如果事情没有按自己所预期的发生、需求得不到满足或者自己感觉被侵犯时，惶恐、焦虑与无助交织在一起时冒出来的情绪就是愤怒。

愤怒并没什么不好，它只是一种防卫机制，能让我们分清对与错。只是很多时候，就像瑞士心理学家维雷娜·卡斯特所言："任何形式的发怒，都隐含着一种对环境和周围世界的攻击。"一旦我们被愤怒所支配、所掌控，这股情绪就会转变成攻击的行为。为了维护自己，我们会自然地把剑锋指向他人。当愤怒变成攻击时，我们自己就变成了错的一方，变成了自己曾经痛恨的那种人。所以，愤怒是柄双刃剑，能帮助你，亦能伤害你。要好好使用这把剑，就要了解愤怒底下的"冰山"究竟是什么。

愤怒背后还有更复杂的情绪

引发愤怒的原因通常有 3 种：

1. 危险的时候
2. 痛苦的知觉（来自身体）
3. 痛苦的感受（来自心理）

为了终止痛苦、远离危险，我们就会产生"愤怒"的情绪，通过攻击、逃跑、隔离等方式来让自己释放压力。

第 1、2 种情况很好理解。当我们的生命受到威胁、身体受到伤害时，自然会产生愤怒的情绪。因为愤怒是我们基因内置的保护我们的一个程序，是一种守护我们安全的能量。

第 3 种情况叫作"痛苦的感受"，这是一种心理上的主观感受。也许是别人真的伤害了我们，也许是我们感觉受到了伤害，这种感觉往往跟过去的某些伤痛经历有关。这就是为什么明明是一些微不足道的事情，有些人却会歇斯底里地愤怒的原因。其实，让人愤怒的可能并不是眼前这件事，而是这件事勾起了一个古老的创伤。

以我在泰国机场的那次愤怒为例，因为我知道，愤怒是一种次要情绪，在这种情绪的背后还有更复杂的情绪。冷静下来后，我问自己：在愤怒的底下我想掩盖的痛苦是什么？如果我不生气的话，我会感受到什么？

我瞬间感受到了一种深深的无助感，一种被不公正对待后无能为力的痛苦。我的大脑里浮现这样一幅画面：上学时，学校的体育设施十分简陋，唯一的运动设施就是一个乒乓球台，一到下课时间，大家都争着去玩。可是当我们排着长长的队轮流玩的时候，那些大个子的高年级同学总是用插队的方式剥夺我们玩的机会。那时的我比较瘦小，根本没有能力抗争，只能十分无助地忍受着自己的权益被侵犯。这种场景多了，被压抑的情绪就越积越深，发展到后来，一旦有类似的事情发生，以往累积的情绪就会被引爆。这就是为什么一件看似很小的事情会引发一个人异常愤怒的原因，因为有些伤痛是非常早期的，我们都不知道，但身体都记得。这些情绪就像埋藏于心的一颗炸弹，只要有类似的情境激活你早年的体验，你的情绪就会被引爆，你也会变得异常愤怒。

远古的人类生活在大自然，每天都会面对比自己强大的野兽，时刻处于危险之中。这样的情况下，人们通常会有两种反应：

1. 攻击：当人们有把握战胜对手时，就会选择攻击，将别的动物变成自己的猎物。

2. 逃跑：当遇到比自己更强大的动物时，会选择逃跑，确保自己的生存安全。

这是存留在我们基因中的求存模式，这样的模式让人类得以存活至今。可惜的是，即使是在今天，一旦我们潜意识里把发生的事情误判为“危险”，就会马上启用这种模式，立即向外发出攻击，以保护自己，这就是愤怒的自然反应原理。当我们向外攻击时，就无须再去感受潜意识深处那份隐藏着的被伤害的痛苦，这就是为什么大多数人都会选择愤怒的原因。

没有负面的情绪，只有情绪带来的负面行为

可是，当愤怒来临时，我们该怎么办才好呢？其实，没有所谓的负面情绪，只有情绪所带来的负面行为。愤怒可以，但因愤怒而产生攻击性行为就有问题了。我们可以表达愤怒，但需要对愤怒保持觉察，觉察并看见愤怒底下的“冰山”，勇敢地去感受愤怒底下的那份伤痛，承认自己的无能为力，“冰山”才会逐渐消融，愤怒也才不至于转化成伤害自己和他人的攻击性行为。

当然，向外攻击容易，感受内心深处的那份痛楚就非常不容易了。记得在机场时，当我看到愤怒底下被不公平对待的伤痛时，那份撕心裂肺的痛苦让我久久不能入眠。后来，我专门为此找心理咨询师做个案，疗愈了童年的创伤。之后，我再遇到类似事件时，童年的伤痛不但没再被勾起，应对时我也能做到心平气和。可见，愤怒是一份礼物，当我勇敢面对它、穿越它时，我的人生也因此而成长。

承认和接纳我们的情绪，并不是因为它是对的，而是因为每种情绪都有它独特的价值、功能、存在的理由，都是我们可以利用的力量。比如说，嫉妒可以告诉你，你最想要的是什么，以及多么渴望得到；悲伤可以疗愈伤痛；焦虑能让你聚焦未来，防患于未然；无聊能让你深思生命的意义，并采取行动予以改变；恐惧能让你注意安全，提醒自己做事的边界……

情绪就像是一个执着的快递员，如果不收下它带给你的包裹，它就会一直催促你，提醒你注意它的存在。所以当我们面对负面情绪时，不妨先接纳它，收下情绪带给我们的这份礼物，也许它的包装不称心

意，但一定会让我们收获更多关于自己的认知，以及直面未知明天的勇气！

有人说，人生最大的幸福，就是从黑暗穿越到光明的那一刹那。如果接纳了自己的情绪，觉察到自己的内心，带你抵达幸福的那个摆渡人，一定就是你自己。

你可能不知道，这种快乐“有毒”

我很少看电视，偶然打开，看了一段浙江卫视播出的节目《演员的诞生》。演员们深厚的表演功力把一段悲剧演绎得催人泪下，可是，作为导师的喜剧演员宋丹丹点评时说的一番话让我惊呆了，大意是：我没有被感动，我看到大家都哭了，我没有哭，这样的悲剧我不喜欢。

宋丹丹是中国著名的喜剧演员，她的作品带给了人们无限的快乐。她背后的故事我不知道，但我知道另一个殿堂级喜剧演员——金·凯瑞（Jim Carrey）的故事。

也许你对金·凯瑞这个名字陌生，但你一定看过他主演的电影《楚门的世界》《阿呆与阿瓜》。他曾是好莱坞片酬最高的男星，一部影片报酬高达2 000万美元，他的每部电影都能让观众笑出腹肌。对他来说，迎合观众的趣味再简单不过，为满足观众“快来看二货”的心态，他永远都能在电影中自毁形象、搞怪耍贱。

其实，我们身边有不少像金·凯瑞这样的人，他们虽然并不是什么大腕、名人，但随时都能给你带来欢乐和笑声。以前我非常羡慕这样的人，以为他们生活的每个角落都充满了阳光。直到我走进了心理学的世界，才知道，他们阳光的外表下，不知掩蔽了多少不为人知的创伤。

最热闹的地方，寂寞的人最多

乐天就是这样一个人，她声音洪亮、笑声爽朗、鬼马点子多，有她在的地方总是充满了欢乐，很多人都喜欢她。这样的乐天派，好像总能带给大家满满的能量。可是我却很怕她出现在我的课堂，特别是带有疗愈性质的课程，因为当我做个案示范时，需要让案主进入情绪状态。每当这时，她都会通过打岔的方式破坏当时的情景，让悲伤的氛围瞬间变得欢乐，理由是："这样哭哭啼啼的场面，我不喜欢。"我心里想，你总是表现得如此快乐，你的内心该有多悲伤啊！

我知道她需要时间，也需要勇气，所以一直在等待。直到在一次完形的练习[①]中，她终于号啕大哭，哭得那么彻底、那么撕心裂肺。看着平时那个正能量满满的"小太阳"哭成个泪人，其他同学唏嘘不已。

原来，她之所以努力变得阳光，是不想让自己的世界太过黑暗。身处黑暗之中，周围一片阴黑寒冷，没有一点光，也看不见希望，这种感觉实在太寒冷了。

"从小我就是由爷爷奶奶带大的，爸妈一直在外面忙。妈妈好凶，每次她从外地回来我都很害怕。记得有一次，我悄悄拿了奶奶两元钱，去买一个小东西，被她发现了。她一句话没说，转身就去厨房拿了把菜刀，厉声问：'是哪只手拿的？'当时，我整个人都吓呆了。"她尽情地痛哭过后，开始啜泣着跟我们诉说她的故事。"奶奶去世后，我觉得这个世界彻底抛弃了我，那段日子我很痛苦，不敢面对，我学会了逃避，不去面对那些不开心的事情。渐渐地，我变成了一个快乐的人，我也以为自己真

---

① 对于心理学的研究对象，完形心理学从现象学的理论出发，主要以"直接经验"或"间接经验"作为其研究对象，具体而言，就是指意识组织结构和整体的行为。——作者注

的变得很快乐了，没想到这些伤心的事情还在。可是，团长，你为什么要我把这些不开心的事情翻出来呢？”

“平时你一个人安静的时候感觉怎么样？”我没有正面回答她的问题。

“我哪有什么安静的时候？你知道我是一个静不下来的人，我朋友多，节目多，我会让生活充满欢乐的。”她突然好像变了个人似的，由刚才的泪人儿变成了乐天派。

“夜深人静一个人的时候呢？”我知道，最热闹的地方，一定有最多寂寞的人。

“睡觉啊！我会把自己搞得很累，回家就睡觉了。”

“睡不着的时候呢？”我没有放过她，继续追问。

“喝酒吧，喝醉了就睡得着了。”她的声音开始变低，脸上浮现难过的神色。

“这样的生活你真的享受吗？”

她没有回答我，但我知道她心中已经有答案了。

悲伤时真实地悲伤，快乐时才能真正地快乐

黑夜与白天交替，有阳光就会有阴影，有快乐就一定会有悲伤。一个允许自己感受各种情绪的人，才是真正健康的人，他悲伤时真实地悲伤，快乐时才能真正地快乐。那些看似永远快乐的人，并不是没有痛苦，他们只是用麻木去屏蔽痛苦，让自己看起来快乐而已。

为什么他们会这样呢？这与一个人的应对模式有关。美国著名心理学家萨提亚女士认为，在不同的成长环境影响下，人会形成四种不同的应对模式——指责、讨好、超理智、打岔。像乐天这样的性格就是典型的“打岔”模式。他们看起来无忧无虑，积极乐观，不受规则限制，充满创意，是人群中的忘忧草、开心果。但面对不开心的事情时，他们一定会马上转移话题。你看到的他，永远是与一群人在狂欢；你看不到的是，夜深人静时，他一个人的孤单。

如果不是学过心理学，看过无数个打岔的个案，我永远也不会知道，看起来永远开心的人，却是离生命最远的人。

每个人的应对模式都形成于自己的童年。在婴儿时期，我们就会通过父母的触摸、语气以及声音来判断和理解他们的意思。那时的我们会把父亲强有力的双手或母亲焦虑的言语解读为充满威胁和缺乏爱心，尽管父母当时并没有这样的意思。当童年经历了太多太多的痛苦时，有的孩子会发现，通过遗忘和转移注意力，可以让自己很快地远离痛苦，于是这种模式就会一直延续在他的生命里。

渐渐地，他们成长为幽默搞笑的高手，即使遭遇痛苦的事，也能想方设法转换话题来分散注意力，远离它、逃避它，不去感受痛苦。他们对快乐的追求看上去是一种积极的表现，实际上是为了遮掩内心想要逃脱痛苦的挣扎。

情绪只是一种能量，没有好坏之分

人生总会有不如意的时候。如果我们跟乐天一样有不堪回首的往事，该怎么办呢？金·凯瑞是全世界最搞笑的演员，却从来没把自己逗笑过。陈佩斯曾说："喜剧演员都是把自己当作祭品奉献给观众。"而对金·凯瑞来说，他的献祭尤其痛苦。金·凯瑞出生于贫困家庭，为了逗乐床榻上的母亲，他从小就逼着自己变得滑稽搞笑。没有人比他更擅长表演笑容，但也没有一个人能真正体会他内心的痛苦。后来，他被诊断患有抑郁症，从此淡出观众视野。

当人们再次看到金·凯瑞时，他已经从一名演员变成了一名画家。他说："你可以从我的画作里看到我内心的黑暗与光明。画画让我从对过去的追悔与对未来的忧虑中得以解放。"这两句话让我很感动，毕竟不是每一个深陷"快乐陷阱"的人都有勇气和力量这样解剖自己。

一个不允许自己感受悲伤的人，是不可能真正感受快乐的；一个不允许自己感受痛苦的人，也无法真正感知幸福。更何况，永无止境地寻求快乐，这本身就是一件非常痛苦的事情。当我们习惯于压抑、逃避，或者是装作痛苦从来没有发生，自己看似活得很开心，这时的你其实并不是真正获得了快乐，你只是对痛苦麻木了而已。与此同时，痛苦也并不会因为你压抑、逃避就消失不见，它深深地埋藏在你的潜意识里。一旦有相似的情况发生时，痛苦的情绪就会被触发。

其实，任何情绪都有其功能，没有所谓的好坏之分。情绪是属于自己的，不管是“正”还是“负”，都是我们自身的一部分，是一种能量，也是生命的资源。面对各种情绪，我们要学会去接纳，去全然地感受它在身体里的自然流动，而不是排斥它，更不能抗拒它、忽略它。

阴阳本为一体，只有我们能与自己的感受合二为一，与自我深深地连接在一起，与各种不同的情绪和谐、自如地相处，我们才会充满能量地过好每一天。同时，只有懂得善待自己情绪的人，才能够善待他人的情绪，他也才是一个真正有能量去接纳他人的人，才能从微笑的面具后走出，活出最真实的自己，成为真正温暖他人的“发光体”。

第三章

穿越关系的屏障：
别人怎么对你，都是你教的

孩子其实并不是你们的孩子
他们是生命对自身渴求的儿女
他们借你们而生
却并非从你们而来
尽管他们与你们同在
却并不属于你们

你们可以把你们的爱给予他们
却不能给予思想
因为他们有自己的思想
你们可以庇护他们的身体
但不是他们的灵魂
因为他们的灵魂栖息于明日之屋
那是你们在梦中也无法造访的地方

你们可以努力地造就他们
但是不可企图让他们像你
因为生命无法倒流
也不会滞留于昨日

你们是弓
而你们的孩子就像
从弦上向前射出的生命之箭
那射者瞄准无限之旅上的目标

用力将你弯曲——拉满弓
以使手中的箭射得又快又远
应为射箭者所造就的一切而欣喜
因为他既爱飞驰的箭
也爱手中握着的稳健的弓

——纪伯伦《孩子》

你否定了我的所有，让我如何与你沟通

有个读者给我留言说："团长，我们单位的领导非常固执、独断、专横，听不进任何建议，采用所谓的'狼性管理'模式来管理我们，一点都不理会员工的死活。我觉得工作压力很大，但我要怎么跟领导沟通呢？"

这番话是不是说出了你的心声？你是不是经常碰到听不进你的话的人，导致沟通无法继续？面对那些听不进别人意见的人，我们该如何与之沟通？真的存在无法沟通的人吗？

每个人都想证明自己是对的

我们不妨站在那些"无法沟通"的人的角度来看看，是什么让他们这么难沟通呢？我偶尔也会被某些人定义为"无法沟通"的人，所以，我想通过现身说法来探讨下如何才能跟那些无法沟通的人沟通。

拿我们公司发生的一件事情来说，有一个课程因会场安排冲突，需要换到另一家酒店上课。这个课程分三个阶段，前两个阶段学员都非常满意，没有任何人对老师或课程提出异议。可这次调整了上课地点后，

其中一名学员因为新酒店离她家远了些，便提出抗议，要求全额退款。她的理由很有意思，她并不是因为更换场地要求退款，而是对我们的课程、老师、工作人员进行了全盘的否定，说课程不好、老师很差、客服态度不好等，总之，把我们说得一无是处。

这名学员从客服、业务经理、总经理一直闹到我这里。本来她对我的评价还不错，可是这一次她为了证明我们是错的，连我也全盘否定了，因为我没有同意她的无理要求，她就给我贴上了一个“无法沟通”的标签。

从这个例子中也许你已经看到了，有些人为了证明自己是对的，会用尽一切办法去证明对方是错的。可是，你有没有想过，当你否定了别人的所有，又如何让他们与你沟通呢？

这样的现象在亲密关系中也很常见。

我做过一对夫妻的个案，他们觉得这段20多年的婚姻已经无法挽救了。当他们坐在我面前时，太太就开始说个不停：“我真的对他挺无奈的，这么多年我说什么他都听不进去。”

我好奇地问：“你对他都说了些什么？”

太太好像是受到了鼓舞一样：“那可多了，叫他少喝酒，他不听；叫他少吃肉，他不听；叫他多运动，他不听。现在体检结果显示血脂高、胆固醇高。我一片好心给他煮红薯粥，他倒好，居然把粥给倒了……”

坐在一旁的先生忍不住了，打断道：“谁愿意听你的啊？我都快50岁了，你总把我当作孩子，告诉我这不对，那也不对。我不想再多一个啰唆的母亲。在你面前，我好像一无是处，这样的日子我不想再过下去了。”

这样的日子，我想谁也不愿意过。人生最痛苦的事情莫过于，辛辛苦苦地找到一个人，结果自己在他面前活得一无是处。就像网友说的，本来想找一个人为我遮风挡雨，没想到所有的风雨都因你而起。这，也许是婚姻失败的原因之一吧？

其实何止婚姻？生活中方方面面都存在这样的情形：

孩子不听我们的，一和他说什么就直接走进房间，沉浸在自己的世界里；

老板不听我们的，一提意见就会被认为是在找借口，不关心员工，只知道盈利和赚钱；

朋友不听我们的，明明是为他好，给他建议，可他宁愿撞破南墙也不回头。

真的是别人难沟通吗？还是有什么你没发现的原因呢？

对方无法沟通？还是你让对方变得无法沟通

假如一件事，100分是满分，一般情况下做到90分已经很不错了。可是，作为父母、伴侣、领导、朋友，我们是习惯看到对方已经做到的90分呢？还是把焦点放在对方没做到的10分呢？显然是后者。

就像一个孩子考试考了90分，父母却说："为什么不是100分？怎么这么粗心，连这么简单的题目也做错，太差劲了吧？"站在孩子的角度，本来以为90分已经是不错的成绩了，没想到却遭到了父母的一连串批评。他会有什么样的感受呢？

每个人都想证明自己是对的，当你去批评和指责对方做得不够的10%时，他自然会想尽一切办法向你呈现他已经做到了的90%，于是，争吵就会因此而起。其实，争吵的双方都是对的，只是因为双方所站的角度不同，关注的焦点不一样而已。

这就是"无论你说什么，对方完全听不进去"的重要原因，因为他正在全力以赴地证明自己是对的，他又如何能看到你的焦点呢？何况，一旦他同意了你的说法，就等于承认自己错了。试问，又有多少人的自我价值高到可以坦诚地承认错误呢？

当你把焦点放在对方暂时做得不够的地方时，你无形中已经把他放在了"错"的位置，这自然就触发了他的防御机制，他的心门也就因此而关闭了。当一个人的心门都关闭了，你要如何与他沟通？所以，究竟是对方无法沟通？还是你让对方变得无法沟通的呢？

一句“我懂你”胜过千言万语

没有无法沟通的人，只是你暂时没找到与他沟通的方法而已。

从心理学的角度看，沟通的方法其实很简单，就是首先要去看到对方已经做到的部分，然后可以与对方一起探讨如何做得更好。把他先放在对的位置，再告诉他还可以做得更好。如果能这样沟通，又有谁不愿意听你的呢？

回到前面的例子，如果那名学员这样跟我说：“你们的课程很好，我从中学到了很多，谢谢你们能办这么好的课程。我来上课原本是不用住酒店的，这次因为上课地点换了，离我家远了，我不得不住酒店。我的经济不太宽裕，希望你们能把最后这个阶段的学费退给我。等你们下次回到原来的酒店开课时，我再补回这个阶段，你看可以吗？”

试问，谁能拒绝这样的要求？

大千世界，茫茫人海，我们每天都少不了与人沟通。其实，没有难以沟通的人，只是我们全盘否定了对方，导致对方启动了防御机制，阻断了双方的沟通。只要你看见对方已经做得好的地方，把对方放在对的位置，让他信任你，感觉放松又安全，他自然愿意接受你的建议。无论是沟通、谈判，还是与人相处，道理都一样。

带着一分诚意、几分觉察和些许技巧，你就能轻松、智慧地与他人沟通。当一切观点建立在“我懂你”的基础上时，整个世界都会为你而微笑。

为何给了你我的所有，你却仍觉得我不爱你

只是给予，就能收获爱情吗?

电视剧《我的前半生》播完后，朋友圈、公众号里很多人都在转发作家亦舒的经典文字。其中，被人点赞、转发最多的当属喜宝说的这句："我要很多很多的爱，如果没有爱，那就给我很多很多的钱。"这句话如今依然被无数女性奉为金句。"要么给我爱，要么给我钱，要么给我滚"这种观念在某种层面反映了，部分人在感情中会把金钱的给予当作爱对方的方式。其实，不只是女性，大部分男性都有这种心态。

追求金钱和物质，这本没有错。但是光有钱真的就够了吗?同样，只是给予，真的就能收获爱情吗?

有个叫全岳的学员在我的课堂上和大家分享过他的困惑："我谈了很多个女朋友，一直不停地换，基本上，每个女朋友都相处时间不长。千万不要误会，并不是我花心，因为通常我是被甩的那一个。现在谈的这个女朋友也快要分手了。我和她相处的时间最长，我知道她是爱我的，她无条件地包容我的各种缺点，让我一下子觉得自己很重要。我也非常喜欢她，我恨不得把我拥有的一切都给她。可是她还是要和我分手。我

真不知道自己哪里出了问题。”

“听起来你挺委屈的，”我好奇地问，“这么多女朋友都要离开你，她们有没有一些共同的原因？”

“哦……好像有，她们说我不爱她们，可这怎么可能呢？我真的是爱她们的啊，特别是现在这个，我什么都给了她。现在有很多人结婚还婚前财产公证，可是我没结婚就把所有的财产都交给她管理，我的事业不差，财富不少，她要什么有什么，为什么还说我不爱她？”

他越说越快，越说越急促，好像肚子里的苦水终于打开了阀门，一定要在这一刻倒完似的。我能听得出，在他委屈的情绪下面，有不少被压抑的愤怒。

你的伴侣能感受到你的爱吗？

“为何我给了你我的所有，你却仍觉得我不爱你？”这就是全岳内心的呐喊。在他的世界里，他认为给予就是爱。或者说，给予是表达爱的最好方式。把最好的都心甘情愿地给予对方，这是谁对谁表达爱的方式呢？这是父母对孩子的方式，对吗？

“全岳，你是不是觉得挺委屈的，你把一切都给了对方，对方仍然抱怨你不爱她。并且这还不是一个人，而是你交往过的女朋友都这样说，你不觉得奇怪吗？”

“奇怪啊，我一直都想不通，所以才找你做个案。”

“在你的前半生，有谁也这样爱你？他愿意把所有给你？”从心理学角度来说，如果一个人在不同的时间、不同的环境、不同的关系中会发生同一类的事情，这叫内在模式。这些模式通常都是从家庭或成长的经历里形成的，所以，我想探索一下他这个模式的形成背景。

“我的父母。”他说。我猜得没错，果然来自父母。我追问：“你和父母的关系如何？”

“我是跟爷爷奶奶长大的，父母都在外打工，很少回家，我基本见不到他们。但我很感激他们，我知道他们不容易，在外面辛苦工作，供我读书，自己省吃俭用，把最好的都给了我，没有他们当年的付出，就没有我的今天。所以我发誓要让他们过上好的生活。现在我有钱了，给他们建房、让他们去旅游，他们现在生活得不错。”

“你和他们的关系如何？你还没回答我的问题。”

“挺好的啊，父母现在很开心，逢人都说我是他们的骄傲，每次回乡下时，我也觉得很有面子。”

“听起来，你对关系的解读就是互相给予。我想知道的是，你跟父母亲近吗？有一些心里话你会很渴望跟他们说吗？”

“唔……你知道，我从小没跟他们生活在一起，我们没有多少共同语言，但这不影响我们的关系啊？”

……

接下来的对话我就不一一描述了。相信大家都看明白了，对全岳来说，钱就是关系，关系就是钱。我对你好，我就给你我的一切；我把一切都给了你，这就是爱你。在成长的过程中，他从与父母的互动中学会了这一点，但也仅仅只有这一点。他没有体验过关系中的亲密性与复杂性，也暂时还不知道，除了给予，爱还有很多种表达方式。

对全岳来说，有了给予就够了，因为他从小与父母的关系就是这样的。但他的女朋友呢？这就远远不够了！因为爱的内涵非常丰富，仅有给予的爱太单薄了。

在一段关系中，光有爱是不够的

在探讨婚姻模式的课程中，我经常会问学员两个问题。现在我想同样问一下各位读者：“你爱你的伴侣吗？”我猜你们的答案是肯定的；但第二个问题就不一定了——“你的伴侣能感受到你的爱吗？”我想大多数答案是否定的。

沟通的意义在于对方的回应。每个人都在生命里追寻有爱的亲密关系，渴望拥有爱。但在一段关系中，光有爱是不够的，我们还要让对方能感受到你的爱。给予只是爱的表达方式之一。每个人在成长的过程中，或多或少学会了一些爱的表达与接收方式。除了用自己习惯的方式表达爱之外，我们还要学会用对方能接收的方式去表达，这样对方才能接收到你的爱。否则，就像你汇款给别人时，如果账号错了，就算你把所有的钱都汇了出去，对方也收不到，你的钱只能白白浪费掉了。

美国著名婚姻专家盖瑞·查普曼博士（Dr.Gary Chapman）认为，表达爱有5种“语言”：

1. 言语的表达：对部分人来说，只有说出来的才是爱。没有说出来，就算你为他付出再多，他也还是认为你不爱他。

2. 高品质的时间：全然在一起的陪伴，全然在一起的相处时光。

3. 礼物：透过一些有形的物质去表达爱。

4. 服务：通过为对方去做一些事情，通过行动去表达爱。

5. 身体的接触：亲吻、拥抱、碰触、握手、性爱等。

当然，盖瑞·查普曼博士提出的这5种“语言”未必是全部，但可以作为参考。其实，具体有多少种爱的表达方式并不重要，重要的是，你要找到对方需要的那一种。如果你真的爱对方，你值得为对方这样做。

如何才能知道对方爱的接收方式？最好的方式就是坦诚沟通。别人怎么对你都是你教的，只有坦诚地告诉你的爱人，你希望他怎么对你，他才知道该如何对你，否则，他一辈子只会用他习惯了的方式对你。

当然，我听过不少女性这样说：“如果我告诉他，他才这样做，那就没意思了。”我想对持有这种想法的朋友说：“如果你不说，那就更没意思了！就连生你、养你的父母也未必知道你心里所想，何况是一个跟你的成长背景、经历、性别都不一样的人？你不跟他说，他又怎么会知道你要什么呢？”

我相信全岳真的爱他的女朋友，他的女朋友也同样爱他，至少爱的最初是这样。可惜的是，光有爱是不够的，还需要有爱的方法、爱的能力。我们要做好某份工作，需要不断学习，需要拥有一定的工作能力，才能胜任。爱情也一样。爱一个人很容易，但与对方长期相处并保持爱的感觉就不容易了，这需要双方共同学习、不断成长。爱情是美好的，但缺乏智慧的爱，往往会让两个人都受到伤害。但愿有越来越多的人开始意识到这一点，开始愿意为爱成长。

你剪断了我的翅膀，却抱怨我不会飞翔

循规蹈矩不犯错，就是最好的人生？

“我儿子大学毕业好几年了，下班后总是窝在家里，哪儿也不去，做什么事情都提不起兴趣，连女朋友也不交一个，是不是有什么问题啊？”在一次课堂上，有位家长问我。

“你儿子小时候是不是一直都是你的骄傲？你对他管教很严，他从小就很听话、很守规则，对吗？”我反问他。

“是啊，你怎么知道的？”她很惊讶地问我，好像我会算命似的。

我当然不会算命，我之所以能猜得到，是因为这样的案例我见得实在太多了，就像网上那张漫画描绘的一样：“你剪了我的翅膀，却抱怨我不会飞。”

作为父母，总希望自己的孩子听话。只是他们忽略了一点，孩子在听话的时候，某些珍贵的东西也许就被无形扼杀了。这种现象在家庭教育里实在是令人心痛。试想，如果每个孩子都循规蹈矩、乖巧听话，按照既有的传统和理念与这个世界相处，那这个世界谈何改变，又谈何发展进步？

“为什么我们的学校总是培养不出杰出人才？”自从钱学森先生提出这个问题以来，它就一直困扰着每个关心中国教育的人。

为什么中国除了四大发明，好像说不出还发明了什么？飞机、火车、汽车、电灯、电报、电话、电脑、互联网都不是我们发明的。是因为中国人不够聪明？当然不是，四大发明以及历史上那些辉煌的文明足以证明中国人是无比智慧的。就算是今天，世界大赛中成绩优异、获得奥赛冠军的，基本都是中国人。可为什么近代中国人在创新领域好像落后了呢？

前清华大学经济管理学院院长、教授钱颖一认为，问题的关键在于我们的教育存在系统性的偏差。我们总是把教育等同于知识，并局限在知识上。“创造力确实需要有知识，但不仅仅是知识，更重要的是好奇心和想象力。”

爱因斯坦也曾说过：“没有个人独创性的社会，将是一个没有发展的社会。”

可见，一个人是否具备独创性，关系到一个社会的未来与发展。我们人类社会就是一部创新的历史，一部创造性思维实践、创造力发挥的历史。没有创新，社会将停滞不前，历史也不会向前推进。

而对个人来说，没有独创性和个人独立的思考，在这个竞争激烈的社会，就等于自取灭亡。因为走别人走的路，说别人说的话，思考别人思考的问题，作为独立个体的你存在的价值又在哪里？没有自己的思想、点子、路子，你最终只能被淹没在人海中。

在应试教育为主导的今天，大多数家长及教育工作者都把焦点放在知识的灌输上。为了让孩子不输在起跑线上，他们无所不用其极，设定各种规则，从小把孩子定格在一个窄小的领域里，催迫其拼命生长。就像菜农种韭黄那样，为了获得更多的韭黄，他们让韭菜在隔绝光线、完全黑暗的地方生长，因无阳光供给，不能进行光合作用合成叶绿素，那些原本青绿的韭菜，就变成了嫩黄的韭黄。当然，作为一种菜肴，韭黄是美味可口的，但是作为植物，它无疑是病态的。我想，作为父母，没有人愿意培养一个病态的孩子。

父母要敢于培养“不听话”的孩子

一个健康的孩子是有活力的，活力的重要元素就是敢于不断尝试，敢于不断创新。

所谓创新，是不受现成的常规思路约束，寻求对问题的全新、独特性的解答和方法的思维过程。通俗一点说，就是说别人没说过的话，做别人没做过的事，想别人没想过的东西。

每个人都有创新思维，只是由于被开发和培养的程度不同，一些人鲜活的思维被泯灭了，而一些人则被很好地开发了出来。小米的创始人雷军在采访中讲道：“小时候，我特别喜欢玩拆装收音机、电视机，父亲很鼓励我。这种爱好没有家长的支持你是做不到的，因为买那些东西都很贵，特别是在那个年代。但父亲当时花了钱给我买那些东西。小时候培养的对无线电的兴趣，使我在40岁再创业的时候选择了智能手机这一领域。我在小时候萌发的兴趣，到了中年才有机会实践，我想这也是人生的一件乐事。”

雷军的创新思维得到了父母的鼓励与呵护，其他人也许就没有那么幸运了。虽然我是一个农村出来的孩子，但从小也有不少异想天开的想法，遗憾的是，我母亲是一个非常严谨的人，她总是告诉我这个不能做，那个不能做。在她的世界里，循规蹈矩，不犯错误，就是最好的人生。因为家教很严，我从小就非常听话，所以，长大后的我什么事都按规矩做，不敢越雷池半步，什么错也不敢犯，更不敢说创新了，活生生一个年轻的“老人”。

很多认识我很久的朋友都跟我说过，如今的我仿佛越活越年轻了。并不是我的身体真的变年轻了，而是我给他们的感觉越来越年轻。为什么会这样？因为我有幸选择了心理学，在过去这20多年心理学的从业生涯中，我得到了很好的疗愈，让我有机会从母亲当年为我设置的安全保护罩中一步步走出来，重获阳光，当然就会让人感觉越来越有活力了。其实我的活力一直都在，只是被某些无形的东西给束缚、压制住了。

就像那个耳熟能详的故事那样。马戏团里有一头小象，它的一只脚被铁链锁在一根木桩上，小象想要挣脱，但是以它现有的力气根本无能为力。每次挣扎，铁链就会磨它的腿，越挣扎，磨痕就越重，甚至皮开肉绽。小象渐渐长大，它其实已经有足够的力气去挣脱固定铁链的木桩了，但它不会再去尝试。因为它脑海里已经形成了一种观念："无论我再怎么努力，也是无法挣脱的。"人类和大象一样，其实有足够的能力去做很多事情，只是被某种想法给局限了，这种想法在心理学领域叫作"限制性信念"。

这些限制性的想法通常都是当年家庭教育或学校教育强加给我们的。基于某种原因，或者是为了保护孩子的安全，或者是父母、教育工作者自身认知的局限，又或者是父母希望孩子聚焦在某个领域，对于孩子表现的探索未知的好奇，父母总会用"不可以""不可能""不行"去加以限制。因为孩子对父母天生的爱与忠诚，这些限制无形中就会在孩子的大脑里形成一种束缚，这种束缚由一种病毒性的信念所导致，而这种信念在心理学领域叫作"无望"。

"无望"的最终结果就是绝望，是对我们最有杀伤力的一种信念，即：不对任何可能性抱有希望。怀有这种信念的孩子，无论遇到何种事情，他的脑子里只有一个判断：我做不到，别人也做不到，任何尝试都是没用的。于是面对任何事情，他们都不想做出努力，哪怕是极其简单的事情；他们也不会去寻求帮助，既然没人能做到，为什么还要去寻求帮助呢？一旦形成这样的信念，他人生的某个领域就停止了，如果这样的信念越积越深，会导致一个人陷入绝望的境地，最终甚至放弃生命。

暂时做不到的事情，不代表以后也不可能。科技每天都在发展，以前做不到的事情，现在不是在逐一做到吗？人类没有翅膀，不可能飞，但是莱特兄弟发明了飞机；人类不可能克服地心引力跳上月球，可是人类发明了宇宙飞船；人类没有顺风耳，如今却发明了电话，可以和万里之外的人聊天；没有千里眼，人类发明了视频通话，对方的一举一动尽在眼前。也许今天人类还有很多无能为力的不可能，但谁知道明天会不会就变得可能呢？

因此，一个十分听话的孩子，其实就是一个被剥夺了绝大多数可能性的孩子，因为他只会按照父母的意愿去做事，那些父母所不允许的，或者那些由于父母认知局限所限制的领域，于他而言无形中就被关闭了，这样的孩子长大后，就会像富兰克林说的那样，有些人 25 岁那年已经死了，直到 75 岁那年才埋葬。他们死的并不是肉体，而是心中的希望，以及对人生无限可能性的坚信。

没了灵魂翅膀的孩子，要如何展翅翱翔？

一直引领科技创新潮流的苹果创始人乔布斯曾强调过“初学者的心态”。初学者的心态是行动派的禅宗，指不要迷惑于表象，而要洞察事物的本质，不要无端猜测、不要期望、不要武断也不要偏见。初学者的心态正如一个新生儿面对这个世界一样，永远充满好奇、求知欲、赞叹。

而孩子的翅膀，就是他对世界的好奇与求知欲。作为家长，如果我们处处对孩子设限，事事要求孩子听话，这无疑从小剪断了孩子的翅膀，扼杀了他的这种天性。一个没了灵魂翅膀的孩子，你又怎能指望他长大之后展翅翱翔呢？

那怎样才能呵护好孩子灵魂的翅膀呢？允许孩子在安全的范畴大胆尝试，同时唤醒孩子内心对万事万物的好奇。教练技术中有一套问话模式非常好，在这里分享给各位读者。

当孩子问你问题时，千万不要急于给答案，因为，就算你的答案是对的，如果你回答了他，他也只得到一个答案。何况，每个人懂得的知识十分有限，你又怎么能确定自己的答案就是对的呢？所以，最好的方法是让孩子自己去寻找答案。

当孩子问你问题时，他一定自己事先思考过，只是对自己的答案不是很确定。这个时候，你可以反问他："你说呢？"

当他有了一个答案之后，你再问他："还有呢？"

当他有了两个答案之后，你再问他 ："除了你刚才所说的，还有呢？"

直到他说"没有了"，你还可以问他："假如有的话，是什么呢？"

当你能够与孩子这样对话，孩子就会潜移默化地养成一种开放式思维习惯，他的内在会形成这样一种信念："凡事都有3个以上的解决方案""一切皆有可能""方法总是有的，只是我暂时还没有想到罢了"……

这个方法不光对孩子有效，对成人一样有效。公司的领导如果能用这样的方式管理员工，无形中就能激发员工的创新能力，而且，在这种氛围下工作的员工，会有满满的成就感，因为，他的价值得到了有效的发挥。

我们往往会用有限的认知去解读无限的世界，将自己的一生局限在一个无形的囚笼中而全然不知。只是，自己限制自己也就罢了，何苦再去伤害孩子？作为父母，有时候连自己怎么抵达彼岸都不自知，又怎么能去操控、安排孩子的人生呢？

没有什么比对未来充满希望更宝贵

决定孩子未来是否幸福的因素到底是什么？

曾在网上看到这样一条消息，一名妻子送丈夫来就诊，原因竟是在监督孩子做作业时，夫妻俩起了争执，丈夫一怒之下喝了一大口农药，幸亏抢救及时，没有生命危险。从这件事情可以看出，现在的家长、学生多么的不易！为了考个好成绩，不输在起跑线上，孩子在学校辛苦了一天，回到家还得完成一大堆作业。

而家长更不轻松，在外打拼了一整天，拖着疲惫的身体回到家，还要监督孩子做作业。可是已经辛苦学习了一天的孩子，有几个会自觉地做作业呢？这样的结果就是，本来应该幸福温馨的家庭却变成了冲突不断的战场……孩子辛苦，家长更辛苦！

究竟是谁把孩子和家长逼到如此境地？有人把责任推给教育制度、推给社会，可是这是真的吗？教育体制和学校的事情我们做不了主，但家庭的教育方式，家长还是可以做主的吧？每当看到很多家长为了孩子的成绩、名校、未来操碎了心的时候，我就会想，孩子的成绩好了，他的人生就真的一帆风顺了吗？决定孩子未来人生是否幸福的因素中，是否还有比成绩更重要的呢？

毕业于麻省理工学院的女孩郭衡自杀了。她曾是这所世界高等学府少见的中国女留学生。她的人生看似完美无缺，但当生命逐渐裂开，露出缝隙，她发现身边人个个优秀，而自己处处不如人。曾经精准、完美的人生安排好像毫无意义，她离婚了，她的公司计划得不到父母支持，她深感焦虑并陷入深深的痛苦之中。

她说："在我总算能够决定摆脱婚姻枷锁，父母的忧虑，去面对自己的独立性，寻找自己幸福的同时，也正是我毛毛虫脱茧的时刻。我要飞，蓝天才是我的未来，我一切都不管了，我再也不要被人唾弃地以他人的标准去循规蹈矩地爬了！"正当人们以为她要腾飞之际，却发现她陈尸于公寓内。在决定挣脱一切飞向自己的天空时，没想到她人生中的第一次飞翔，也是她永恒的坠落。

为人父母，每当我看到这样的新闻，心中百般滋味，既为这些折翼的天使遗憾，也为他们的父母心痛。拿高分、上名校、入名企，是多少父母对孩子最大的期望，然而，如果孩子带着一颗脆弱的心，那些看似光鲜亮丽的成绩又有何用呢？

比知识更重要的是一个人的性格模式

家庭教育的关键究竟是什么？除了协助学校帮助孩子增长知识外，是否还有比灌输知识更重要的责任需要由家庭教育承担？

据说马云高考时数学才 19 分，复读两年后才勉强考上杭州师范，按当今家长的普遍标准，他早已输在了起跑线上。网上到处都是对他的批评，说他不仅歌唱得烂、字写得难看，就连他引以为傲的太极拳，在行家眼里也不堪入目，可这一切并不妨碍他成为伟大的企业家。他今天取得的成就跟曾经考卷上的数字也绝对无关。知识很重要，但如何运用知识，比知识本身更重要！如果学校教育的重点是让孩子掌握知识的话，那家庭教育的核心又是什么呢？

给大家分享一位美国艺术家的观点。我儿子是学艺术的，大一那年我去美国看他。他的一位艺术老师邀请我们一家到他家里做客。聊天过程中，老师当着我儿子的面批评了他，说他学习不用功，画画基本功不够扎实。正当我们一家人感觉没面子的时候，老师话锋一转，开始表扬我的儿子，说："这孩子的画风非常自由，没有束缚。我教过不少中国学生，他们往往基本功很扎实，可惜画风基本固化了，只会按照一些套路去画画。你的孩子仍然保持自由奔放的画风，这实在难得。基本功任何时候学都来得及，但画风一旦固化了，艺术生涯基本就结束了。"

多么有见地的观点！我想，这番话不仅适用于画画，同样适用于人的一生——知识、能力任何时候学都来得及，但一个人的模式一旦形成，他的一生基本就被框定了。比知识更重要的是一个人的性格模式，在这个智能化普及、互联网全覆盖的时代，我们对知识的获取简直再容易不过。知识可以百度，唯有性格不能搜索。所以，我认为，家庭教育的关键不是灌输给孩子知识，而是在孩子成长的过程中，帮他建立健康良好的人格。

人格，或者叫性格，是指一个人独特的处事模式、思维模式和情绪反应的总称，它是决定一个人做或者不做一件事的关键，是行为的指南针，也是人生的基石。

性格的内核是信念。所谓信念，是一个人认为是事实或者必将成为事实的判断、观点或看法。一个人做或不做某件事情，学或者不学习某种能力，小至吃什么，大至选择就业方向、婚姻伴侣，甚至生死抉择，都取决于一个人的信念系统。所以"性格决定命运"之说一点都不为过。

你本身就是无价之宝，无须用任何事情去证明

既然性格对一个人的一生如此重要，那在家庭教育中，如何才能帮助孩子养成良好健康的性格呢？心理学研究发现，那些一事无成、婚姻失败、家庭破碎的人，通常都有某种性格缺陷，而这些缺陷都由 3 大病

毒性信念，即无助、无望和无价值所致。

1. 无助。

在生活中你是否发现有这样一类人，他们懦弱、依赖他人；做事退缩，想做又不敢做；总是羡慕他人取得的成就，自己却不敢尝试；对现有的生活不甘心，却又迈不出关键的那一步……这样的人就算学富五车也将一事无成。因为他们的内在有这样一个信念——别人做得到，而我做不到，心理学把这称为“无助”。

一个人一旦形成了这样的信念，就算他毕业于名校，知识渊博也无济于事，因为他总会找到比他更强的人，总是相信别人比自己更好，活在被动等待的状态中，不仅事业难成，更重要的是，他还会在无助、无力的状态中度过一生。

无助信念产生的原因有很多，主要源自童年时期父母的教育方式。如果父母经常拿孩子与别人做比较，让“别人家的孩子”成为自己孩子心中永远无法攀越的一座高山，或者事无大小总是包办代替，不信任孩子，处处剥夺孩子的成长机会，在这样家庭中长大的孩子，不知不觉就会在潜意识中形成这样一种想法——我不如别人。

要避免给孩子种下这种“无助”的病毒，父母就要从小信任自己的孩子，培养他自我解决问题的能力、独立自主的能力，而不是以孩子还小为理由，包办替代。而监督孩子做作业这本身就是对孩子的不信任，再加上总拿孩子跟别人比较，这无异于给孩子的思想“下毒”。

2. 无望。

世界无限，除非你设地自限。可现实生活中总是有很多这样的人，他们画地为牢，因循守旧，墨守成规，不愿创新，不敢尝试。就像拉磨的驴，一直在有限的空间里打转，把一辈子活成了一天。

在他们的世界里，有太多太多的“不可能”，他们会把一次失败看成永久的失败，把暂时的无能为力当成永远都无能为力。就像马戏团里的大象那样，因为小时候能力有限被一条小绳绑住，长大之后，依然为一条小绳所困。其实，束缚住大象的并不是那条小绳，而是它大脑中的信念。同样，让人们受苦受困的也不是外在的环境，而是他们心中那“无望”的信念。

“无望”是这样一种信念——我做不到，别人也做不到，因为这是不可能的。一旦形成这样的信念，人生的某个领域就停止了。就像富兰克林所说，有些人 25 岁那年已经死了，直到 75 岁那年才被埋葬。他死的并不是肉体，而是心中的希望。

如果无望的信念越积越深，一个人就会陷入深深的绝望，最终甚至放弃生命。是谁让一个人心中的希望泯灭从而染上无望的“病毒”的呢？除了父母还能有谁！有些父母因为自己的无能和无知，以安全为由，处处给孩子设限，让孩子永远活在一个安全但十分窄小的空间里，不允许孩子犯错的同时，也限制了他的发展。

安全是重要，但希望更重要，没有任何礼物比让人对未来充满希望更宝贵了！所以，与其通过不断施压让孩子增加知识，不如让孩子时时、处处感受到希望。就算有些事情孩子做不到，也要让他清楚地知道，这是暂时的，总有一天他会做到的。一个对未来充满希望的孩子，还有什么事情难得倒他呢？就算他的成绩暂时落后，你又何必担心他的未来？

3. 无价值。

物有价，人无价。可惜的是，在生活中，我们经常会看到人们用一个人所做的事情来衡量他的价值。当他事业有成时，人们会仰视他；当他暂时寂寂无闻，人们就会认为他一无是处。于是，人间惨剧就这样一件件地发生了：某研究生因毕业论文暂时没通过选择了轻生；某老板因一次生意的失败而放弃生命；某年轻人因失恋而割腕……只因人的价值轻如鸿毛。因为人本身没有价值，所以只能依赖他所做的事情去体现价值，这样的结果就是，一旦事情失败，就意味着人也失败了。这样的信念被称为“无价值”。无价值是所有信念里危害最大的一种。

与之相反的是另一种强而有力的信念，人的价值并不依赖于其所做的事，因为事情是暂时的，就算事情不尽如人意，那也是暂时的。只要生命还在，就没有所谓的失败，未来有的只是回馈。

那无价值这种“病毒”是如何形成的呢？毫无疑问，这也来自家庭教育。孩子把事情做漂亮了就奖励他，成绩好才能被夸奖；相反，一旦成绩不好，或者做错了事情，整个人就会被完全否定，于是潜移默化中，孩子就会形成这样一种观念：他个人的价值取决于自己做的事情。

最有效的家庭教育时间并不是孩子取得成绩时，而是孩子遇到挫折时，这个时候，孩子是最需要父母的肯定的，因为此时他最脆弱。当然这时不能肯定他所做的事，而是要让他知道，不管他所做的事情结果如何，在父母心里，他都是好孩子。他的价值也并不取决于他所做的事，因为他本身就是无价之宝，无须用任何事情去证明。

说到这里，真的很感激我的父母。我出生在农村，当年去异乡打拼时，他们对我说：“大胆去闯吧孩子，大不了回来家里，无论什么时候都会有你碗饭吃。”这句话给了当时的我莫大的鼓舞。因为即使我没有功成名就，但至少作为一个人，我是有价值的。遗憾的是，现在很多父母反而会对自己的孩子说：“你如果不混出个人样来，不要说是我的孩子，丢人！”

现在大多数的父母都拼命地给孩子灌输知识，却忽略了家庭教育的重要核心。更严重的是，在灌输知识的时候，很多家长往往会在不知不觉中给孩子种下“无助”“无望”“无价值”的病毒，这就等于从小就剪断了孩子的翅膀，却抱怨他长大后不会飞一样，这是多么让人心痛的事情啊！

但愿更多的父母能够把家庭教育从知识层面回归到孩子的性格层面，从小给孩子建立一套健康的信念和价值观，特别是培养孩子较高的自我价值。我认为，这才是家庭教育的核心。

一层关系的突破，
都会让你感受到无穷的喜悦

一个人与他人的关系，直接影响他的幸福程度

通常，我们在谈论恋情时，说的都是与爱人交往的愉快与心碎；谈论职场时，说的是同事间的竞争，以及和老板的关系维持；谈论家庭时，说的是与父母、与伴侣相处的点点滴滴……无论描述生活的哪一部分，似乎都离不开“关系”这个主题。那么，关系是如何影响我们人生的？

哈佛大学的罗伯特·瓦尔丁格教授在TED上曾分享过一个持续进行了75年的实验。实验的结论是：生活最幸福的人是那些把精力投入关系中，尤其是家人、朋友和周围人群的人。也就是说，一个人与他人的关系，直接影响他的人生幸福程度。

实际上，哈佛大学的这个研究成果，正印证了大部分心理学流派持有的关系理论。大部分心理学流派都在强调关系的重要性，甚至有不少流派认为，与父母的关系决定了一个人的幸福指数。当然，并不是所有人都同意这种观点。豆瓣曾经有过一个很热的小组，叫“父母皆祸害”。一群年轻人诉说着被父母祸害的成长经历，面对不堪回首的童年，他们

无法做到与父母和解。他们甚至认为，不需要与父母和解照样可以成功。

我不是专家，我不知道与父母的关系状况是否真会影响一个人的幸福程度，但我确实见证了不少因为改善与父母的关系，人生也随之改变的故事。

我公司曾经有一个高层管理人员，快40岁了，但一直没能发展一段成功的亲密关系。她也谈过几段恋爱，但每每在结婚前夕戛然而止。她几乎从不谈论家人，每年春节阖家团圆的日子，她会选择旅行；她的朋友圈从来没有家人的信息，我们都以为她是一位相当享受单身的女性。

有一天，她突然找到我，说："团长，我要回一趟家。"她用的是一个陈述句，显然不希望我拒绝她。

我很愕然。当时我母亲的健康出现一些状况，我正想尽各种办法挤时间照顾母亲。她是公司一位重要的领导，我希望她能够帮我分担一些工作。

"能不能稍微往后挪一点时间？你知道最近我经常不在公司。"我跟她商量。

她踌躇良久，低声说道："我担心下一刻就没有勇气了。"

原来，她从小就被父母过继给没有儿女的叔叔。因此，她一直认为是亲生父母抛弃了她，对他们有很多的怨气。工作后，她几乎跟家里完全切断了联系。

"这段时间，您对您母亲的照顾给了我很多触动，我想尝试一下，努力一下。"她的声音里明显能听出伪装的坚强。这股勇气并不坚定，我赶紧在她的请假条上签名。

一周后，她回来了，虽然满脸疲态，但眼睛里的神采非常明显。

"我问了父母，为什么选择送走我。父母告诉我，当时家里有3个孩子，叔叔没有孩子，很希望能有一个孩子。而我是老大，懂事，不会给叔叔添麻烦。我找到了想要的答案。"她说得很快、很轻松。

这次回家之后，她的运气似乎一下好了起来，不久后便结婚了，现在已经有了自己的孩子。

没有好的关系，就很难有好的人生体验

没有亲密关系的人的确也可以成功。我曾经跟一位美国导师合作过，她是一位60多岁的单身女性，是某个心理学领域的权威专家。从专业的角度看，她很棒，讲课的风格，对个案的处理能力，都深受学生喜爱。在大多数人的眼里，她绝对算是一位成功者。

我跟这位导师合作过一年，之后却遗憾地分手了。因为她认定的事情基本上是不可以改变的，于是每当我们需要她根据市场反馈调整课程的时候，哪怕是很小的事情，比如课室布置的调整，都很难协调。一些事务上的协商经常演变成冲突，让双方在合作过程中相当不愉快。但她毕竟是一位很有水平的心理学家，所以她一直很坦诚，每次冲突后都会对我说类似的话："团长，我从来没有进入过婚姻，不知道怎么跟人相处。我喜欢一个人生活，不习惯别人改变我的东西。"我听到了她的潜台词：你们只能按我说的去做。这种无法商量的合作关系，我只好选择放弃。

从外在条件来看，她是成功的，也许她也很享受一个人独处的时光。但人总需要与人相处，如果每次与人相处都不愉快，这算得上成功吗？

什么是成功？财富、权力、名声这些社会认同的标准吗？

一个人如果获得了平常人无法拥有的财富、权力、名声、地位，亲密关系不幸福，跟身边的人也没办法做到和谐相处，那财富、权力还能带给他幸福感吗？这种社会意义上的成功真的有意义吗？

我的答案是否定的，因为在我看来，关系并不是人生的某一个部分，我们甚至可以说关系就是人生本身，因为我们就是在关系中体验生命的。一个人如果没有好的关系，就很难有好的人生体验。正如布林·布朗说

的那样，“关系赋予我们生命的意义”。

每一段关系都会经历十个阶段，你身处哪个阶段？

既然关系对一个人如此重要，那该如何拥有一段美好的关系呢？

从婚姻关系中，我们可以看到关系发展、演变的一些规律。两个人从吸引到分开，通常会经历十个阶段。当然，一些自我价值高的人未必会走到最后几个阶段。

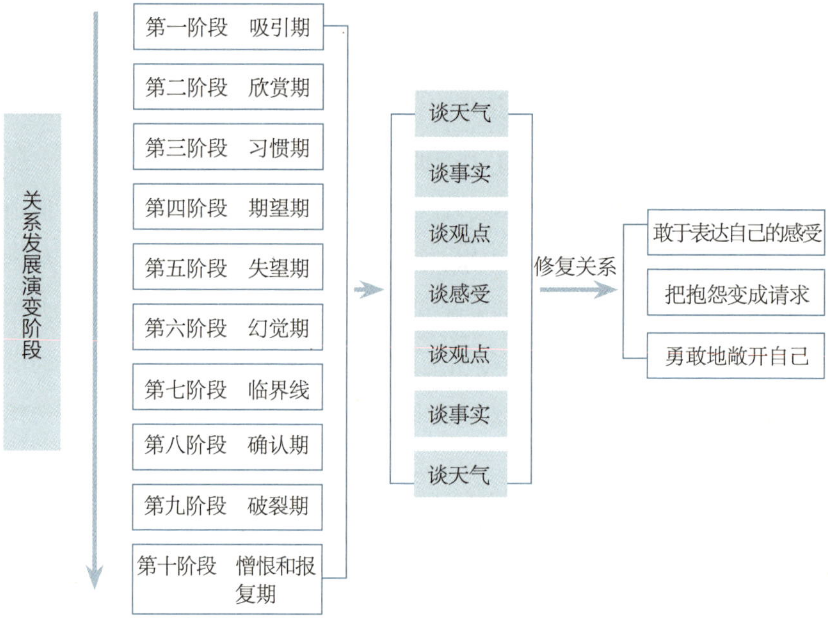

1. 吸引期：异性间的自然吸引力。

2. 欣赏期：荷尔蒙的影响，产生“光环效应”，只看得到对方的好，也就是所谓的“情人眼里出西施”。

3. 习惯期：开始磨合，爱情变成亲情，两个人的好或不好都彼此习惯。

4. 期望期：对于无法习惯的部分，希望对方改变，希望对方变得更好。这个阶段的关系还是有希望的。

5. 失望期：当期望得不到满足时，就会变成失望。这时，关系从正面、积极开始向负面、消极转变。如果失望加深，关系进入下一个阶段。

6. 幻觉期：随着失望的累积，很容易会给对方贴上一个负面的标签，然后搜集证据证明你的判断是对的，事实上这种证据是幻觉。

7. 临界线：临界线是一个犹疑的阶段，离还是不离，分还是不分，左右摇摆，是不确定的阶段。一旦跨越临界线，就是下一个阶段了。

8. 确认期：下定决心离婚或分开的话，就不抱任何幻想了。两个人分别收集证据，来证实当时产生的负面幻觉都是真的。这就是确认期。

9. 破裂期：当收集的证据足够到可以确认时，就进入这个阶段。大部分关系到这个阶段就结束，如果一个人的自我价值比较低的话，就会进入下一个阶段。

10. 憎恨和报复期："我得不到的你也别想得到""你让我没好日子过，我也不让你有好日子过"，于是有意无意地去破坏对方当下的生活。

这 10 个阶段的关系演变也可以从两个人的谈话内容中识别出来。美国家庭治疗心理学家萨提亚女士发现，一段关系中，两个人从结合到分开一般会经历下面几个阶段：

谈天气

谈事实

谈观点

谈感受

谈观点

谈事实

谈天气

两个初识的人从谈天气到谈感受，到敢于在对方面前表达自己的脆弱，两个人之间的连接就发生了，这是关系最美好的阶段。

如果无法维持，一段美好的关系就开始朝相反的方向走。当两个人之间不再分享感受时，关系开始走向疏远。如果连自己的观点也不愿意表达，只谈论一些不可争辩的事实，甚至只谈天气，那这段关系就开始走向破裂了。

与父母的关系，是所有关系的源头

了解了以上规律后，我们就知道该如何修复一段关系了。两个人相处有希望就会有失望。在失望期，大多数人都不敢向对方表达自己的期待和真实感受，任由失望不断累积，从而让关系进入幻觉期，一步步走向恶化，最终导致破裂。

因此，修复关系可以试试下面的方法：

1. 敢于表达自己的感受。出现分歧，人们总喜欢讲道理，找对错。其实讲道理是没有用的，因为每个人都有自己的道理，都想证明自己是对的。在关系中讲道理，只有永远吵不完的架。你可能会赢了争吵，但会输掉关系。相反，如果我们能做到穿越观点，允许并接受分歧的存在，在感受层面才能与对方建立连接。婚姻是一种情感关系，我们要讲的是情而不是理。只有动之以情，才能晓之以理。

2. 把抱怨变成请求。我们太习惯抱怨了，而抱怨带有指责的味道。所以，我们要把抱怨变成请求。每个人对关系的另一方都会有所期望，假如双方尤其是女性，都不愿意把内心真实的期望表达出来，告诉对方。而对方摸不清、猜不透你的期望时，期望就变成了失望，失望就会滋生出抱怨。要知道，你不说，别人也许永远都不会知道你心中所想。如果能把抱怨变成请求，在失望期进行良好、有效的沟通，坦诚地表达自己内心真实的期待，通常另一方会想尽办法去满足对方的要求，关系就会朝好的方向发展。

3. 勇敢地敞开自己。所谓亲密，就是你在另一个人面前没有恐惧。当我们能够敞开自己，毫无保留地坦诚自己，就能与对方连接。有了连接，才是真正的亲密。

两个陌生人都能创造一段关系，何况是处在关系中的两个人？只要你能拿出当初恋爱时的勇气，我想，没有突破不了的关系的。当然，如果你不愿意去尝试、去行动，关系就不会有改变。谁也无法叫醒一个装睡的人。

在所有的关系中，最关键的是与父母的关系，这是所有关系的源头，我们从这里学会如何与人相处，并把这种模式复制到其他任何关系中。所以，与父母的关系会直接影响我们的两性关系、朋友关系，甚至是合作关系。要改善关系，最好从改善与父母的关系入手。

我并没有足够的证据证明，一个人的成功、幸福是否与接纳父母有关。我只知道，与父母的关系是众多关系的一种，大多数人际关系问题都可以从我们与父母的关系中找到原因。如果一个人能勇敢地去突破他跟父母的关系，那其他关系也会跟着改善，因为和父母的关系是一切关系的源头，改善与父母的关系就是改变了基本的关系模型。

当然，我不强求所有人接纳自己的父母。但是，如果某一天你能鼓起勇气去穿越关系的屏障，去修复跟父母的关系，你的人生肯定会发生改变。因为，每一层关系的突破，都会让你感受到无穷的喜悦。

让我们像马克·吐温曾告诫世人的那样生活吧——时光荏苒，生命短暂，别将时间浪费在争吵、道歉、伤心和责备上。用时间去爱吧，哪怕只有一瞬间，也不要辜负。

你所谓的为我好只不过是一种操控

控制一个人就是他反抗你的开始

每当高考填志愿的时候，总有家长会问我："孩子选什么专业好？"因为这个问题，经常有家长、孩子闹得不可开交。这让我不由得想起多年前遇到的一个案主。

她是我《升级生命软件》课程中的一个学员，声音轻柔，安静乖顺，很少主动参与课堂互动。老实说，在她讲述自己的故事前，我并没有注意到她。但是，她一开口，却让包括我在内的在场所有人都大吃一惊。

"我一直觉得有一天我一定会闯祸，闯一个谁都无法挽回的大祸，完全打破我目前的生活状态。"她轻声说着，双手拘谨地放在膝盖上，眼里闪耀着一种不同寻常的光彩，"到那时候，我爸爸肯定会震惊。"说到这，她捂着嘴吃吃地笑了两声。

她名校毕业，丈夫年轻有为，夫妻俩都是公务员，之前的人生平顺得让人嫉妒。而她却像被宠坏的公主一样，一心只想摔烂自己美丽的洋娃娃。我在心里忍不住追问"为什么"。

她接下来讲述的故事让我心痛。她说自己就是一个演员，爸爸就是她人生大戏的导演。在爸爸的指导下，她演绎着自己的人生。她的生活一直被爸爸安排得妥妥当当：从幼儿园到大学，学什么专业，选择什么工作，包括现在的老公，都是爸爸一手安排的。从理智的角度看，她确实在走一条最优的人生道路，以爸爸的能力和资源，她走的每一步几乎无可挑剔。可不知道为什么，她的内心总涌起一股反抗的力量，其实她并不想过这样的生活。于是，“闯一个祸让这部大戏结束”的念头在她的心底变得越来越强烈。

也许你会经常听到有人对你说“这是为你好”，他们可能是父母、爷爷奶奶、老师或者那些“经验老到”的人，他们以“这是为你好”为由，安排着你的生活，导演着你的人生。但这真的是“为你好”吗？

大禹治水的故事大家肯定熟悉，但大禹父亲治水的故事却不是每个人都知晓。尧在位的时候，黄河流域水灾泛滥，庄稼被淹，房子被毁，老百姓深受其害。大禹的父亲鲧一心想治理好水患，但是花了 9 年时间也没有治理好，因为他只懂得水来土掩，造堤筑坝。结果洪水冲垮了堤坝，淹死了更多人，造成了更大的损失。舜接替尧当部落首领后，发现鲧治水不当，便杀了鲧，让鲧的儿子禹接着去治水，这才有了大禹治水的故事。

禹改变了父亲鲧的治水方法，他开渠引水，疏通河道，把洪水引到大海、农田，化害为利。结果我们都知道，大禹成功地治理了水患，并因此受到百姓爱戴，继承舜的位子，成为首领。

同样是治水，不同的方法，完全不同的结局。治水如此，“治人”又何尝不是这样呢？

鲧治水的方法其实是一种控制。什么是控制？为了安全或其他目的，通过人为的力量让事情按照自己的意愿发展，就是控制。比如鲧，他想控制洪水保一方百姓平安。但是控制一定会带来反作用力。当这两种力量对抗时，不仅消耗了自己的力量，而且万一有一方失败，就会带来更大的灾难。鲧的例子就很好地说明了这一点。

人对物是控制，人对人就是操控。操控就是违背他人的意愿，强行要求对方按照自己的意愿做事。可是，控制一个人就是他反抗你的开始，而且会带来反作用力。比如上面说的那个案主，她之所以一直想闯祸，是因为她过往的人生一直被父亲操控着，在她乖顺听话的外表下压抑着一股反抗的力量。只是，这股力量还没有强大到可以突破控制。我们可以想见，一旦这股力量冲破父亲的操控，这个表面光鲜的家庭就岌岌可危了。乖孩子内心那股反抗的力量一旦爆发，破坏力绝对让你难以想象。因为作用力越大，反作用力就越大。

安全感是内心平和、放松、稳定、自由的感觉

操控一个人的代价如此之大，可为什么我们还那么喜欢去操控别人呢？特别是父母对孩子。天下没有不爱自己孩子的父母，但父母为什么偏偏喜欢以爱为名对孩子行操控之实呢？操控的背后究竟是什么？从心理学角度来说，操控的背后是因为缺乏安全感。

安全感是渴望稳定安全的心理需要，是指人们从恐惧与焦虑中解脱出来后，内心那种平和、放松、稳定、自由的感觉。它是对可能出现的对身体或心理的危险或风险的预感，以及个体在应对事情时的有力、无力感，主要表现为确定感和可控感。

当一个人安全感匮乏时，为了增加自己的确定感和可控感，他就会不自觉地操控身边的人，特别是那些弱小者，让别人按照他的意愿去做事，甚至是过一生。他以为这样是“为你好”，其实，他只是为了让自己拥有更多掌控感和确定感，让自己感觉更安全而已。

当一个人拥有足够的安全感时，他会相信自己有能力不断提升生活中可控的部分，也有能力去应对生活中不可控的未知，能够以自己的方式做好自己的事情。他也无须通过操控别人来确定自己是安全的，这样，在他身边生活的人才能够真正活出自己，享受自由惬意的人生，否则，只会成为操控者的傀儡。

所以，一个人是否拥有足够的安全感，直接决定了他身边人的生活质量。

安全感来自多方面因素的影响。精神分析流派认为，安全感与一个人童年的成长状况有关。一个人在成长早期如果能够获得父母或其他重要看护人很好的照顾，他就会感觉这个世界是安全的。反之，就会缺乏安全感。

孩子有自己的选择和人生路，不要去操控他的人生

既然安全感这么重要，那怎样才能提高自己的安全感呢？最好的方法，当然是找心理咨询师或走进课堂，来疗愈自己内在的匮乏。

第二个办法来自心理学的著名实验——毒蜘蛛实验。研究发现，多数人面对毒蜘蛛时，内心会充满恐惧。但是当这个人说出“我很害怕”的时候，他心中的恐惧就会大幅度减少。所以，说出自己的担心，恐惧感就会减弱。

比如，那些总想操控自己孩子的家长，如果他能够向孩子表达自己的担心——“孩子，我担心你自己不会填志愿，选错了专业，以后找不到好工作。”“孩子，我对你的未来有一点担心”……当他能袒露这份担心时，就能减少自己的不安全感，从而让孩子获得更多的自由。

第三个办法来自大禹治水的启发。前面我们说过，鲧治水用的方法是修筑堤坝，是堵；而大禹用的是疏导的方法，是引。虽然父子俩面对的都是洪水，是同一股力量，但因为使用的方法迥异，得到的结果也完全不同。

不安全感跟洪水一样，都是一股力量，如果压抑它、控制它，当力量变得强大了，就总会有控制不了的那一天。与其控制，不如像大禹那样引导，让这股力量变成激发我们成长的动力。人之所以会感到不安全，是因为自己太过弱小；如果自己变得强大了，自然就感到安全了。同样是恐惧，它可以成为操控别人的原因，也可以成为让自己变强的力量。

我们都有一颗善良的心，但光有善良是不够的，还需要有方法。当我们都以“我是为你好”为理由，去操控别人的生活时，善良就会成为伤害他人的理由。我们要从操控这种行为背后看到自己安全感的缺失，并承认、接纳这个事实，这样，你身边人的日子才能好过一点。

也许你会说，难道孩子什么都不懂的时候，我不应该给他一些引导和控制吗？我并不是要求家长们放任自己的孩子。对那些真的会危及人身安全的状况，我们还是要去控制，需要帮助孩子学会规避。只是大多数时候，人们的操控并不在这样的范畴里。而孩子有自己的选择和人生路要走，企图控制孩子，让他按照自己期望的那样去成长，很有可能会牺牲掉孩子的人生。你可以给予建议，但不能一味控制，要懂得给孩子自由成长的空间，允许孩子自己的人生自己做主。

但愿更多人能意识到这一点，也希望每一个面临人生选择的孩子都能够自主地进行选择，开启真正属于自己的生活。

输了你，
赢了世界又如何

我很爱你，但也不想依赖你

在呼吁男女平等的21世纪，越来越多的女性走入职场，用实力证明自己，她们工作努力，业绩喜人，用聪颖和勤奋获取自己应该拥有的社会资源。

但我发现，部分女性没有搞清楚“强大”的真正内涵。很多朋友圈的文字都在感召女性，“不要依靠男人，要独立”“即使摔倒也要华丽地摔倒，保持优雅的姿态”。随便去书店逛逛，也是“女不强大天不容”“只有你才是自己的救世主”之类的书。这些媒介都在传递一个观点——女人都是金刚不坏体，无须依靠男人。好像做到这一点，女性就真正独立了一样。

不依赖男人，让自己不断变得强大就真的能幸福吗？做不到这些的“软弱”女性，难道就失去了自我价值？我先给大家讲一个真实的案例。

卢月是我的一个学员，人长得漂亮，果敢又直率，主动举手要求做个案。她说：“我有过两段婚姻，每段都只维持了3年。后来我认识了现在的男朋友，也快分手了。”其他学员上台会紧握话筒来舒缓紧张，但她不同，双手依旧抱紧臂弯，保持冷静思考的姿势。

“你的第一段婚姻是什么原因导致两人分开的呢？”我问她。

“我的性格他受不了，他说我很强势。第二段婚姻也是因为同样的原因分开。但其实我没那么强势，我也没对他们怎么样啊！”

“为什么你会觉得自己不强势呢？”我肯定她的坦率和直接，并尝试带她进入更深的心理层面，看见更真实的自己。

“我真的没有打啊骂啊的，我就是搞不懂这些男人怎么到最后会变成伸手向我拿钱。”

“那你还说你不强势？你都可以把他们养起来了。”我半开玩笑地说。

“我跟第三个男友是工作中认识的。不知道什么原因，我们工作中相处不愉快，生活中也合不来。我给他投了好几十万，他都没有赚到钱。也许是因为愧疚，他就提出了分手。”

“总之，你的男友们都比较容易对你产生依赖，是吗？”我知道她不喜欢强势、控制这样的词，所以换个表达方式来问她。

“是的。”

“当你回顾过往的两段婚姻，以及现在的这段恋爱，都是以同一种模式结束。你的内心是一种什么样的感觉？”

“我觉得分手是痛苦的，我真的不想再这样了，反反复复备受折磨，我都快不相信爱情了。”她坦诚地说。

所有人都说她强势，但她不愿意承认自己强势。在她的眼中，只是她遇到的 3 个男人都比较“弱”而已。其实谁强谁弱并不重要，重要的是她生命里的 3 个男人都因为同一个原因离开了她。如果她觉察不到这一点，下一个男人是否又是一个轮回？我想让她看到这一点。

“在婚姻中，你遇到的都是要依靠你的男人。那在其他领域有没有类似的情况呢？从小到大，你通常跟什么样的人相处？”为了让她看到自己的模式，我试着拉宽她的视野。

“好像真是这么一回事，”她沉默了一会儿，接着说，“小时候，妈妈经常说，和男人吵架一定要赢，如果输了，就会一辈子受制于他，我的一生也完蛋了。”卢月轻轻地说。

“你妈妈的婚姻怎么样？”

“我很小的时候爸爸就去世了，她一直没有再婚。”

“所以你妈妈并没有用她的一生来验证过这个‘真理’，是吗？”

“是的……”

为了让卢月看到她与男性的相处模式，我用萨提亚雕塑的手法，在现场找了一位女士扮演她，并且请“她”站到椅子上，再找 3 个男士扮演她的丈夫和男友，在舞台上雕塑出她过往两段婚姻和最近这段感情的画面。

第一任老公用打岔的方式应对她的指责，满不在乎的样子，在场上走来走去，然后转身离开；第二任老公用超理智的方式应对她的指责，处处跟她讲道理，最后受不了离开了她；接着第三任男友上场，根据她的描述，这位男士跟她一样强势，于是我请他用手指向她，摆出指责的应对姿势，仿佛在说，“你强，我要比你更强”，可惜对方还是没她强，最终选择离开……

爱人之间没有所谓的输赢

看完这一幕，卢月若有所思。我邀请她跟角色扮演中的“自己”对话。在我的引导下，她开始对曾经的“自己”说：“卢月，你从小就没有父亲，妈妈也对你不好，所以你必须坚强，必须独立，必须赚很多钱才会有安全感……”刚刚看同学表演一直在旁边笑的她，现在开始抽泣了起来。

“我知道你活得不容易，从小到大你都很坚强，因为你从小没有爸爸。可是你知道吗，那只是你的小时候，现在你长大了，你不需要再像过去那样，你有伴侣，他可以替你分担很多压力。他是你的爱人，爱人之间没有所谓的输赢。如果你真的爱他，即使让他赢了世界，整个世界也是你的。所以你不要每次都想赢，每次都要争个高低。如果男人在你身边只能感受到挫败，他就会离开你。明明你自己很无助、很无望，为什么在爱的人面前还要故作坚强指挥他？在爱的人面前，你都不能真实表达脆弱，你还能在谁面前袒露呢？”

向内自我觉察，做出改变

卢月的经历引起了现场很多女性的共鸣。大家都渴望在亲密关系里获得爱和支持，可是，因为种种原因，却把对方推得越来越远。而自己也像走上了一座孤岛，别人进不来，自己也出不去。

自我发问的同时，其实也是自我觉察的开始。长大后的卢月，拥有了可拥有的一切，她不用再跟任何人争输赢了，可她的行为模式依旧没有改变，“不能输，一定要赢，不然就没有价值”的信念一直牢牢束缚着她，让她一次又一次地亲手推开爱她的人。但她的强势其实只是一种伪装的面具，是逼不得已的无奈。

在亲密关系里，强势的人往往缺乏平等和爱，充满比较和胜负心，因为他们过多地采用输赢的眼光来衡量一切，所以与他们相处经常是剑拔弩张，充满着紧张和压力。但这个世界不只属于男人，也不只属于女人。没有另一半的助力和分担，靠自己一个人是走不远的。

造成这种模式的绝大部分原因是，在早期的亲子关系中，父母经常以输赢的思维来评判孩子的行为，孩子就容易形成以输赢论一切的思维模式。“我不能输”这颗种子就会在孩子的潜意识里生根发芽，长大后结出来的果实就是，他也许赢得了物质财富或社会地位，却输了最重要的关系。

每个人都需要在关系中获得爱、支持和分享

为了维护自己“不能输”的信念，一个人的自我价值就会越来越低，因为任何一点输都会让他的内心陷入脆弱之地。他不能接纳自己输了

的事实，也就是无法接纳自己有短处，所以就会时刻紧张，无法示弱。久而久之，捧在手里的幸福变成了握在手里的沙，越漏越多，最终颗粒不剩。

而敢于示弱，敢于承认自己需要依靠的人，才是真正的强大。因为他远离了无助、无望、无价值的病毒性信念。

人无完人，世界上也不可能存在十全十美的人，强弱并存才是一个完整的人。遇到自己无法排解的苦难、无法搞定的事务，向他人寻求帮助是再正常不过的事，我们无须为此感到自责或羞耻。同样的，人都需要活在关系当中，在关系中获得爱、获得支持和分享。想要拥有一份幸福美好的感情，就无须与自己的最爱争输赢。失去了你的最爱，就算你赢得了全世界，又有何意义？

最好的婚姻是，看得见你的关系模式

我们很容易看到别人，却经常看不到自己

在应用心理学领域工作10多年，我经常要陪伴案主经历他的人生痛苦。我发现，大多数人生的痛苦，都源于家庭的破碎。而面对越来越高的离婚率，我总会想到那些被无意伤害的无辜孩子，总想为此做点什么。

离婚，当然有离婚的千万种理由，因为，每个人都想证明自己是对的。只是，每一次婚姻的错误，都会由孩子来买单。我想请决定离婚的朋友们，当你在抱怨对方的各种不好之前，能否听我讲几个故事。

我曾带女儿去北京游玩，选了一家四合院住下来。那里环境比较幽静，里面住的大都是对中国文化感兴趣的外国人。一天午后，大人们都在午休，几个小朋友在院子里嬉戏，声音有些吵闹。

不一会儿，一个妈妈走到孩子们面前，大声呵斥道："不要吵！给我安静！你们这样吵闹，会影响外国朋友休息的！"正是她的那句话，把左邻右舍的住客都给吵醒了。其实最吵的，恰恰是她自己，然而，她自己却没有意识到这一点。

之前出国游学考察业务时，也有类似的经历。记得有一次，从一家公司交流学习后出来，离开前，我请同事数一下人数，看同学们都上车了没有。这位同事数完后告诉我，还差一人没到。大家都以为那位没到的同事上厕所去了，于是都在耐心等待。可是等了很久，都不见有人上车。我请同事再数一遍，看是不是数错了。她又数了一遍告诉我，还是少了一人。我一下子紧张起来，亲自数了一遍，发现人都到齐了，并没有少。原来，同事数人数的时候，只数了别人，却忘了算上自己。

我们都很容易看到别人，但经常性地看不到自己。

曾经有个人，他养了一只猫，之后又养了两条鱼。有一天，他忘了给猫喂食就出门了，晚上回家后，发现猫把家里的两条鱼都吃了。他恼羞成怒，把猫狠狠地指责了一番。邻居了解前因后果后告诉他，如果他出门前给猫喂食了，猫不饿，很可能就不会去吃鱼。如果他没有把猫和鱼放在一个房间里养，就算是放在同一个房间养，如果能在鱼缸上面加个盖，那么，悲剧也就不会发生。所以，猫吃了鱼，究竟是谁的责任？

有一对夫妻请我吃饭，想让我调解一下他们的夫妻矛盾。女方说她无法跟先生一起生活下去了。我问为什么？她说她先生了无生趣，一点活力都没有。我问她当年为什么嫁给了他。她说，她先生原来阳光帅气，可是不知道为什么现在变成了这个样子，都不知道如何再跟他生活了。

看着她先生那无辜又无奈的眼神，我真不知道该说什么好。因为，整顿饭期间，他一直在被指责，被抱怨订的餐厅不好、不会点菜、不该穿这么休闲的衣服来吃饭等。我想，再阳光的男人在她面前也会变得抑郁吧！

一个不停地指责，一个回之以沉默。这就是这对夫妇的关系模式。为什么成功的事业易得，而幸福的婚姻难求？因为事业的成功与否都是自己的责任，而婚姻出现问题就都是对方的错。指责是希望被人看到，但指责的时候，对方看到的往往不是你，而是你絮絮叨叨的批评和责备。

要求伴侣做到的，自己先做到

从恋爱到结婚，双方都饱含着热情和期待，可是为什么时间长了，大多数人都会觉得好像对方变了，觉得对方没以前那么爱你了，你也没以前那么理解对方了，最后因爱生恨？合作关系也不例外，合作初期，双方互相欣赏，相见恨晚。可是合作一段时间之后，总觉得对方不是人，因而分道扬镳，甚至相见于法庭。

那为什么有些人的婚姻却可以恩爱有加、白头偕老呢？本来是因为商业利益而开始的合作关系，后来却变成了异性的亲人？恩爱的婚姻和友善的合作有什么秘诀？难道真的有“天作之合”这回事？

答案是肯定的，只要你能够做到这点，无论是爱情、婚姻，还是其他合作关系，你一样可以创造属于你的“天作之合”。古人云，己所不欲，勿施于人。要求别人做到的事情，首先，我们自己要做到；自己做不到的事情，就不要强加于别人。这就是所谓的秘诀。也许这个道理大家都能明白，可是，下面这个道理，真正明白的就不多了。

绝大多数关系的破裂，我们都会把责任归因于另一方。殊不知，当我们指责对方犯下的错误时，却看不到自己正在犯同样的错误。四合院里指责孩子吵闹的那位妈妈不也正在吵着别人吗？

这样的模式在生活中随处可见，我们可以依此类推：

- 一个不断要求别人包容的人，他包容吗？
- 一个批评别人不礼貌的人，他有礼貌吗？
- 一个老抱怨别人控制的人，是不是一种更强的控制？
- 不断教育别人不能批评，这本身不也是一种批评？
- 执着于不执着不也是执着？

……

我们还可以举一反三，进行自我觉察。

- 当你指责伴侣不爱你的时候，你真的爱他吗？
- 当你抱怨伴侣不够包容的时候，你做到包容了吗？
- 当你攻击伴侣身上的缺点时，这何尝不是一个缺点？
- 当你指责伴侣不够肯定你的时候，你有肯定他吗？
- 当你抱怨伴侣心胸太窄时，你的心胸又有多宽？
- 当你认为伴侣不够温暖时，你自己温暖吗？

对方就是你的一面镜子，帮你照见你身上有却不承认的缺点。所以，保持良好关系的秘诀就是——看见对方的同时，看见自己；要求对方做到的同时，自己先做到。如果自己都做不到，我们又有什么资格去指责、要求别人？

看见是为了更好地认识自己。如果我们不能从一段失败的婚姻中学习和成长，不能改变自己的固有模式，重新选择的结果，只能是另一场同样的灾难。

一切未被疗愈的，都将传给孩子

年轻人，要相信你们的创意

在儿子的毕业典礼上，我有幸聆听了林璎女士的演讲。在此之前，我并不知道林璎是谁，当我看到不少美国人起立向这位个子矮小的华裔致敬时，我猜她是一位了不起的人物，于是马上百度了一下。

林璎，著名的美籍华裔建筑师，国内著名建筑学家林徽因的侄女，美国“越战纪念碑”的设计者；被美国《生活》杂志评为“20世纪最重要的100位美国人之一”与“50位美国未来的领袖之一”；荣获2009年美国国家艺术勋章，奥巴马总统亲自为她授勋。

在毕业礼的演讲上，她回顾了当年设计越战纪念碑的经历。那是1981年，她才21岁，正在耶鲁大学读大三，恰逢“越战纪念碑”对外征求设计方案，她的作品从1 421个设计方案中脱颖而出。在她的设计方案中，纪念碑用黑色花岗岩砌成，雕刻着57 000多名在越南战争中阵亡的军人名字。她的设计理念是：“当你沿着斜坡而下，望着两面黑得发光的花岗岩墙体，犹如在阅读一本叙述越南战争历史的书。”

只是，她的这一理念在美国社会引起了巨大的争议，许多越战老兵对纪念碑陷入地下的造型和其灰暗的色调感到不满。更有种族主义分子抵制她的设计方案，仅仅因为她是华裔。他们说："怎么能让一个亚洲人设计在亚洲发生的战争的纪念碑，对我们美国人岂不是太讽刺了？"

越战纪念碑引来很多保守派的辱骂和咆哮，林璎的心理压力很大，但也许是初出茅庐不怕虎，21 岁的她为自己的设计据理力争。后来的事实证明，她的坚持是对的。纪念碑建成后，获得了艺术界的众多好评。它蕴含的对战争的反思以及对死者的追念之情，打动了无数人的心。这座纪念碑后来被称为"美国人的哭墙"。

年近六旬的林璎在毕业典礼上恳切地说："年轻人，要相信你们的创意，哪怕会遭到很多保守派的反对。"这番话让年轻的学子们为之沸腾。

我已不再年轻，当儿子把她的意思翻译给我时，我也为之动容。"相信自己"，说起来多么简单，做起来却何其不易！我猜，那么多人起立向林璎致敬，并不一定是因为她所取得的成就，而是她的演讲引起了大家的共鸣。是啊，我们也曾年轻，也曾备受打击。面对打击，有的人选择退缩，活得畏首畏尾，紧张焦虑，他们在乎别人的说法，活在一套规矩体系里，选择做一个"正确的自己"，明明天赋异禀却最终淹没于人群，泯然于众人。

但另一种人，比如林徽因家族，无论是在中国还是在世界，都获得了很高的成就。为什么有的人在打击中沉沦，有的人却能够在打击中奋起，并取得超然的成就？难道是他们的基因先天优良？如果真的和基因有关，那像我这样祖辈都是大字不识几个的农民后辈，就没有机会了吗？

明明天赋异禀，为何却活成了普通人？

一个人的成就是不是跟基因有关，我不知道，但接下来的一幕让我对孩子的教育方式有了很多的反思。

毕业典礼结束后，家长们都在音乐厅和自己的孩子合影留念，以便留下这一刻的美好和温馨，整个音乐厅都笼罩在一片欢乐的氛围中。这时，一对父子引起了我的注意，因为他们的对话在这片喜悦的海洋里显得特别不和谐。

“你去领毕业证的时候为什么不戴学士帽？”在这个庄严时刻，儿子没穿戴整齐，父亲数落几句无可厚非，可是接下来，这个父亲的责备让我有点受不了。他说：“你怎么能这么另类？别人怎么做你就怎么做，不要随便做那些出格的事情！”看着一脸不知所措的孩子，我有点难过。

“别人怎么做你就怎么做！”天啊！要知道他儿子就读的是一所国际艺术大学。那边林璎刚刚才鼓励同学们要相信自己的创意，这边家长就要求孩子别人怎么做你就怎么做，不能“另类”，不能“出格”。我不知道这个孩子是否有足够的勇气继续坚持自己的独特性。我只知道，一个孩子如果从小到大都被家长用老一套的处事原则束缚，在这样家庭氛围中长大的孩子，坚持自己的创意要比其他孩子困难很多，因为他需要顶住巨大的压力。很多人无法承受这样的重负，慢慢地，让自己活成了普通人，有的甚至压抑自己的个性，活得形同枯木。

在查阅林璎的资料时，我看到这样一则消息：早些年在就任耶鲁大学校董的仪式上，林璎曾饱含深情地怀念自己的父母：“我的父母亲移民来到这个国家时一无所有，但作为教育家，他们深知教育的重要性。”一个人的成就也许跟基因有关，但我更愿意相信，这跟教育有更大的关系。从林璎的这句话中，我们可以窥见林家一脉相承的教育观。林徽因的父亲林长民在 1920 年的留欧日记中曾写道：“做一个天才女儿的父亲，不是容易享的福。你得放低你的天伦与辈分，先做到友谊和了解。”他赴欧洲考察时，带上了 16 岁的林徽因。临行前，他嘱咐道：“此次远行，一要汝观察诸国事务增长见识；二要汝近我身边能领悟我之胸次怀抱；三要汝放大眼光，养成将来改良社会的见解与能力。”

从这位父亲对女儿的嘱托中我们可以看到什么？对下一代的期待与思维的拓展！要知道，那时的中国，无论是文化还是经济发展，都正值新旧交替之时，局势内忧外患，“尊卑位序”“三纲五常”等封建观念仍根深蒂固。父母是家庭的统治者，孩子必须听父母的话，双方的地位有截然的高下之分。林父在那时就有如此眼界实属难得。

但遗憾的是，即使在民主开放的今天，很多父母在教育孩子时，依然希望孩子对自己言听计从，不仅没有鼓励下一代去突破、超越自己，反而倚老卖老地给孩子平添许多束缚与限制。

我们也曾被否定，现在却开始否定下一代

网上有学生说：“每个从青春期走过来的孩子，最讨厌的恐怕不是那个逼着他做题读书的老师，而是那个逼着他摘掉耳环、剪掉长发的教导主任。”

学生的稚嫩可能是对现状的模糊认识，也可能是对未来的考虑不周，但是纠正的关键是让孩子认识到后果，而非父母打着为你好的旗号而强加的选择。

也许你会觉得，作为学生竟然打耳洞，也太不成体统了。我们先不评价这种行为的对错。微博上的一段话倒是很好地说明了，现在一些孩子对大人这套说辞的看法。

> 穿喇叭裤的年代，他们不许穿喇叭裤；穿短裤脚的年代，他们不许穿短裤脚。哪里是真正为的健康考虑？他们只是想控制眼前的一切，他们害怕他们老了，害怕不受控制的新一代推翻他们的思想，他们试图用强权来镇压。可是他们忘了他们当年的口号就是——哪里有压迫哪里就有反抗。

也许你看了会觉得又好气又好笑，但你是否看到了，现在的自己也

是曾经年轻的“他们”。00后会为了给偶像打赏成立后援会，在我们那个年代，也会用半导体听样板戏；现在的他们会穿得嘻哈摇滚，我们那个年代也流行喇叭裤、蛤蟆镜，而我们的父辈也曾认为，我们那样穿、那样做就是有伤风化。

曾经我们也是被上一代否定过的人，结果，现在也开始站在自己的立场来否定我们的下一代，小到否定孩子的仪容仪表，大到否定孩子的思想与探索世界的勇气。这样的教育方式，我们又如何能够指望我们的孩子青出于蓝而胜于蓝呢？每个孩子都是独立的个体，他们有独立的思想，也有自己的选择和人生之路要走。家长的控制、捆绑以及不认同、不鼓励，很有可能会毁掉孩子的创造性和独立成长的机会。

给孩子自由成长的空间，他会给你惊喜的

很多留名史册的设计师，他们禁得起后世多大的赞美，就曾经历过当时多深的诋毁和打击。贝聿铭设计巴黎卢浮宫时，被指责是用“埃及死人的坟墓来展现法国文化”；扎哈·哈迪德在交出广州歌剧院的设计图时，被说成是“只会画图的纸上设计师”。倘若他们没有强大的内心，不相信自己，不坚信自己创造的作品的价值，人类历史上将会失去多少瑰丽的宝藏？现在的很多流行，何曾不是当初的“逆流而行”。

有足够力量逆流而行的人毕竟是少数，大多数人只会在洪流中被淹没。每个人都曾年轻过，都曾经历过上一辈的否定与打击。由于惯性和习惯，一个人曾经被怎样对待，就会以同样的方式对待自己的孩子。虽然我们当年饱尝了被否定的苦楚，现在却依然会习惯性地把它顺延给我们的下一代。

所以作为家长，我们要保持一份觉察。罗曼·罗兰的巨著《约翰·克利斯朵夫》中，主人公克利斯朵夫历经千辛万苦才成为一代音乐大师。年老时，知己葛拉其亚对他说：“你那时遭遇的冷落和打击，请不要再用在年轻人身上。”

林璎的演讲本是鼓励即将走入社会的孩子们要相信自己的创意，却给了作为家长的我很多思考。透过本文，希望更多的家长能够给孩子自由成长的空间，让他们活出自己的创意和自我。因为他们的观点和想法一定会超越我们这一代，也许有些观点和理念我们现在未必能接受，但我们要相信他们，因为这是他们的世界，他们的年代。

关系紧张，只因目中无人

有位读者在后公众号台留言说，她是一名医生，感觉医患关系很糟糕，每天上班都战战兢兢的，如履薄冰，她婆媳关系也不好，希望我能写一篇关于关系的文章。

给别人最好的礼物，就是希望

记得小时候，人与人之间的关系是融洽的、温暖的。让我印象最深刻的是，我家建房子，全村的人都来帮忙，那时大家都穷，家里有点番薯芋头的都会跟邻居分享。可如今，不仅是医患关系，就连最亲近的夫妻关系、婆媳关系、伙伴关系……都紧张又胶着。

关于关系，我想起了几年前的一件事。壹心理第一轮融资的时候，某风投公司的经理把我们约到她深圳的公司见面。当我们一行人风尘仆仆地从广州赶到深圳时，她正在开会，我们只好等。好不容易等到会议结束，她却说会议室有别的安排，七拐八弯地把我们领到一家人潮拥挤、嘈杂喧闹的快餐店跟我们谈投资。

在深圳这座繁华的现代都市，安静清雅的咖啡厅和西餐厅到处都是，她却偏偏选择在一家快餐店谈事，还把我们的项目批得一文不值。即使我脾气不错，在心理行业修炼了 10 多年，当时也是很生气。

关系紧张，究竟是什么原因造成的？医者仁心，为什么会有患者揍治病救人的医生？为什么我们会看到那么多关系紧张的婆媳、夫妻呢？当我们听到家暴的案例时，我们都会谴责施暴者，难道家暴只是施暴者一方的错？是不是双方都有责任呢？

对医生不满的经历，我也有过。在五六年前，我一位朋友得了肝癌。在他人生的最后一段时光，我陪他去看了好几个医生。其中一个医生看了他的病历报告之后，当着患者的面说，已经是晚期，以现在的医学水平，已经没有办法治了。也许他说的是事实，可是，我当时相当愤怒。要知道，在任何时候，我们能给别人最好的礼物，就是给人希望，何况是在病人人生的最后时刻。

不会说话的人，能说到让人心如死灰；会说话的人，可以让人心生欢喜。当然，大多数医生都是仁慈的。后来，我陪我的朋友去见了南方医科大学的一位专家，这位医生的话就说得相当有水平。他说，患者的病情已经到了肝癌晚期，以现有的医学技术来说，暂时没有办法做很好的治疗。但医学技术每天都在发展，未来一切皆有可能。像我朋友这么年轻，思想上进，热爱生活，只要积极配合我们的治疗，用药物将病情先稳定住，也许会有新的方法出现。

同样一种诊断结果，但这个医生的话就给人以希望，让人觉得很温暖，因为，他看到了一个患者对求生的渴望以及对生命的热爱。他的眼中不只是病情，还有活生生的人。而第一个医生，他仅仅是谈论了一件事，虽然尽到了自己作为一名医生的责任，却完全没有去考虑患者作为一个人的感受。

关系紧张，也许是你对事不对人

人们经常会以“对事不对人”自居，甚至把它当成人生的信条，以为这是一种很好的处事原则。却不知，一段关系之所以会紧张，恰恰是因为我们“对事不对人”。当我们把焦点放在事情上时，就容易忽略了人，看不见人的情感、人的需求。如果只是对事，事情就一定会有对错。对错，都是由人的标准与立场决定的。不同的人有不同的标准，就算是同一个人，站在不同的立场，他的评判标准不一样，对于“对与错”的定义也完全不同。

医生有医生的立场，也有要规避的风险，这可以理解。可是当你只顾着规避风险的时候，你给患者的印象就是冷漠的、冰凉的、毫无温度的。

对患者来说，生病是一辈子要面对、要承受的痛苦，但是很少有医生会体谅到患者的心理。第一个医生说的那些话，从医学角度来说，并没有错。可是，站在患者的角度来说，他的人生、他的生命、他的情感就完全被忽略了。所以，关系就开始紧张了。因为你的事情是做对了，但是对面的这个人却被你忽略了。

夫妻关系也是同样的道理。无论男女，当你聚焦于事情本身的时候，针对事情的讨论就一定会有对错。立场不同，你的对错评判标准就不同。从心理学角度来说，每个人都想证明自己是对的。不幸的是，当你赢了一场争吵后，你很可能会输了一段关系。

当一个人想要证明自己是对的时，往往会习惯性地去证明对方是错的，但没有人愿意承认自己是错的。当别人说自己错了的时候，他就会反抗。反抗就会产生对抗，就会导致关系紧张。当然，事情是一定要谈的，只是在谈之前，我们可不可以先对人的价值给予肯定呢？在谈事情前，先看到人的价值，做到目中有人。事情有对错，可人没有。

看到对方的价值，关系才会更亲密

当一个人的价值得到肯定以后，他就会愿意降低价值标准去做一些事情，因为他不再需要通过做事来证明自己的价值。壹心理融资的时候，原北极光总经理杨瑞荣把我们的价格压得极低，可是和他谈判让我觉得很舒服。因为每次跟他谈判的时候，他都会充分肯定我们心理人的价值，把我当成一名心理学的导师，请教一些心理学方面的问题。在他面前，我这个人被看见了，我是有价值的。

一切关系的紧张，只因目中无人。所以，缓解紧张的关系，最好的办法就是对事先对人，一切从人开始，让他在你面前是有价值的，有血有肉，有情感的。当人的价值被看到了，人与人才会产生连接，关系才会变得更亲密。不管是夫妻关系、医患关系、婆媳关系，还是合作伙伴关系、老板和员工的关系，只要目中有人，事情就好办了，因为，事在人为。

我恨你，
长大后却变成了你

不要相信当事人说什么，要看他怎么做

教师节当天，我打开朋友圈，满屏都是对老师的感谢。其中夹杂着的一条却充满了对老师深深的恨意。他说，他此生从未遇到过一位好老师，遇到的老师不是品行恶劣，就是不学无术。我看了感觉挺难过，不是为老师群体受到攻击而惋惜，而是因为这位仁兄明显已经变成了他所憎恨的那种人。

“我恨你，长大后却变成了你”。这种现象在文学作品中随处可见，比如主角小时候看到家人被杀害，对杀手恨之入骨，为了报仇，自己最后也成了杀人狂魔。这样的例子在现实生活中亦比比皆是，那些备受婆婆欺负的小媳妇，成为婆婆后，对自己的儿媳也异常严苛；那些对暴力的父亲恨之入骨的儿子，长大后比父亲更为残忍；那些恨母亲软弱的女儿，长大后比母亲更为软弱……

我们明明恨一个人，可是到头来自己却变成了和他同样的人，为什么会这样呢？这些看起来非常不符合逻辑的事情却一直在发生。究竟是

怎么发生的？我们来看一个真实的案例。

在一次课程中，有位女学员问我："团长，我身边很多朋友都说我很强势，不愿意和我交往。我的同事、合作伙伴也说我不好相处，不愿和我打交道。我明明十分讨厌那些强势的人，自己怎么可能还会强势？你觉得我很强势吗？"她那高亢的声调让我都感到了一丝压力。我想起戴志强老师说过的一句话——"永远不要相信当事人说了什么，要看他怎么做"。我想做一个实验，去探索个中奥秘，于是把她请到了台上。

她叫卫兰，职业化的穿着透出一分力量，目光坚定得有点咄咄逼人。她一上台，我就能感受到一股强大的能量场。我很欣赏她的坦诚和坚定，于是请她从现场的男学员中挑选一个她认为强势的上台。

她很快选择了一位看起来高大威猛的男学员。我刻意要求那位男学员扮演一位说话强势的人，试着从气势上压倒她。可惜，这位男学员根本就不是她的对手，他那种装出来的气势在卫兰面前弱爆了，整个谈话全在卫兰的掌控之中。

于是，我重新挑选了一位看起来不苟言笑的男学员站到她面前继续刚才的练习。这次我要求她不要说话，因为她一说话就会让自己变得更强，以凌驾于对方之上。我要求她只是看着对方的双眼，体会自己当下的感受。结果，还没等男学员开口说话，她的眼眶就湿润了，双手不知所措，无处安放。

"卫兰，怎么啦？你现在是什么感受？"

"紧张……"

我慢慢靠近她，说："紧张是可以的。好，我们来感受这份紧张，来看看紧张的背后是什么？你看着这位学员的眼睛，留意自己的感受。"

她溢满眼眶的泪水随即夺眶而出。

我轻轻问她："流泪是可以的，你的眼泪在说什么呢？你从这位学员身上看到了谁？"

她捂住胸口，哭着说："我的爸爸。"

“尝试着把他当成你爸爸，看着他的眼睛，此刻，除了紧张之外，你还有什么感受？”我试着引导她，陪她一起抵达自己不敢面对的黑暗之地。

“很无力，好恐惧，好害怕……”她说完用手捂住了眼睛。

我鼓励她把自己的情绪勇敢说出来，于是问她：“为什么你的爸爸会带给你这样的感受？”

“我爸爸有病，脾气很坏，动不动就打我妈，还有我……我好害怕……”她啜泣着说。

“当你感受到这份害怕时，你心里是怎么想的？”我继续问她。

“我不能像妈妈那样百依百顺，只会哀求和发抖。我好想保护妈妈，可是我做不到。我长大后一定不能被人欺负，只有变得更强大，才能保护好自己。”她的话突然变得有力起来，仿佛抓到了一根救命的稻草。

“你早餐吃了什么？”我突然用一种轻松的语调问她。

“呃……肠粉、鸡蛋……还有青菜。”她奇怪地看着我，不明白为什么我突然会问这个无聊的问题。很明显，她已经从小时候的状态中抽离了。

人与人之间沟通的意义在于你得到的回应

我把她拉到了另一个位置，请她看着刚才自己站立的地方，问她：“刚才那里有一位叫卫兰的小姑娘，为了保护自己，她当年做了一个决定——让自己变得更强大。她认为只有这样，才能够不被人欺负，你看到了吗？”

“看到了，”她怔怔地看着刚才站立的地方，仿佛那里有另外一个自己，“她很努力，不管是读书还是工作，都取得了不错的成绩。什么事情她都靠自己，她不得不这样做，但别人只看到了她表面的风光，没有人知道她背后的付出。”

“我看到了！我知道卫兰不容易。可是她当年让自己变得强大的本意是不想被人欺负，并不是去欺负别人。你看今天的她是不是越来越像她父亲了？她只是还没有动手打人而已。”我试着让她从抽离的位置重新看清楚自己。

“我只是想保护自己，我并没有像父亲那样伤害别人。”卫兰并不认同我说的话。

“不管你出于什么原因，你的行为虽然还没伤害到别人，但已经让人感觉不舒服了。你的朋友和同事不是说过你很强势，不愿意和你靠近吗？人与人之间沟通的意义在于得到的回应。”我想让她看到更多，于是接着问，“你怎么知道当年父亲的行为不是出于自我保护呢？”

后面的过程，我就不一一叙述了。卫兰开始明白了，她之所以讨厌强势的人，是因为从他们身上看到了爸爸。而为了保护自己，她又变成自己曾经无比憎恨的爸爸那类人。

人生是自己的，放下仇恨才能拯救自己

卫兰的故事让我们看到，为什么我们恨一个人，最后却变成了“他”的原因之一。

大家也许知道中西医的一些基本常识。西医会使用对抗的方法治疗疾病。例如，感冒时会使用抗生素对抗和杀灭细菌。但细菌会产生抗药性，变得越来越强大。于是，抗生素也必须越来越强大，这就出现了细菌与药物共同更新升级的现象。

我们的思想也是一样，当你恨一个人时，你会本能地与他对抗。而最简单有效的对抗方法就是以其人之道还治其人之身。于是，别人伤害了你，你恨他，为了跟他对抗，你用同样的方法去伤害他，结果你变成了他；伴侣不爱你，你恨他，为了与他对抗，你也开始不爱他，不知不觉中，你就变成了你曾经恨的那种人……

这样的争斗难道就没有终结的一刻吗？中医的治疗理念也许可以借鉴。中医不主张与细菌做斗争，而强调固本培元。当一个人身体底子好，元气充足、生命力旺盛时，他自然百毒不侵，何须去与细菌对抗呢？

人生最悲哀的事莫过于，你恨一个人，最后却变成了你所恨的那种人。与其耗费心神去恨一个人，不如像中医那样固本培元，让自己的生命力变得更加健康、强盛、有力，那些曾经伤害过你的“细菌”又何足道哉？

冤冤相报何时了？我并不反对报仇，有仇不报非君子！但如果用憎恨的方式报仇，不但不能解恨，反而会伤害到自己，这并不是一种好的报仇方式。我只是希望大家能选择一种更好的方式。人生是自己的，放下仇恨才能拯救自己；放下仇恨，自己的人生才能海阔天空、越活越好。难道还有比这更好的方式吗？

别人怎么对你，都是你教的

你用什么方法把他变成了现在这样?

在我接的个案中，婚姻困扰占了很大比重。不久前我遇到过一位这样的案主。她是一位 40 多岁的女士，希望能够改善自己的婚姻状况。毫无意外，她也像其他案主一样，在个案时以抱怨作为开场白。前 20 多分钟，她一直在数落丈夫各种各样的不是，这样那样的问题。她的语调中透露着愤怒、悲伤，还有委屈，说到动情处，还夹杂着啜泣声。显然，这段婚姻对她而言充满痛苦。

我耐心听完，然后平静地问她："听你这样说，这个男人确实很差劲，我很好奇，当年你怎么会选择嫁给他？"

她很自然地回答："当年他可不是这样的。"

"你没嫁他之前，他挺好的，对吗？"我反问道。

"是的。"她说。

"自从你嫁给他之后，他慢慢就变成了这个样子，对吗？"我接着问。

"是的。"她的回答依然肯定。

"这些年来，你是如何把一个好男人变成这个样子的呢？"

我这个问题一出口，她呆了一瞬，立刻反驳：“明明是他自己变成这个样子的，跟我有什么关系？”

我没有理会她的反应，平静地重复刚才的问题：“你认识他的时候，他是一个不错的男人，对吧？”

“对。”她的声音里有一丝慌乱。

“自从你嫁给他以后，他慢慢变成现在的样子，对吧？”

她皱着眉头想了一会儿，说：“是的。”声音透着几分怯意。

我再问：“那你用什么方法把他变成现在这个样子呢？”

她默默沉思许久，没有说一句话。

这是一个我非常熟悉的模式，几乎每隔一段时间，我就会跟某位在婚姻中伤透心的妻子或丈夫重复类似的对话。

我之所以这样问，是因为那些在婚姻中伤痕累累的妻子们（丈夫们），他们总是把婚姻的责任推给另外一方。这让我想起了另一个案例。

我的一位学员，他结了两次婚。为了让孩子有一个好的家庭环境，他把前妻和现任太太先后送进了我们的课堂。

在前妻的眼中，这位学员是个“烂人”，因为他把所有的精力都给了工作，而且脾气暴躁，心情不好的时候还会动手打人。她万般无奈下只能黯然结束婚姻。

“在家里他什么都不干，在公司是老板，在家里还是老板，我根本不是他的妻子，只是他的用人，我真后悔嫁给他。”这位失婚女人曾忧伤地说。

可是这位“烂人”在他的现任太太眼中却是另外一副模样。她说，她的先生虽然工作繁忙，但只要有空就会做一桌子丰盛的饭菜，陪她一起过温馨的家庭生活。

“我是幸运的，因为我遇到一个超级负责任的男人，无论是对工作还是对婚姻，他都愿意承担起来，他那么努力是为了让我们的生活变得更好。”那位妻子说起丈夫时总是情意绵绵。

我好奇地向这位男士求证，究竟哪一个丈夫才是真正的他。他面露尴尬地说：“她们说得都对，前妻说的是以前的我，我太太说的是现在的我，我之所以会改变，是因为我学习了心理学。”

我当然知道心理学会改变一个人，但我相信他的改变不完全是因为心理学，还有一个更重要的原因——跟他生活在一起的那两个完全不同的女人。

为什么同一个男人跟两个不同女人相处时会是两种模样呢？诗人约翰·多恩说，“没有人是一座孤岛”，一个人一定会受身边人的影响，也一定会影响身边的人。因素当然有许多，而语言是其中最不容忽视的因素之一。

语言是如何影响我们的呢？让我们一起来做个实验：现在，请你不要去想一只白猫，不要想一只有长长尾巴、正在偷吃鱼的白猫。当我这样说的时候，你的脑海里浮现的是什么？是不是就是那只长着长长尾巴、正在偷吃鱼的白猫？

会说话的人会说到让人心生欢喜，不会说话的人能说到人心如死灰。这是因为语言能够引发我们神经的某些反应。不信，请看下面的场景：

一位妻子对丈夫说：“你是不是又在想那个女人？”

丈夫想的事本来跟女人没什么关系，但被妻子这样一问，只得在脑海中努力搜索某位女性了。

一位妈妈对孩子说：“在学校有没有人欺负你啊？”

孩子的校园生活本来挺开心的，为了回答妈妈的问题，他忍不住就会想，对啊，今天谁欺负我了呢？然后本来早已遗忘的某件不愉快事件就浮现于脑海。

老板对员工说：“最近遇到什么困难了吗？”

本来充满信心的员工，被老板这么一问，眉头一锁，立刻思索起工作的困难来，原来满满的干劲悄悄没了踪影……

这就是俗话说的“哪壶不开提哪壶”。没有人提白猫时，你并不会主动去想白猫，可是当你听到“白猫”这个词，头脑中就会不自觉地想到白猫。

试想一下，如果身边的人总是对你说：“你敢打我？你试试看？”说得多了，某一天，你可能真的会抡起拳头砸过去……

所以，别人怎么对你，都是你教的。

为什么心怀好意却做了坏事？

语言是如何影响一个人的神经的呢？这是一个相当复杂的系统。我着重谈其中两点——语言的指向性和框架。

所谓语言的指向性就是俗称的“哪壶不开提哪壶”，有些事情你不说，别人不会去想；可一旦说了出来，人的神经就会不由自主地聚焦在你所说的那些事情上。前面提到的四个场景就是很好的例子。为什么会这样？因为语言的指向性有一个小秘密，即人的潜意识无法处理否定词。比如，不要想“白猫”，虽然我让你不要去想，但你的头脑根本无法分辨否定词“不要”，于是大脑会直接出现白猫的图像。

如果不知道这一点，人们经常会心怀好意却做了坏事。比如考试前，很多父母带着关心去提醒孩子：“宝贝，今天不要紧张哦！”但“不要紧张”恰恰引发了孩子的紧张。

那怎么办？让语言专注于正向意义。比如，对即将参加考试的孩子，家长可以说：“宝贝，放轻松哦，我相信你。”将孩子的注意力引到“轻松”上。

这一点并非现代人的发现。早在《大学》中就有论述。《大学》开篇讲的是“大学之道在明明德”。“明明德”这三个字特别有智慧。第一个“明”是动词，第二个“明”是形容词，“明德”就是一个人本身拥有的好品德。这句话说的是，教育的根本就是把一个人本来就拥有的美好品德发现并弘扬开来。

怎么实现这一点呢？明代心学鼻祖王阳明给了一个方法——“致良知”。他说：我们每个人的内在都是有良知的，如果你不去召唤它，它就会一直在体内沉睡着。内在的良知就好像一个在打瞌睡的人一样，等待着我们去唤醒。

“长这么大，你什么时候最开心？”当一个人被问及这个问题时，即使他眼里正含着泪水，脑海里想的却是曾经最欢愉的那个片刻。这就是语言的魔力。善用语言可以让人“明明德”“致良知”；不善用语言的人，则会引发矛盾和暴力。

语言的框架，其实就是范畴。我们的语言会把别人的思维框定在某个范畴里，从而引导对方只能在你设定的范畴里思考。例如，如果你到广东地区的餐厅吃饭，服务员首先会问你：“请问你喝什么茶？”这时你的大脑会不自觉地被框定在“茶”这一范畴，你想到的可能是铁观音、普洱、龙井等不同种类的茶，因为服务员的问话设了一个喝茶的范畴。

如果说指向性是一个点，那么框架就是一个面。除了点，我们还要思考语言带给我们的面。所以，当我们给语言设置正向的框架、正向的范畴时，同时也就暗示了对方做出正向的反应；反之，当我们设置一个负向的框架时，对方也会被引导做出负向的思考。

比如说，有些女人喜欢对老公说：“又打算去哪里鬼混啊？”老公本来没有打算出去鬼混的，但老婆的话却给老公的行为设定了一个范畴——“去鬼混”，老公可以选择的只是“去哪里鬼混”而已。如果这个老公真的出去鬼混了，不正是这位“愚蠢”的老婆推动的吗？

他们变成今天这样，一定有你的功劳

了解语言的指向性和框架后，就不难理解为什么前面提到的那位男学员在前妻眼中是个“烂人”，在现任太太眼中却是良人了。人与人是相互影响的，两位女士的语言模式不同，男人的表现自然也会不一样。我们每个人都在无意识中教会了别人如何对待自己，有的人教会别人如何尊重自己，有的人教会别人如何爱自己，有的人则教会别人如何伤害自己。

所谓“良言一句三冬暖，恶语伤人六月寒”。如果我们能好好利用语言的指向性和框架两个特点，我们带给身边人的感受就是如沐春风，暖意融融，我们的生活自然更加美好、惬意。

怎么用呢？举几个例子。

夫妻关系中：老婆对老公说：“老公，我希望你能对我更好一点。”这句话的框架是老公一定要对老婆好，老公的选择只能是“怎么好”。

亲子关系中：当孩子面临挑战时，父母可以这样问孩子：“宝贝，你准备用什么方法处理这件事呢？”这里的框架是孩子有方法处理好这件事，于是孩子就会被暗示在方法里面去寻找解决之道。

职场中：老板对员工说：“你怎样才能把事情做得更好呢？”这里的设定是，老板相信员工有能力把事情做好，员工努力的方向是“更好”。

……

每个人的内在是多面性的，有天使也有恶魔，至于被唤醒的是哪一个，就看身边人用什么语言去引导。我们每一个人都注定会影响世界，至少是身边的小世界。让这个世界变得更好，还是更糟，全在于自己的选择。

据说克林顿与希拉里某次在一个加油站加油时，发现帮他们加油的工人是希拉里的前男友。克林顿得意地说：“看，如果你嫁给这个男人，你可能就得在这里做一个加油工了。”

希拉里不愧是一个政客，她的回应犀利而智慧：“如果我嫁给他，那么今天的美国总统就该是他了。”

这虽然是一个未经证实的段子，但这个段子却道出了一个不得不正视的道理——别人怎么对你，都是你教的。所以，别再羡慕别人的老公老婆了，好的伴侣都是精心培养、调教出来的。愿你从今天开始不再去抱怨、指责身边的人，他们变成今天这样，一定有你的一份功劳。如果你希望他变得更好，开始学习吧，从说的每一句话开始。

扫描二维码，与团长一起学习心理学！扫码回复“成长课”，免费领取价值百元的独家个人成长课程。

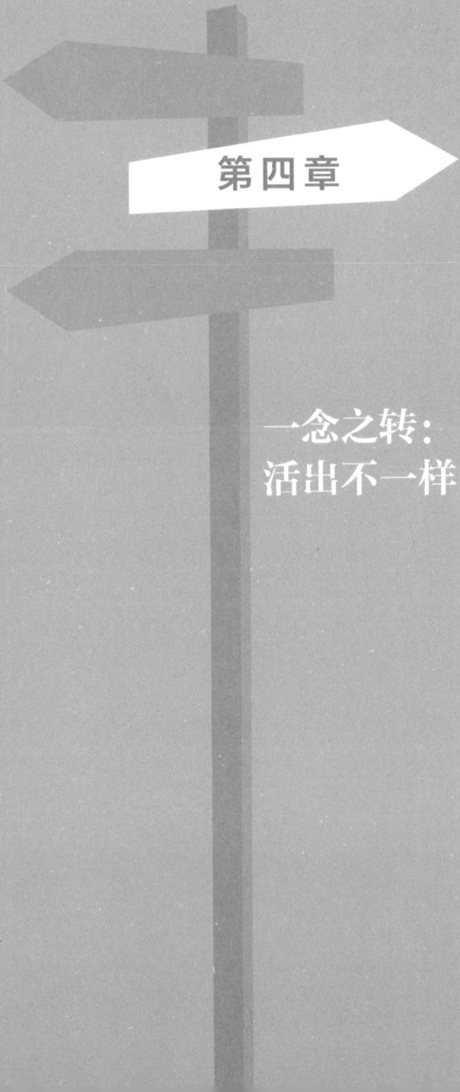

第四章

一念之转：活出不一样的人生

如果你在众人六神无主时，
镇定自若，而不是人云亦云；
如果你在被众人猜忌怀疑之日，
自信如常，而不是妄加辩论；
如果你有梦想，又不迷失自我；
如果你有神思，又不走火入魔；
如果在成功之中能不忘形于色，
在灾难之后也勇于咀嚼苦果；
如果听到自己说出的奥妙，
被无赖歪曲成面目全非的魔术
而不生怨艾；
如果看到自己追求的美好，
受天灾破灭为一摊零碎的瓦砾，
也不肯放弃；
如果你辛苦劳作，已是功成名就，
还是冒险一搏，哪怕功名化为乌有；
即使惨遭失败，也仍要从头开始；
如果你与村夫交谈而不离谦恭之态，
和王侯散步而不露献媚之颜；
如果他人的爱憎左右不了你的正气；
如果你与任何人为伍能够卓然独立；
如果昏惑的骚扰动摇不了你的意志；
你能等自己平心静气，再作答时——
那么，你的修养就会如天地般的博大，
重要的是：
孩子，你成为了真正顶天立地的人！

——**鲁德亚德·吉卜林《如果》**

你值得过更好的生活吗？

在我看来，人这一辈子，要么活得有意义，要么活得有意思。心联网邀请我参加了一次“三程之旅”邮轮嘉年华的活动。对我来说，那五天四夜的旅程既有意义，又有意思。一些记忆和感悟，在这里与大家分享。

父母有父母的命运，我们有我们的人生

在邮轮上，我讲了一场大课，开了一个工作坊。在《升级生命软件》工作坊中，我一共做了3个个案。其中一个小伙子的个案，让我记忆犹新。

小伙子告诉我，他大学毕业之后换了好多份工作，每份工作做的时间都不长。每当工作稍有起色时，他就放弃了。他很希望能够多挣点钱，让妈妈过上好生活。可是，他做不到，他也不知道为什么会这样。

我问他：“当你在描述你的状况时，你自己有什么感觉呢？”

他说：“我觉得很内疚，常常自责。”

“这种内疚来自哪里？对谁内疚？”

“这种内疚其实是对妈妈。”

小伙子说，他高中的时候成绩不好，妈妈拿出自己的积蓄让他去上好的高中，可他却一直对妈妈没什么耐心。妈妈经常唠叨他要好好读书，因为她以前很想读书，但外婆不给钱让她读。每次听妈妈这么说，他心里就很烦，同时又觉得对不起妈妈，心里充满了愧疚。所以他暗下决心要努力挣钱养活妈妈。

我问他："当你想到这件事情的时候，内心是什么感觉？"

他说："我觉得胸闷。"

我请他把注意力集中到胸口的位置，去感受这种胸闷的感觉，然后问他："这种感觉像什么？"

他说像一块石头，压在胸口闷堵得难受。随后，他告诉了我一段让人心酸的故事。

原来，在他很小的时候，他父亲为了养家在外地辛苦打拼，母亲却在此期间出轨了，背叛了父亲。他甚至还亲眼看见母亲和那个男人在一起。他说他恨母亲这样对待父亲，但他什么都不敢说。于是，他从小学会了隐藏自己的情绪，压抑自己的感情，让自己看起来很坚强。

那块石头其实是他潜意识里的一个信号——在理性的愧疚背后，隐藏着他对母亲的怨恨。

我找了一位同学上来扮演一个分裂的角色，一面向母亲表达内疚，一面向母亲表达愤怒。连续几个来回之后，小伙子跟我说，他明白了。

我知道光明白是没有用的，重要的是，他要释放自己心中的那股怨恨，放下他心中的那块石头。只要那块石头还在，他就别想过上好的生活。因为，他想毁了自己，以此来报复他的母亲。

后面的疗愈过程在这里我不再详述了，基本原理就是帮他释放掉了内在那份深深的怨恨，并转化了他要报复母亲的念头。一念之转，两种人生。最后他告诉我，他放下了对母亲的怨恨，他也明白了，他并不是为母亲而活，而是为了自己而活。

我们的生命来自父母，但我们并不是要为父母而活。父母有父母的命运，我们有我们自己的人生，可惜并不是每个人都能明白这一点。于是，我们不难发现，大量的人都生活在原生家庭的阴影里，痛苦地度日如年。

每个人都值得过更好的生活，我真希望能有更多的人明白这一点！

内在丰盈，外在才有可能富足

邮轮上的生活不仅有意义，而且还很有意思，美食的丰盛远远超过了我的预期。

那天我跟武志红老师在邮轮的牛排餐厅，居然品尝到了可以与米其林三星级餐厅媲美的美食，品着法国红酒，看窗外霞光万丈，此情此景，雅致惬意！

这家餐厅是全船唯一收费的餐厅，楼下有很多餐厅免费提供各种各样的美食。让我惊讶的是，在餐厅里，我碰到一对年轻夫妇，他们是我太太的朋友。而他俩并不是富二代。

年轻人能舍得花费不菲来享用一顿美食，这让我有点惊讶。于是，我带着好奇过去跟他们打招呼。

我问他们："这里不便宜，你们真懂得享受啊！"

他们说："第一次坐邮轮旅行，当然要尝试一些好东西。听说这里食物很不错，我们就决定来试试。"

我知道这对夫妇是做西餐厅的，于是我对他们说："这里的面包很好吃，你们的餐厅能做到这个水平吗？"

那位妻子告诉我："团长，下次你来试试，我能做得比这里还好。"

"这家餐厅在我看来是可以跟米其林三星餐厅媲美的啊！上次我吃你们餐厅里的面包，可没这么好吃。"

"团长，那是上次啊！下次你再来试试，一定不会比这里差。"

听到她这么自信的语气，我忍不住举杯向她敬酒。多自信的一对夫妻！只有懂得享受食物的人，才做得出美味的食物；只有懂得好好爱自己的人，才懂得给予与付出，真心对别人好。怪不得他们年纪轻轻就能在广州拥有三家餐厅，而且人缘特别好。我太太就非常喜欢他们，对他们赞不绝口。

也许你会说，这有什么？他们有钱，所以能享受高档消费。真的吗？那他们的钱又是从哪里来的呢？他们是先有钱才变得自信？还是原本就自信，然后才变得有钱的呢？“存乎中，形于外”，如果你内在匮乏到自信全无，何来外在阳光明媚的呈现呢？

很多人辛苦一辈子，总觉得自己过得不够好，总在抱怨外在的环境。其实，他们从来没有向内看。也许，真正阻碍他们过上好生活的，并不是外在的环境，而是他们内在的匮乏与低自我价值感。内在丰盈，外在才有可能富足。只有疗愈我们的内在，我们才可能过上美好而富足的生活。

也许你并没有真正地生活

工作也可以是件快乐的事

假如有可能，你打算什么时候退休？跟大多数人一样，我也曾希望早点退休，现在我已经超过 50 岁了，却依然在工作。

为什么人们希望早点退休？因为工作并不是一件快乐的事，要养家糊口啊！如果能够实现财务自由，就可以早点退休，干自己想干的事情。可这谈何容易？于是大多数人不得不干着自己并不愿意干的工作，越活越不开心。

而另外一些人，他们早就实现了财务自由，不用靠工作来养活自己，可他们依然在工作。我认识一位叫苏西·史密斯的老太太，已经 70 多岁了，每年从遥远的美国飞来中国讲课，每次见到她都感觉她越活越开心，越活越有活力。为什么苏西·史密斯能够享受工作，并且越活越开心？

20 年前，我曾经做过一段时间游学业务，当时请了一位叫阿 Joe 的台湾资深导游和我们同行。那时阿 Joe 已经 60 多岁了，还在满世界跑，本以为他是为了生活，不得不工作。后来我发现，他竟然是个开奔驰住豪宅的富翁。我忍不住问道："Joe，你为什么不在家里好好享受人生，还要出来和我们东奔西跑那么辛苦呢？”他乐呵呵地说：“你觉得我辛苦吗？我不觉得啊？你们花钱请我满世界玩，我觉得很好玩啊，我根本没把它当成工作。”我看他整天乐乐呵呵，就是个老顽童，天大的事情在他面前都不是事儿。我想，他是真的把工作当成了玩乐。

和他恰恰相反，当时的我虽然在周游世界，整天游山玩水，却常常感到疲惫，因为对当时的我来说，旅游仅仅是一份工作，那时的我并不能像阿 Joe 那样把工作当成玩乐。

人生足够长，赏花看景并不会影响目标的达成

为什么有些人能把工作当成玩乐，而大部分人都在工作的煎熬中苦苦度日呢？

几天前我初到纽约的中央公园，突然被这里的景色迷住了，那天公园里恰巧在举行马拉松比赛。看见赛道两旁百花盛放，我突然有股很想跑步的冲动。第二天早上，我便尝试了人生的第一次 10 公里跑。中央公园的跑道实在太美了，到处都是盛放的樱花、海棠、玉兰。跑步的时候，我总是忍不住停下来，拍拍照，看看花，当天跑完全程的成绩是 1 小时 16 分。因为不是专心跑出来的成绩，休息了两天之后，我再次尝试，这一次没有赏花看景，专心跑步。可两次跑步的成绩差别并不大，仅相差几分钟而已。

这次跑步让我回想起了十几年前上 TA（交互分析）课程时，老师对我说的那番话：“你整个人只活出一种成人的状态，心中只有目标，完全没有了儿童的活泼，也没有父母的爱心，你这样活着，有意思吗？”

他的问话就像当头棒喝，让我一时语塞，那时候的我，做事以目标为重，心中只有工作，凡事冷静、理性。我一直为自己做事高效而自豪，却没想到在高效的同时，人生不知不觉中失去了很多。

我失去了什么？在这里先跟大家普及一下美国心理学家伯恩的 TA 理论。伯恩把人的内在分为 5 个部分：

1. 爱心父母：一个人天生对别人具有关爱、支持、肯定的部分；

2. 批评父母：这个部分会促使我们批评、贬低、禁止、惩罚和控制他人；

3. 成人："成人我"的状态比较理性、客观和没有什么情绪，以现实为基础，并以成熟、客观、逻辑及理性思考的态度对待他人；

4. 顺从儿童：自卑懦弱，容易顺从别人，会显得幼稚，感到柔弱无助，会迎合别人的期待；

5. 自由儿童：像孩子般天真、活泼、快乐、自在的部分。

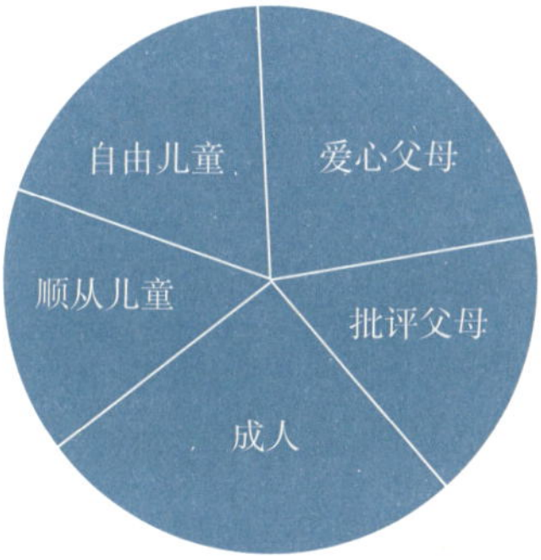

人的内在的组成

伯恩认为，一个人的内在一般会同时具有上述这 5 个部分，但由于每个人的成长背景不同，某些部分会在成长的过程中被强化，而其他部分会被压抑。以我为例，因为生存的不易，我的"成人"部分早早就被强化了，与此同时，我的自由儿童部分在生存的压力下不知不觉被压抑了下来，于是，我只活出了人生的一小部分，而失去了人生本该拥有的很多乐趣。

以前的我一直认为，玩乐会耽误正事。但从阿 Joe 身上，我看到了，正因为他善于玩乐，他才能带给我们快乐；正因为他能够随时处于玩乐的状态，他才能更好地保持自己的工作状态；也正因为如此，他成了一位著名的导游，收入是一般导游的好几倍。

这次跑步的体验，让我更深地体会到了当年 TA 老师对我的教导，只要路程足够长，赏花看风景并不会影响我的目标。恰恰相反，因为一路上欣赏美景，让旅程充满乐趣，这样的过程和结果都是快乐的。而当我只专注于目标的时候，就会忽略旅程的风景，这样的结果就是越做越累，越累越不想做，只盼着早点休息，那何来快乐可言？工作也是如此。

如今，真正会“庆祝”的人越来越少

快乐的人生意味着，在做大多数事情的时候，你是快乐的。工作占了人生的三分之一，如果工作不开心，那这三分之一的人生基本就白活了。

如何才能快乐工作、享受工作呢？我想聪明的读者已经从我跑步的经历中得到了启示。如果跑步只是为了跑步，那跑步可能会变得很枯燥。同样，如果工作只是为了工作，工作将何等的乏味！阿 Joe 之所以在退休的年龄还在工作，是因为他能在工作中找到乐趣。

从工作中找到乐趣的方法有很多，其中一种就是“庆祝”。人类在发明语言之前，就已经懂得用“庆祝”这一形式来表达对生命的感恩。部落群体中，人们会在火堆旁起舞，或用歌曲传情。后来人们发明了节日，用来庆祝经过一年耕耘后丰收的成果，感恩天地的同时分享幸福的喜悦。但如今，真正会“庆祝”的人却越来越少。为什么？

一是因为人们总是习惯于把焦点放在负面的事情上，习惯于指责和质疑，总是去看事情不够好的一面。当我们总认为自己以及整个世界都不够好时，又如何有心情去庆祝呢？

二是我们的观念依然停留在过去，当我们用过去的观念去评判人事物时，我们看世界的方式已经固化了。面对一个固化的世界，又有什么值得我们去庆祝呢？

孩子之所以总能保持快乐的状态，是因为在孩子的眼中，他碰到的每件事情都是新鲜的。只有那些“新鲜的”人和事，才能让我们从内心深处产生愉悦，由内而外地感受愉悦，自然而然地手舞足蹈。我想，这也是古人喜欢庆祝的原因吧！而现代人的某些庆祝方式，不过是借热闹的场合掩盖寂寞的心罢了。即使你能感受到快乐，也只是通过外在的感观刺激而获得的短暂快乐，这种快乐过后，留下的是无尽的空虚。

不会生活的生存只是一种低质量的生存

只有由内而外升起的愉悦感才值得庆祝！愉悦来自收获，也来自成长。如果你的生命都是老旧的、一成不变的，你就感受不到愉悦，如果你一直盯着自己不好的一面，总用挑剔的眼光去批判、质疑自己以及身边的人和事，甚至整个世界，你很难会有愉悦感。这也许就是很多现代人越活越不开心的原因吧！

我们每个人都不甚完整，接纳自己的不完美，释放内在的自由儿童，去感受、去改变、去成长，如此才能享受生活、快乐工作。

如何改变？不妨试试下面的方法：

> 有意识地把焦点放在收获上，事情总有它的多面性，即使是一件看起来很糟糕的事情，只要你愿意，总能从中获得某些收获，至少你可以从中学习。学习和成长，就是人生最好的收获。当你能够随时随地看到你的收获，你自然会像孩子般开心。
>
> 有意识地为自己的生活设计一些庆祝活动，尝试用有趣好玩的方式工作。就像我第一次在中央公园跑步那样，向目标努力奔跑时不忘停下来赏赏花。我们的人生足够长，偶尔停下脚步去欣赏美景，感受喜悦和安宁，并不会影响我们人生目标的达成。

社会心理学家弗雷德·布莱恩特等人指出，“庆祝”可以让忙碌的生活暂时停下来，打开我们感知的大门，有利于身心健康。当我们停下来细细品味喜悦的滋味时，就为自己筑起了抵御压力的堡垒。即使一次小小的庆祝也能滋养我们，让积极情绪在身体里不断滋长，让我们更加轻松地应对日常压力。

要学会庆祝，必须释放我们内在的自由儿童。为什么孩子能够吸引大家的注意力？因为他最有活力。所以，释放我们内在的自由儿童，就能释放我们的内在活力。释放自由儿童并非易事，需要不断地疗愈自己内在的匮乏。学习心理学，就是一条自我救赎的疗愈之路，这条路我走了 20 多年，未来还会继续走下去。

内在的匮乏会让我们对未来充满焦虑，而焦虑会让我们聚焦生存、失去“生活”，不会生活的生存只是一种低质量的生存。而庆祝既是对生活的奖赏，也是对自己生命能量的补偿。当你开始习惯于庆祝时，你会发现，什么时候退休，已经不再是问题，因为，你的生命将处处充满乐趣。

逃离人生的“死循环”，建立可持续的“正循环”

你的人生是否陷入了无限“死循环”？

春节假期，大多数中国人都习惯在吃吃喝喝中度过，团长也不例外，每年春节期间都有许多饭局，有亲戚之间的来往，有同学聚会，也有多年不见的老朋友相见。有彼此相谈甚欢的，也有酒后大吐苦水的。团长不爱喝酒，更不会喝醉，在酒桌上都能保持清醒。正因为清醒，所以发现了大家借酒劲诉说出来的苦里面，基本都有一个死循环或是死结，仿佛陷入了一个死亡螺旋中，无法自拔。

比如，有人因为钱的问题而苦恼，因为没钱，所以省钱，不敢花钱。因为不敢花钱，视野变得越来越窄，机会越来越少，当然就更挣不到钱，于是只能更省钱……

比如，有人因为孩子问题而伤神。孩子长大了，开始不听话了，父母就想尽各种办法去加以控制。哪个孩子会喜欢被控制？于是更加叛逆。父母的控制手法相应地就会升级，但结果并不会好转，因为孩子的反抗也会跟着升级……

还有就是夫妻关系的烦恼。夫妻产生矛盾时，一方总认为是对方的原因，总试图去改变对方，可是没有人愿意被改变。你越是要改变他，他就越是跟你作对，这样，矛盾就越来越大……

听他们聊天，我想到列夫·托尔斯泰的一句话——幸福的家庭都是相似的，不幸的家庭各有各的不幸。只是在他们各自的不幸中，我又发现了惊异的相似性，他们的苦恼好像都陷入了一个死循环，仿佛身陷泥潭，越挣扎，陷得就越深。

大文豪巴尔扎克曾说："我好累，我要去旅行，只有旅行能让我放松，但是旅行需要钱，赚钱就要工作，投入工作就没有时间，所以我一直无法去旅行，我陷入了恶性循环，无法逃脱，不得自由。"

看来，大文豪和当下的我们拥有一样的困惑——旅行的时候牵挂工作，工作的时候幻想旅行，旅行、钱、工作，三者看似毫无关系，其实已经串联成一个循环圈，我们在这个圈里早已转得筋疲力尽。

人生很多困局都有这样的死循环。面对这些死亡螺旋，我们该怎么办呢？要跳出循环，我们必须先看到循环。以巴尔扎克的问题为例，他的困难是很累，想去旅行，而旅行需要钱，所以他决定努力赚钱，于是他更加努力工作，结果更没有时间去旅游，而人也变得更疲惫了。最后的结果是，一切又回到了原点，不停地循环往复。

这里面隐藏了一个由困难、决定、行动、结果四个要素组成的循环。仿佛有一根无形的绳索把这四个要素串联了起来，不知不觉中形成了一个循环圈，就像一条咬住自己尾巴不放的衔尾蛇，首尾相连，无法切断。

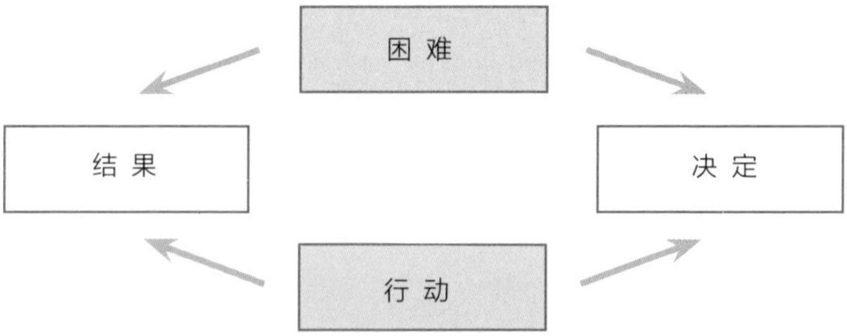

我们再以上文提到的没钱的苦恼为例，他的困难是没钱，所以决定省钱，行动时不敢花钱，而结果是视野变得越来越窄、机会也越来越少。长此以往，当然更挣不到钱，于是只能更省钱……

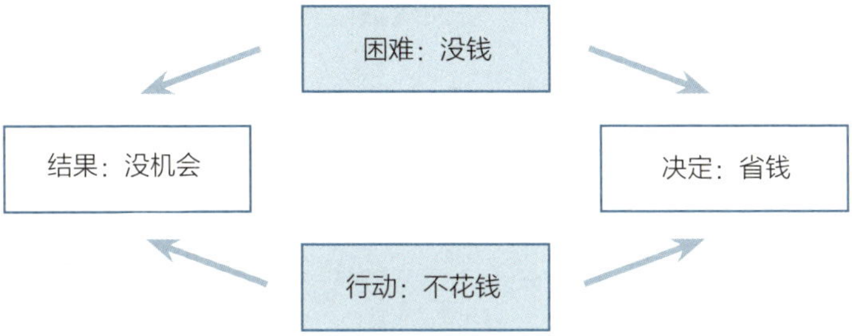

夫妻关系也一样，双方出现矛盾时，一方就会做出一个决定——改变对方，产生的行动是控制、干涉、说教等。但是，这个世界上又有谁会心甘情愿被别人改变呢？结果必然是争吵甚至家暴。所以关系又回到了最初的起点——夫妻之间的矛盾变得更深。

亲子教育也不例外。在孩子教育方面，家长遇到的问题通常是，孩子慢慢长大了，开始有了自己的主见，难免有些观点或行为不符合父母的意愿。这时候，作为父母很容易就会做出一个决定——改变、控制孩子，希望孩子按自己的意愿去做。随之而来的行动是干涉孩子的行为，甚至是打骂式教育，这样的结果就是，孩子变得更加叛逆，或者从此对父母关闭了心门，问题不但没有得到解决，反而变得更严重了……

当我们遇到一个问题时，为了解决问题，需要做出决定，然后会按自己的决定行动，而行动带来的结果又会让之前的问题周而复始。在这样的循环里，系统一旦形成，就会像不受控制一样不由自主地开始强化，最后发展成为人生的死亡螺旋。如果不能打破这个循环，我们将会继续在重复的轨道一遍遍预演已经上映了无数次的失败。

陷入“死循环”的人生要如何破局？

面对这样的循环，难道我们就没有办法跳脱出来了吗？要突破死亡螺旋，首先要看到死循环背后的假设和信念。

以没钱的苦恼为例，“没钱—省钱—不花钱—没机会—更没钱”这个循环背后的假设是——钱是省出来的。如果我们能看到这个假设，并且能看到这个假设带来的结果是“更加没钱”。如下图：

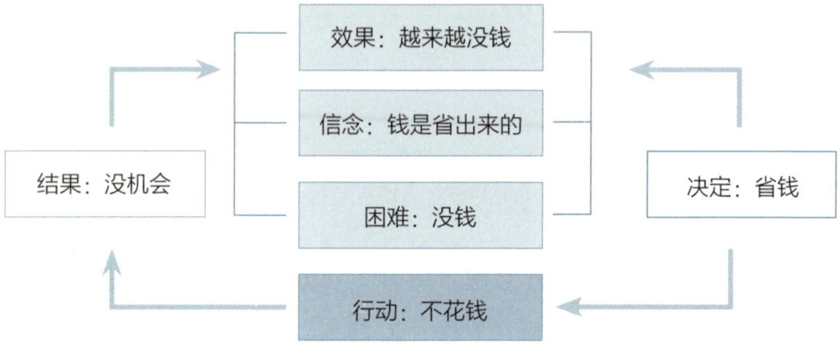

当你能清醒地看到这一切时，你就不会傻到坚持一个让自己陷入困局的信念，也许你会改变信念，换一种活法。如果你愿意把关于钱的信念改成“钱是用能力挣来的”，那你的决定就会变成“提升能力”，而行动就会变成“学习和成长”，结果自然就会是“变得有能力”，带来的效果就会变成“越来越有钱”，而这一结果会进一步强化“钱是用能力挣来的”这一信念，于是死循环就变成了一个正向的循环。

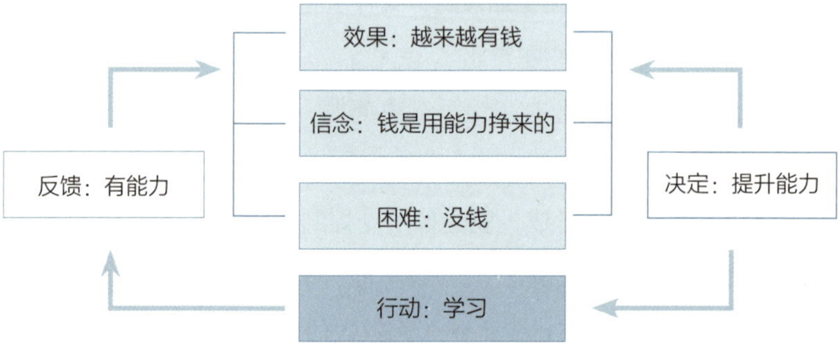

而夫妻矛盾呢？夫妻之间一旦出现矛盾，就会陷入“夫妻矛盾—改变对方—干涉与控制—争吵—矛盾加深”这一死循环中，这个循环背后的假设是“矛盾是因为对方的责任”。可真的是这样吗？俗话说，“一个巴掌拍不响”，夫妻矛盾一定是双方都有责任，可为什么我们总想着去改变对方，不去反思自己的问题呢？如果我们能念头一转，从自身做起去改善夫妻关系，那死循环马上就会变成一个积极向上的活循环——困难（夫妻矛盾）—决定（改善自己）—行动（觉察、反省、负责任）—结果（处理关系能力提升，夫妻越来越恩爱）。

孩子的教育困局又要如何破解呢？我在这里就不再阐述了，留给各位读者自己去发现循环背后的假设并想办法去扭转它，同时，希望各位聪明的读者举一反三，用同样的原理去扭转人生中各种各样的死亡螺旋。

正向循环一旦启动，人生会越来越好

当生活出现自己无能为力的状态时，很可能你正陷在死亡螺旋中，这时候，你要做的不是去喝一杯，用酒精麻醉自己，而是让自己保持清醒，从困局中抽离出来，去看看、去想想，这个循环背后的假设或信念是什么？信念带来的后果是什么？自己要的效果又是什么？这时你会发现，你一直坚持的想法和你想要达到的效果渐行渐远，你的人生也像不断循环的螺旋一样，陷入了一个怎么绕也绕不出来的困局。

人生总会活在循环中，不是负循环就是正循环。是正循环还是负循环，完全取决于循环背后的信念和假设。而破局的关键是，找准死循环背后的假设，并且想想你要达到的人生效果。只要你能看到假设的荒唐一面，愿意转换信念，并为了新的人生目标不断努力与成长，你的人生自然会朝着自己期望的那样迈进。一念之转，原来的死亡螺旋瞬间就会转变成让生活更加幸福的“成长引擎”，足以改写人的一生。因为正向循环一旦启动，人生一定会越来越好！

你的世界为什么越活越小

对安全感的追求，会局限我们的人生

《庄子·秋水》中写过一句话：“井蛙不可以语于海者，拘于虚也。”这句话后来演变成妇孺皆知的成语——井底之蛙。意思是待在井底的青蛙，只能看到井口那么大的一片天，却以为自己拥有了全世界，多用来比喻人目光短浅。

其实人类也和青蛙一样，更愿意待在舒适区，因为未知世界带来的不安全感会吞噬我们太多的能量，让我们把精力和焦点放在求生存上，从而忘记了该如何好好生活。

其实，一味地追求安全感，并不一定就会获得真正的安全。过分地追求所谓的安全，反而会给你的人生戴上一副枷锁，让人生少了很多种可能。对安全感的追求是如何局限我们的人生的呢？

世事无常，人生路上那些始料不及的变化，让我们的生活充满了未知和恐惧。可是当我们打游戏或追电视剧的时候，却很喜欢变数与未知。打游戏通关时，每一次未知都能极大地激发我们的求胜欲，每一次互动体验都能带来属于自己的挫败感或成就感，这种未知的变数让我们乐此不疲，即使熬红了双眼也要继续玩下去，因为我们不知道下一个关口等待我们的又是什么样的挑战。

在消遣娱乐中，我们乐意聚精会神地去探索和发现，可是一旦知道了即将发生的，兴致就会大打折扣。但对于自身的命运，我们恨不能一探究竟，预先知晓。

与其提前知道那个果，不如先种好当下的因

可是，提前知道自己的未来，真的好吗？我给大家分享自己的一段亲身经历。

很多年前，我认识了一个据说算命很准的道教女师父。有一天我们一起吃饭时，她看了我一眼，说："团长，今年你可能会退财，或者有亲人会离开你。这一劫你是躲不过的。"我问她："有解吗？"她说："无解，但愿只是退财，亲人不要有什么问题。"

当我知道某件事情可能会发生，但又无法阻止的时候，心里很不是滋味。偏偏没过多久，我母亲就在家里跌倒，病危入院。那段时间，我整天惴惴不安，女师父的预言一遍遍地在我耳边回响，令我寝食难安。我对母亲的病情也一直很悲观。幸好，有一天我突然接到公司电话，说有一单业务被骗了 20 多万。以往我听到这样的消息也许会怒不可遏，但那一刻我瞬间长长地舒了一口气。因为按照预言所说，我退财了，我的母亲就没事了，后来她的病情果然慢慢稳定了下来。

那位师父的确算得很准，但自从经历这件事情后，我就有意识地躲避她，因为我不想再被人剧透自己的人生。我也害怕提前知道那些未来会发生，但自己却无能为力去改变的事情。当你知道未来某些事情必然会发生，而自己又无力扭转的时候，你提前知道又有何意义？还不如把焦点放到现在，去勇敢面对、坦然经历未来不确定性带来的那份挑战。与其提前知道那个果，不如先种好当下的因。

只是大部分人还是想提前知道未来会发生的事，因为无法掌控未

来，就意味着没有安全感。这种不确定性会让人心生恐惧，而恐惧会让人不由自主地退缩，直至退到一个安全确定的范畴，即使这个范畴会越来越小。

当你追求确定性时，你正在画地为牢

因为对安全感的需求，人们往往会去追求可控性。身处可控的环境里，我们自然会感觉安全、舒适。例如回到家后的你是最放松的，因为你很清楚房间的每个角落摆放的是什么，哪里是厨房，哪里是客厅，哪里是卧室，在这样一个自己极为熟悉的环境里，你会感觉非常安全。而当你身处陌生的环境，就会有很多的不确定性。于是很多人会一直待在自己熟悉的舒适区，只为确保内在的安宁与闲适。

我们不光追求生活环境的可控，在人际关系的处理上，为了让自己更有安全感，我们也习惯于把社交圈限定在自己熟悉的人际关系范畴，而不愿意打开自己的内心世界，主动去和陌生人接触。表面上是不愿意，深究起来，其实是不敢。

生活环境是如此，人际交往亦如此，我们所做的事情也是如此。当我们面临创新或挑战时，很多人会选择安全系数最高的那条路，只愿做自己最熟悉的事情，即使那些事情并没有让你产生多少成就感，很多时候你也并没有多喜欢它，只是你觉得它安全、可控而已。我们总习惯于待在熟悉的范畴，交熟悉的朋友，做着自己熟悉的事情，以为这样就安全、可控了。只是在不知不觉中，受你掌控的范畴会慢慢缩小，因为你给自己的人生处处设了限。这就是为什么有些人的世界会越活越小的重要原因。

而我们身边总有那么一些人，他们周游世界、广交朋友、不惧未知和挑战，结果生活越过越精彩，事业也越做越大……你以为他们的能力比你强很多，其实他们只不过是比你多了那么一点敢于尝试未知的勇气罢了。

如何才能走出自设的牢笼？或许你可以试试从那些不确定的事情开始。俗话说，人生如戏，人生何尝不是一部电影、一局游戏呢？你是希望这局游戏的一切都是确定的，还是希望它充满变化和未知？哪一种会更值得期待、更充满惊喜？我想，对大多数朋友来说，答案都是后者。因为当你追求确定性的时候，你正在画地为牢。而当你用玩的心态去过你的人生时，你的人生旅途才会变得更精彩有趣、处处都是惊喜。

人生充满无限可能，我们不要为了一时的安全感，而给自己设置无形的障碍，让自己如牢笼里的困兽一般不得自由；我们更不要为了所谓的安全感，而放弃了探寻更美好人生的可能。

当然，如果你坐井观天却又乐在其中的话，也未尝不可，只是不要抱怨自己的世界太小就行。

我不再祝你“心想事成”

心想事成真的是件好事吗？

欢度春节的时候，各种各样的祝福语中，一定少不了“祝你心想事成”这样的祝福。的确，不少人都有在新年发愿的习惯，因为，在中国人看来，新年是个好意头，这时候许下一个新年愿望，总希望能心想事成。可是，心想事成真的是件好事吗？

我最近几年都会在开年之际做一个新年许愿活动，对于年初愿望实现了的朋友，我会送出一份小礼物。在活动的后台留言版块，有实现了愿望欣喜若狂的，也有愿望无法实现失望的，还有愿望实现后失落的，因为部分人实现愿望后，他才发现，这根本不是自己真正想要的。

比如有人的新年愿望是结婚，结果婚是结了，婚后的生活却并不幸福；有人的新年愿望是多挣点钱，到年底时发现，钱是挣了不少，可房价也涨了不少；有人的新年愿望是希望自己能创业做老板，可做了老板才发现，日子反而过得更艰难了……

当然，多数人新年愿望实现后是充满喜悦的，有人甚至还会发现意外的惊喜。比如网友“一鸣”留言说，他今年升职了，从技术岗位换到了管理岗位，他希望学点心理学提升自己的管理水平。结果没想到，学了心理学之后，自己不仅在管理岗位做得很好，夫妻关系也更加亲密了，孩子的学习也不用操心了，家庭更加温暖和谐。原本是为了适应新的工作而许下的愿望，没想到，随着愿望一起到来的还有一连串的惊喜。

同样是通过自己的努力实现了愿望，为什么有些人充满失落，有些人却能收获满满呢？如果真有一位灯神出现在你的面前，他说可以满足你一个新年愿望，你会许下什么愿望呢？我们一起来谈谈如何许下一个值得“心想事成”的美好愿望吧！

我们向往追逐的不一定是自己真正喜欢的

我们总喜欢祝福别人“心想事成”，其实心里想的有些事情还是不实现为好。先不说人的心里总有很多负面想法，就算是你现在认为很“正面”的想法，如果把时间拉长一点看，也未必真的就那么“正面”。

记得当年我刚工作时，住在工厂旁边一个破破烂烂的宿舍里，那里的墙碰一下，泥土都会簌簌往下掉。离我住的地方不远处有一栋两层小楼，总建筑面积不会超过 100 平方米。当时我就想，我这辈子要是有这样一栋小楼，也不枉此生了。幸好当年老天没有让我心想事成，如果当年我心想事成了，我就不会离开那家工厂，今天也许还住在那幢小楼里。如果我当时追求的人生目标就是紧紧盯住那 100 平方米的小楼，那我的一辈子也许就那样了。

每个人心里的愿望都会受到当时环境和当时思维格局的限制。就像如果你问一个乞丐，他的愿望是什么？他也许会说，想占领某个天桥底，因为那里人流最多，可以乞讨到更多的钱，还能遮风挡雨。他这个愿望如果实现了，日子是会好过一点，但再好他也还是一个乞丐，还是跳不出原来思维的限制。

我们大多数人就如井底之蛙，以为自己眼睛所能看见的世界，就是全世界；以为自己过的将就生活就是当下最好的生活。所以我们大多数时候许的所谓愿望，跟乞丐的许愿差不了多少，也会受当下的习惯、思维格局所局限，所以在当下视野范围内的“心想事成”基本上没什么意义，因为我们的眼界决定了我们的目标。

生活中有大量这样的例子。我们终其一生为一个目标奋斗，当某一天我们真的抵达了，却发现没什么意思。就像买房，等到真的买了房住了进去，好像也就那样，除了背负一身债务，人生并没有太大变化。更重要的是，每个愿望的实现都会消耗你大量的时间和精力，与其终其一生去实现那些你自以为想要达成的愿望，不如静下来好好想想，究竟什么才是自己真正想要的。

有时候，我们向往、追逐的东西并不一定是自己真正喜欢的。那我们应该如何设定自己的愿望？什么样的愿望才值得我们去祝福“心想事成”呢？

在我的课程中，有一个设定目标的环节。我发现，绝大多数学员设定的目标都离不开赚多少钱、住多大的房子、开多豪华的汽车、做多大的事业，或者是周游世界、娶个好老婆或嫁个好老公，再不就是找一份钱多事少离家近的工作……不知各位读者有没有发现，这些目标的焦点都在“事”上，极少有人会把目标放在“人”上、放在自己个人的成长上。也很少有人会发现，所有事情的实现都是建立在“人”的基础上的，因为，事在人为！

你的眼界在哪里，你的世界就在哪里

目标是我们头脑里预设的未来，而且是我们能想象到的、最好的未来蓝图。但我们每个人其实都活在各自的井里，我们所能想象的未来，也永远只是站在现在的框架和视角去设想的。现在的我们，对未来的期望、设想，坦率来说，想象力是极其有限的。因为我们根本就不了解自己，不了解自己的盲点、不了解自己的潜力，所以很多时候，我们设置的目标很容易就变成一个限制。

那为什么有些人的目标实现会带来一连串的惊喜呢？

我们来看看“一鸣”的目标吧。他的目标是提升自己的管理水平，方法是学习心理学，他把焦点放在自己这个“人”身上，而不是聚焦于“事”上。“人”成长了，能力强了，格局大了，心胸宽广了，与这个“人”有关的各种“事”自然就圆满了，因为事情是建立在做事的人身上的。只有那些能让你有所成长的目标，才是你人生真正该去追求的目标。我们要做的，不是站在现有的高度去制定目标，而是去开拓自己的眼界、去提升自己人生的高度。因为你的眼界在哪里，你的世界就在哪里。

就像你在 10 多年后参加同学聚会时会发现，你曾经不敢接近校花，现在你都没有了继续追求她的欲望，不是她变得不好了，很可能是你已经抵达了更高的人生高度。

除了内在的限制，还有外在的困难。当你站在目前的高度，你一定会面对很多困难。在困难面前，你的想象力会妥协。因此，你所谓的愿望，只不过是你内心掂量过自己能力之后的一点点想象而已。困难就像一座大山挡在你的面前，你的目标也许就是山前的那一小片空地，因为大山挡住了你的视野，你只能看到眼前的这方小天地。

但山不会继续长高，困难也一样，不会变得更难，而我们人类会变得越来越强大，强大到可以把大山踩在脚下、把困难甩到身后，前提是我们需要不断成长。举个简单的例子，对一名小学生来说，功课也许是个不小的难题，老师出的题目也绝对不会让你感觉轻松。可是当你成为中学生后，小学时再难的功课，对你来说都是小菜一碟，因为你成长了，能力提高了。

每一个困难的出现都是在助你抵达更高的维度

困难不会长高，但你的能力可以！困难是死的，但人是活的，向上的路从来都不拥挤，如果你觉得拥挤，一定是层次太低。高度决定视野，当你站在矮的地方，你的视野是有限的；当你站得更高，你的视野肯定更广袤，你自然也会看到不一样的风景。如果你身处洼地去想象那所谓的未来，内在的制约和外在的困难都会让你的愿望局限在一个十分有限的空间里，这样的“心想事成”很容易就变成了“画地为牢”。而本来十分善意美好的祝福，也容易变成把人困在囚笼的咒语。

我之所以能在广州立足，在大都市谋得一席之地，是因为当年的我无法“心想事成”，无法在自己出生的小县城拥有那 100 平方米的两层小楼，无法在那贫困的地方找到机会安身立命。命运逼着我不断学习和成长，不断地拓宽自己的维度和高度。当我的能力和高度在不断提升时，我发现，当年我想拥有的一些物质财富自然而然地来到了我的身边，而且还远远超过当年的想象。

当然，今天的你不用像当年的我那样，被动等待命运的逼迫才去学习与成长，你可以主动改变自己的焦点，走出去看看外面更广阔的世界，努力拓宽自己的视野，去遇见更好的自己。当你不断在成长，原本的困难就不足以妨碍到你。当然，你会遇到新的困难，但每一个困难的出现都是在帮助你抵达更高的维度。与其让有限的想象力局限自己的人生，何不换个方向，让自己站得更高、看得更远。一艘没有目标的船，无论海上吹什么风，都不是顺风。但目标一旦确定，不管吹什么风，只要你调整好风帆的角度，八面来风都是顺风。人生也一样，成长的目标一旦确立，你会发现，生活中发生的一切事情，都是为了助你成长而来，都是你生命的助力。所以，今年的新年愿望，你不妨试试以成长为目标。只要你每天都在成长，假以时日，即使你得不到你要的，也一定会得到更好的。

只要你愿意，生活一定可以更美好

我们的生活状态，取决于自身能量的高低

什么是健康？中医说："身壮为健，心怡为康。"所以健康应该包括两个部分的内容——身体和心理。

也许大家都有过这样的感受，有时身体挺好的，可整个人就是提不起劲来；而有些时候，经过高强度的体力劳动，身体已经相当疲惫了，可是你却依然神采奕奕、精神饱满。为什么会这样呢？

我从事心理教育事业 20 年，多年与讲台为伴，深知讲课并不是一件轻松的事，一场 4 天 3 晚的课程下来，光是站立就长达 30 多个小时，所以做导师不光是脑力活，还是体力活。可是，大多数时候我完成一个课程时，精神依旧充沛、饱满。很多学员都会诧异地问我："团长，你刚讲完 4 天的课程，怎么还如此精神？"

其实，我并不是每次讲完课后都能保持充沛的精力。记得有一次在马来西亚讲完一个 4 天的课程后，我差点病倒了，整个人像虚脱了一样，那种感觉就像歌里唱的"感觉身体被掏空"。

为什么同样是讲课，在付出等量劳动的情况下，有时候会觉得全身充满能量，有时候整个人会力竭不振呢？因为我们的生活状态，取决于自身能量的高低。而能量有身体和心理两个部分，这两者互为因果，相互影响。

能量，不仅仅来自我们通过嘴巴获取的各种营养，还来自我们精神领域的充实与富足，这也就是心灵营养。所以身体健康，不仅指身体机能的健康，还包括了内在的富足。如果你的心里储存着满满的能量，身体再疲惫你也不会觉得有多累。相反，如果你的心是疲惫的，你的身体就会随之被拖垮。

那心的能量来自哪里呢？我发现，人生遭遇的各种难题，比如婚姻问题、职场问题、财富问题、孩子教育问题等，几乎都跟自我价值有关。可以说，一切心理问题的根源，都源于自我价值。关于这一点，我在不少文章中已经做过详细的阐述。在这里，我们来重点聊聊“如何提升自我价值”这个话题。

最近，我认识了一个中医朋友。他说我的身体先天不足，需要后天的调养，通过调理脾胃，以后天之气补先天之不足。我这才知道，人体的气原来分先天之气与后天之气。

一个健康的人，需要养足这两种气。先天气足的孩子虽然身强体壮、抵抗力强，但如果在成长的过程中不注意保养，这股气也会被耗尽。但这并不意味着先天不足的孩子未来就无法长命百岁。只要通过脾胃调理，气血中和，合理作息，坚持锻炼，同时保持愉悦的心情，生命依然可以得到很好的滋养。

我在想，身体如此，心理是否也一样呢？心理能量是否也可以分为“先天”和“后天”两个部分呢？

有些人，自己的价值却需在别人身上寻找

自我价值是一个人自己对自己价值的主观评价。通常来说，在一个

人的成长早期，父母的接纳、肯定、承认、赞美、表扬、鼓励等是自我价值的生发土壤，其核心是自尊。一个人的自我价值很大程度上取决于他的原生家庭，取决于童年时期父母或重要他人对他的教养方式。我把这个部分比喻成“先天”的部分。当然，这里的“先天”并不是指天生带来的，而是指自己所不能决定的部分。

原生家庭是自我价值的来源，很多人终其一生寻找的不过是自己童年缺失的自我价值感。虽然自我价值是自己对自己的主观评判，但懵懂孩童对自己的价值评估，更多的来自父母对自己的评价。从小得到足够重视、父母评价很高的孩子，肯定元气十足，他的心理抗压能力也会很强。因为他知道自己的价值所在，即使眼前是一道鸿沟，他也坚信自己可以跨越；即使遭遇挫折，他也会认为那是暂时的，他相信自己能处理好，相信自己值得拥有更好的生活。

如果一个孩子伴随着各种各样的差评长大，从小没有得到过父母的鼓励、肯定，心灵营养不足，那他会在潜移默化中形成一个对自己极低的评价。长大后，他人的一点“风吹草动”在他心里都可能引来狂风暴雨。因为他不相信自己，他需要不断地从他人身上寻找自己的价值，所以对他人的评价会无比在意。一个自我价值感低的人，是很难感受到幸福的。

心存善念，多行善事，生命因此而更美好

如果一个人的心灵营养先天不足，该怎么办呢？心理学家研究发现，这个社会上的绝大多数人都存在先天不足，团长也不例外。提高自我价值大致有以下两条途径：

1. 补“先天”之气：既然一个人的自我评价源于早期成长的经历，那我们可以通过催眠、家庭重塑等心理学手法，帮自己回到过去，与过去和解。虽然我们不能改变过去所发生的事情，但我们可以改变对过去所发生事情的看法。看法改变了，体验就改变了，自我评价也会自然而然地发生改变。这就是为什么心理治疗和心理课程可以改变一个人命运

的根本原因。

2. 后天调理：自我价值的关键，是自己相信自己、认同自己是有价值的。如何提升自我价值感？除了发自内心地相信自己、认同自己，我们还可以由外至内地滋养我们的心灵。倘若我们处处与人为善，他人也会回报我们以暖暖的善意。我们对他人或社会慷慨付出、乐于分享，他人或社会就会回馈以肯定。这些正向的回馈会提升我们的自我价值，并进入我们的潜意识，逐渐改变我们对自己的主观评价，我们的生命就能慢慢因此而得到滋养。

这就是为什么我大多时候讲课很累，但依然神采奕奕的原因，因为我在讲课的过程中得到了学员们的肯定、赞美和欣赏。因为学习了我的课程，他们的生命从此发生改变。这种向善向好的改变，让我充满了成就感、满足感，我的生命自然得到了滋养。

那为什么我在马来西亚的那一次讲课，讲完之后却虚脱了呢？马来西亚华人的文化就像我们父辈那样，认真、含蓄、内敛，不轻易对人表达赞美和肯定。那 4 天的课程，我几乎是在无反馈的状态下完成的，我无法从学员身上得到滋养，只能消耗自己的能量，哪有不虚脱的道理？

所以，当一个人自我价值先天不足时，一方面可以选择多和正面的、乐观的“发光体”在一起，远离那些正在消耗你能量的“黑洞”；另一方面，心存善念，多行善事，让自己的生命在与人相处中慢慢得到滋养，你的人生自然会因你的善行而越活越美好。

牺牲自己也是一种自私

自私的反义词是牺牲吗？

生活中，有那么一些人，他们是别人口中的好人，总是在为别人着想，不惜牺牲自己也要成全别人，到头来却把生活过得一团糟，自己一肚子委屈不说，身边人也过得不开心；而另外一些人，他们表面上看起来处处为自己着想，不轻易出手帮人，是别人眼中的“铁公鸡”，但他们却生活得很幸福，身边的人也会因为他的“自私”而越来越好……

为什么会有这样截然不同的两种结果呢？难道人真的要自私一点，才能过好生活吗？

《我的前半生》中，马伊琍饰演的女主角罗子君，名牌大学毕业，原本在外企工作的她，因为老公的一句“我养你”，放弃了工作，选择回家当全职太太。时间久了，整天只知道逛街买买买的她，和老公的共同语言越来越少，疑心病越来越严重。在她看来，她放弃了原本不错的工作，放弃了自己的圈子，为了这个家，她做出了多大的牺牲啊！可后来，两人的婚姻还是走到了尽头。

为家庭牺牲了自己的罗子君，结果生活得并不幸福。那不牺牲自己又会怎样呢？我曾经看到过这样一个故事：一对夫妻，丈夫是个技术男，性格内向；妻子学经济出身，性格外向，事业心强。他们家是男主内，女主外。男人在家带孩子，女人一心忙事业。许多人都觉得这不可思议，因为按照传统，一向都是男主外，女主内。于是，大家纷纷指责那个女人过于自私，只考虑自己，不顾家庭，没有一点牺牲精神，不是一个好妻子，更不是一个好妈妈。

她和罗子君不同，她并没有在乎其他人的意见，而是坚持做自己。她与老公经过友好协商，最终确定她主外、老公主内的方案。结婚 5 年了，两人一直很恩爱，邻里关系处理得也非常不错。面对大家的吐槽，她如是说，如果当初自己为了家庭而选择牺牲自己，放弃自己的理想，委曲求全地去做一个家庭主妇，她不但会变得毫无生机，还会怨气连连，她老公也会跟着过得不开心，整个家庭就会整天乌云密布，矛盾不断。

所谓的牺牲，其实是为了有所得

有人说她只考虑自己，是自私的表现。何谓自私？百度百科给出的定义是，基于个人利益和需求做出的行为及反应。表面上看起来，罗子君为家庭做出了牺牲，她不自私；而那位不甘于牺牲自己做家庭主妇的妻子，没有考虑他人、只想着自己，就是自私的。真的是这样吗？大家有没有想过，其实牺牲自己也是一种自私呢？

很多时候，人们总是习惯将自己放在十字架上，做出牺牲，还美其名曰，“我是为了你”。其实，“我是为了你”的潜台词是——我为你牺牲了自己的一切，可你却没有给我完全的回报。这种牺牲让付出者站在道德的制高点，会觉得自己牺牲了这么多，理所应当去要求对方给出相应的回报，甚至是双倍乃至多倍的回报。但这种自以为是的牺牲，不但不会让对方感到快乐，往往还会成为对方生命中不可承受之重，压得对方喘不过气来。

就像《我的前半生》中的罗子君，脱离社会的她，和老公几乎没有共同话题，连儿子说的“角膜”都弄不清是什么，生活过得一点也不快乐。她的不快乐会潜移默化地影响她身边的人，压力、隔阂、不理解，以及伴随着自我牺牲而滋生的愤怒、压抑和委屈，都变成了对方难以承受的负担。

美国家庭治疗大师萨提亚女士将人的内在比喻成一座漂浮在水面上的巨大冰山，我们在海面上看到的那座冰山，只是露在水面的很小一部分，还有更大的山体掩藏于水底，是无法用肉眼看到的。同样，我们看一个人，也只能粗浅地看到他表面的行为。至于是什么导致这样的行为，并不是每个人都了解的，所以才有了“知人知面不知心”这一说。如果你愿意花点时间去学习心理学的话，你会发现，行为下面有很多我们可以洞察的规律，这样你就可以做到“知人知面又知心”了。

根据冰山原理，每一个行为背后，都有一个需求或期待。那“牺牲”这种行为背后的需求是什么呢？牺牲其实是为了有所得。牺牲自己的人，他们总是想着通过牺牲自己这种行为来达到某种个人的目的。

比如罗子君，她会认为，我都为你牺牲了自己的工作，所以你应该更爱我。她通过自己的牺牲，想让对方内疚，从而得到对方更多的爱，以满足自己的要求。牺牲只不过是她打着爱的旗号来索取的一种手段而已。这不正是基于个人利益和需求做出的行为及反应吗？这何尝不是一种自私呢？

牺牲式的付出，换不来更多的爱

我们再来看看那些所谓的“自私”行为。我经常被人说成是“铁公鸡”，因为我一向拒绝那些冠冕堂皇的募捐。比如前段时间，最新一期导师班毕业的同学要举办一场大型演讲会，班委向我募捐场地费，我当场拒绝了。我拒绝这个行为背后表达的意思是什么呢？我认为，导师除了把课讲好之外，也要学会推销。

如果你认为自己讲的内容是没价值的，你就不要举办演讲叫人来听，因为会误人子弟；如果你相信自己讲的内容是有价值的，你就要敢于自我推销。一个班 80 多人，每人随便卖几张票，好几百张票就卖出去了，这样不光场地费解决了，还能略有盈利。所以，我的需求是希望他们突破对于自我推销的恐惧，成为一名卓越的心理学导师，这也是我作为一名导师培养者的责任和义务。

如果我帮他们解决了场地费用，就等于纵容了他们对自我推销的恐惧，让他们一直停留在舒适空间里止步不前，这反而是害了他们。在看似自私、无情的鞭策下，我们培养出来的导师不光可以轻易解决场地费的问题，销售功力也因此大增。

像罗子君那样牺牲自己、委屈自己、压抑自己，何尝不等于自拔羽毛？时日一久，无止境的牺牲衍生的就是伤痛、不公、无法控制的愤怒、压抑的委屈以及无形的索取。这样的自己，何尝不自私？又怎么可能为家庭做出积极贡献？牺牲掉自己的自由、独立和幸福，却没换来老公更多的爱和等价的回报。整天疑神疑鬼，一副怨妇、受害者形象的你，试问又有哪个男人会喜欢？牺牲式的付出，不会给任何人带来幸福。

少一点自我牺牲，多一点平等付出，保护好自己的羽毛，做最真实的自己，无论是经济还是精神世界，学会独立，充分发挥自己的强项，建立自己的价值，不再委曲求全，这样你才有能力为家庭、团队做出自己的贡献！如果你有需求，最简单的方法是勇于面对自己的需求，并开诚布公地向对方表达你的需求，而不是通过牺牲自己来强迫别人满足。只要双方能够坦诚相待，充分发挥各自的优势，我相信，各自的需求也一定能够得到更大的满足。只有双方都能得到舒展的婚姻，才会幸福和长久！

别错把需求当成爱

内在匮乏的人，是很难去付出爱的

“夜已深，还有什么人，让你这样醒着数伤痕。女人独有的天真，和温柔的天分，要留给深爱你的人……爱有多销魂，就有多伤人……”李宗盛的这首歌，把爱情留给人的伤与痛，写得非常真实与到位。其实，我做过的个案中，那些爱的伤痕，比李宗盛写的还要血淋淋。

在《升级生命软件》的课程中，一位女学员找我做个案。她向我诉说家暴的苦，她老公对她的态度非常差，经常动不动就打她。她想离婚，可是孩子还小，她不想让孩子受到伤害，婚姻就一直这样痛苦地维持着。

这位女学员为什么会嫁给一个暴力男呢？随着治疗的深入，我用催眠的手法把她带回了童年，她哭诉的对象开始由丈夫变成了父亲。原来，她有一位暴力的父亲，她小的时候最不能忍受的事情就是，父亲经常打母亲。当时，她作为一个弱小孩童，根本无能为力，但心中种下了对父亲恨之入骨的“种子”。

案例讲到这里，也许读者开始糊涂了。为什么童年的她那么恨暴力，长大后却嫁给了一个跟父亲一样的人呢？这就是错把需求当成爱的结果。

什么叫“错把需求当成爱”呢？ 要回答这个问题，我们首先来看看什么是需求。需求分为两个部分。第一个部分，叫作“需要”，英文是“need”。第二部分叫作“想要”，英文是“want”。比如，讲课讲了近一个小时的我感到口渴，需要一杯水解渴，在这里，水就是我的需要。

可是，当我口渴时，脑海里冒出的并不是水，而是茶、果汁或者是其他的东西，那这就叫作“想要”。想要，是因为我们大脑在成长过程中，受到文化、广告、老师或者是朋友价值观的影响而形成的固化的需求。

那什么是爱呢？所谓爱，就是当我口渴了，喝了一杯水之后不再口渴。但我开始觉察到身边的你也许有跟我一样的需要。于是，我由内而外地生起慈悲心，心甘情愿地为你倒一杯水，送到你的面前，这叫作爱。所谓“仁者爱人”，当一个人能推己及人，觉察到他人的需求，并愿意为他人做些力所能及的事情时，我们就会说，这个人充满了爱。

而反之，当一个人内心缺失时，他只会不断向身边的人索取，以满足他内在的缺失。我们会把这样的人称为匮乏之人。一个匮乏的人，是很难去付出爱的，他只会带着他的需求，到处去寻找那些能够满足他需求的人。一旦遇到能够暂时满足他需求的人，他就会错误地认为他遇到了真爱，这就是错把需求当成爱。

错把需求当成爱，付出的代价是一辈子

错把需求当成爱的代价是很大的。我们再回去看看那位女学员，小时候深受暴力伤害的她，为什么长大后又选择了一位暴力的丈夫呢？有人把这种现象归咎于命运。如果这是命运的话，那她的命运就可以用“爱与需求”来解释——她并不是因为爱而结婚，她的婚姻只是满足了自己的需求而已。

为什么这样说呢？因为我把她带回童年后发现，她当时很想改变爸爸，可她还是个孩子，面对强大的爸爸，她无能为力，只好把这种想法埋在心底，变成一个未了的期待（需求）。长大后，她的潜意识会引导她

选择一个有暴力倾向的男人，去改变他，以完成她当年的未了心愿。就像一个口渴了想喝可乐的人一样，在他的心目中，只有可乐能满足他的需求。

当我们饥饿时，我们会到处找东西吃。其实，我们的精神、心灵也一样。身体不断成长，就需要营养物质的持续补给。同样，心灵的成长也需要精神的养分来滋养，这些精神的养分叫作心理营养，比如爱、肯定、欣赏、接纳等。可是，有些人从小就在缺爱、感受不到家庭温暖的环境中长大，他的心理营养从小就缺失，长大后就成了一个内心匮乏的人，不断地带着需求去找寻爱。结果就是，错把需求当成爱，用一辈子去付出代价。

婚姻的成功和幸福，一定是从你开始的

有人说，你现在流的泪，是你当年脑子进的水。这句话充分说明了，在爱情和婚姻里，选择多么重要！错误的选择带给你的灾难，不仅需要你来承受，还会直接影响你家族的历史，因为，你在爱情和婚姻里的所有错，都会让你的孩子来为你承担。

幸福的爱情和婚姻影响的不仅是你一个人的人生，更多的是一个家庭的未来。男怕入错行，女怕嫁错郎。对女人来说，选择一个好的伴侣，决定了她一生的幸福。对男人来说，也是如此。有一句话是这样说的，一个妈妈的素质决定了三代人的命运，所以，对男人来说，娶到一个好老婆，也是人生中非常幸运和幸福的事。

如果你还没结婚，那你是幸运的。因为你能够在结婚之前看清楚你未来爱情的一些规律；对于已婚的朋友，一切也不晚，只要你愿意去学习这些爱情中的秘密和规律，也许今天就是你幸福的起点。

这个起点就是，先从疗愈自己开始。一个内在匮乏的人，是无法去爱的。同样的，一个内在匮乏的人也是无法找到一个内在充满爱的人的，因为，人因相同而连接。所谓疗愈，就是从觉察自己开始。对于只有一

把锤子的人来说，他遇见的每样东西看起来都像一颗钉子。如果我们只期待另一方的改变，期待遇到一个更好的人，自己却止步不前，不去改变、不去成长、不去让自己变得更好，你会发现，你找到的那个所谓更好的人，只不过是一颗钉子而已，最多是一颗包装华丽的钉子。

婚姻的成功和幸福，一定是从你开始的。如果你想要遇到一个更好的人，先从准备一个更好的自己开始。从这一刻开始，让自己变得更好，学会承担与成长，提升自己爱与被爱的能力，好好地爱自己，有智慧地爱他人。如果你真的准备了一个更好的自己，我相信你一定会遇到一个更好的他；就算你今天已经结婚了，如果你自己变得越来越优秀，越来越美好，我相信，你的另一半也会在你的影响下，变得越来越好。

千万别再把需求当成爱了，就算他能满足你一时，也无法满足你一世。只有当你充满爱时，你才能遇到另一个充满爱的人。好好地爱自己吧，让自己充满爱，才是家庭幸福的起点。

世间所有的冰冷，都是对温暖的隐藏

蛮横无理，其实是因为内心有无处诉说的痛苦

《我不是药神》这部电影火了，我想从心理学的角度，和大家聊聊一个“烂人”是如何变成“英雄”的。

据说导演和徐峥说戏时，说他给程勇前期的人物形象定义为两个字——烂人。剧中的程勇，头发像鸡窝，穿着破旧的夹克衫，趿拉着拖鞋，嘴里叼根烟，对人对事的态度都属于人憎狗嫌的渣男。他谈判不成，就揍律师，还会家暴老婆。自己无力给孩子创造更好的条件，又坚决不允许儿子随前妻移民，找不出正当理由就硬搬出“我是他亲爹”。他邋遢堕落，不思进取，既没本事又没钱，房租和老爸的养老院费用月月拖。卖不出神油，只会窝在小破店里昏天黑地、乌烟瘴气地打低智商游戏。

生活到处都是破洞，到处都在漏雨，这样一个活在夹缝里的男人，性格暴躁蛮横还自私 。

这，不就是被我们齐齐声讨、口诛笔伐的那种烂人吗？生活中，也许我们会遇到比程勇更烂的人，他们不顾他人感受，自私自利，脾气暴

躁，做事没有底线和原则，为所欲为、伤天害理……可是，程勇这个“烂人”最后却变成了英雄。理性如我，也数次被他感动得落泪。究竟是什么力量让一个烂人变成英雄的呢？生活中的“烂人”是否也能变成英雄呢？那些让我们讨厌的烂人，难道他们天生就是坏蛋吗？要回答这个问题，我们首先要知道那些“烂人”为什么会变得让人讨厌。

浑身长刺，其实是一种自我保护

我在《圈层突破》一书中讲过一个故事，有个学员的生活就被这样一个暴躁蛮横的人严重影响，这人不是别人，就是他的父亲。他最怕在工作时突然接到家里保姆的电话，因为每次都是父亲又发酒疯的消息。父亲经常酗酒，每次喝醉了就砸东西，家里的家具砸坏了一套又一套。他已经记不清是第几次突然被紧急叫回家了。父亲的身体一年不如一年，医生已经再三强调他不能再酗酒了，但是没用，父亲还是照样喝，喝完就把几个孩子叫过来大骂一顿。而且每次闹事都要儿女放下手中工作赶回家安抚才算完。以前他一直觉得父亲是一个蛮横无理的人，无法接受。

自从学了心理学之后，这位学员开始明白，父亲之所以会这样，是因为他只能通过这种方式让孩子回家。孩子们工作都很忙，很少回家陪他，而每次发酒疯后，子女都会回家看自己，一家人也能暂时地团圆。当他看到父亲酗酒这个行为背后的那份孤独后，这个学员召集兄弟姐妹们开了个家庭会，定下了每周轮流请父亲喝早茶的计划，从此以后，父亲再也没有发过酒疯。

每个行为背后，一定有其正面动机，行为也许有错，但动机总会有正面的部分。那些“烂人”之所以会做出让人讨厌的行为，其实是因为他们内心有无处诉说的痛苦。

人类能够存活到现在，是因为学会了用各种防卫手段来保护自己。只是每个人保护的方式不同，极端的人会把自己变成一只浑身长刺的刺猬，从单纯的保卫自己，变成对爱人和亲人也会露出尖锐的刺。这些手段在保护自身安全的同时，也容易给身边的人带来无心的伤害。

无论是影片中最初的那个程勇，还是这位酗酒的父亲，他们之所以让人讨厌，就是他们身上的刺让周围的人感觉不舒服。

而要收起保护自己的刺，有两个方法，第一是强大自己。我们只有在自己变得更强大时，才更有力量保护自己。这条路比较长，需要用一生去实践。

第二是唤醒自己本有的力量。如何才能唤醒自己内在的力量？方法有很多，团长在这里重点谈其中一个——用慈悲来融化自己的盔甲。

慈悲是佛教词汇。慈爱众生并给予快乐（与乐），称为慈；同感其苦，怜悯众生，并拔除其苦（拔苦），称为悲。二者合称为慈悲。

我们要变得慈悲，往往是从看到他人的痛苦开始。以程勇为例，最初他只是一个唯利是图的小混混，一开始愿意去印度走私药物也只是因为生活所迫，电影的前半部分他都用一张“势利小人”的网把自己紧紧包裹住，并在这张网下逼仄、压抑地生活。可后半部分他从混混变成了英雄，因为他感受到了太多人的痛苦与绝望，与此同时，他内心的善良与慈悲心、责任与使命感，被一桩桩、一件件小事激发出来，成为人性之光。

是什么原因让程勇这样一个“烂人”发生如此大的转变，变成白血病患者口中的药神？从吕受益的离世带给程勇巨大的打击开始。当站在挚友的病床前，看他顶着稀稀拉拉的头发，张开发白起皮的双唇叫自己吃橘子时，他坚固的外壳融化了；当挚友不堪病痛折磨丢妻弃儿自杀的消息传来时，他的良知爆发了；在挚友的葬礼上，面对戴着口罩前来吊唁的白血病患者那一双双期盼、无助的眼神，程勇内心的某种神圣的力量被唤醒了。

从此，他开始了自我救赎之路。他找回了当初的团队，重新开始卖药，而且只卖成本价。那个曾经看不惯他的黄毛彭浩，为了救他，驾车引开警察却遭遇车祸死亡，失去了年仅 20 岁的生命，散落在地的白色药片，和彭浩满脸的鲜血一样刺眼。这场戳人心窝的惨剧彻底激发了程勇的慈悲心，即使印度药厂被封，他也甘愿垫钱买药，甚至高价买进低价卖出，把药卖到了全国。

在这场生命与法律、人情与现实的博弈中，他内心的慈悲被唤醒了，与此同时，他的力量也被激发了，于是他的生命从此绽放，变成了感动万千观众的英雄。

不是每个人都是永远的坏蛋，有些人的坏，只是因为内心太苦不得已而为之。当一个人只看到自己身上的苦时，他就会竖起浑身的刺来保护自己；但当他把焦点从自己身上移向他人时，别人的苦就会唤醒他的慈悲之心。这，就是从“烂人”到英雄的关键。

万物皆有裂缝，那是光照进来的地方

要看到每个人都有其不容易的地方，尤其是那些带刺的人。要知道，他们就像浑身长满刺的刺猬一样，带刺并不是为了伤害你，而是为了保护自己。刺猬竖起它的刺，是因为内心有所恐惧。只有力量弱小的人，才需要时刻小心翼翼地保护自己。

有时候，保护自己的代价是很大的，大到会牺牲生命。比如说蜜蜂，它每一次蜇人都会让自己付出死亡的代价，但当生命受到威胁的那一刻，它只能选择这样做。所以，那些带刺的人，他们刺伤你的同时，何尝不是在伤害他自己呢？当你能够看到这一点，你的慈悲之心自然而生。你就不会跟他去对抗、硬碰硬，这时，你内心某股神圣的力量也被唤醒了，你善良的本性会让你很想帮帮他，帮助他从痛苦中走出来。当你真的去这样做时，你不就成为他的英雄了吗？

每个人都有需要自我保护的时候，希望你在保护自己的同时，能看到，防卫的盔甲会阻断你与他们之间的联结，会压抑、伤害你的生命力，弱化你感受痛苦的能力，封闭你的心门，让你逐渐活成一个别人讨厌的人。也希望你在保护自己的同时，别忘了站在别人的立场去感受他的不容易与生命之痛，去唤醒自己的慈悲之心。

已故音乐大师莱昂纳德·科恩曾说过，“万物皆有裂缝”，就如我们不是完人，有时也会活成别人讨厌的模样。但这没什么可怕的，因为，“那是光照进来的地方”。佛曰：人无善恶，善恶存乎尔心。只要你愿意唤醒你的慈悲心，每个人都拥有成为英雄的内在资源，至少可以成为身边人的英雄。

光有善良是不够的，还需要有智慧

为什么付出善意，得到的却是伤害

曾经有个事件在网上闹得沸沸扬扬，湛江富豪陈老板花两个多亿为乡亲建别墅，却遭到村里一些人的恶意破坏，政府介入后风波才得以暂时平息。

我们总愿意相信好人有好报，可是现实生活中，经常是你付出善意给世界，得到的却是伤害。我不知道花两个多亿做好事的陈老板内心如何五味杂陈，但这事让我想起了被类似事件困扰多年的案主刘先生。

刘先生在我的《升级生命软件》课程上倾诉过他的烦恼。他出生于农村，家里兄弟俩，他是弟弟。哥哥一直生活在乡下，日子过得很清贫。刘先生早年离开家乡在外打拼，日子过得不错，经常在经济上资助哥哥。最近几年，刘先生凭着自己的努力，企业越办越大，生活也越来越好，车房都换了。哥哥看到弟弟发展得越来越好，为他高兴的同时，提出的要求也越来越多。一开始，刘先生会尽量满足，想着自己富裕了，多支持哥哥一下是应该的。但渐渐地，哥哥的要求越来越难满足，有时候刘先生不得不予以拒绝。哥哥不满的情绪就这样一点一点地累积了下来。

内心积攒的不满就像一座活火山，总有一天会喷涌而出。有一年清明节扫墓，哥哥终于爆发。他当着所有家族成员的面，在祖先墓前数落刘先生，说他没良心，只顾自己享受，心中没有哥哥。

多年的付出换来这样的抱怨，刘先生委屈多过气恼。他跟哥哥大吵一架，怒道："从此以后，桥归桥路归路。"他下定决心不再理会哥哥的任何请求。

这话说出来容易，做起来难，心里头却拧成了九九八十一个结——毕竟就这么一个哥哥，自己住大房子开豪车，哥哥过日子却要左右算计，还真是不得劲。可要是不计前嫌地帮吧，想想哥哥的那些抱怨，气就没法顺。想着想着，刘先生的心就成了一团解不开的乱毛线。

斗米恩，担米仇

我们带着善意去帮助别人，不光没得到好报，很多时候还会招来恶报。这样的事情在生活中数不胜数。为什么会这样呢？难道因果定律是骗人的？难道业力法则真的要回到前世才解释得通吗？

这里，我借助小故事"斗米恩，担米仇"来解释一下这种现象。从前，有两户人家比邻而居，平时关系不错。其中一家人因勤劳能干些，家中相对富裕很多。这两家本来没什么恩怨，可是，这一年因天灾，田中颗粒无收。穷的一家没有了收成，只能躺着等死。而富的一家买到了很多粮食，想着大家是邻居，于是给穷的一家送去了一升米救急。穷的一家非常感激，心想，这真是救命的恩人呀！

熬过最艰苦的日子后，穷人前去感谢富人。谈话间，穷人聊起次年的种子还没有着落，富的一家慷慨地说：我家里的粮食还有很多，你再拿去一斗吧！就这样，穷人千恩万谢地拿着一斗米回家了。回到家后，他的兄弟说，这斗米能做什么？除了吃以外，根本不够我们拿去播种的。这个富人太过分了，既然他这么有钱，就应该多送我们一些粮食和钱，才给这么一点，真是坏得很。这话传到了富人耳朵里，他很生气，心想，我白白送你这么多粮食，你不仅不感激，还把我当仇人一样忌恨，真不是人。从此，本来关系不错的两家人成了仇人，老死不相往来。

做善事得不到善报有时候真的挺让人心寒的。难道因为这样，我们就不做善事了吗？有没有什么方法可以让我们做善事，而不怕引来恶报呢？

得到与付出处于平衡状态，关系才和谐

要回答这些问题，就要研究一下这类事情发生的原因。我试着从心理学方面来探究下导致这种现象的原因。

我们首先来看一种叫作“内疚”的情绪。内疚的本意是：做了错事，感到自责。内疚是人类的一种基本情绪，是良知中的主要情感，而良知与人类伦理、道德有关。所以，从道德角度出发，内疚是指一个人感觉到自己违反道德规范时的一种内心感受，这种感受通常由做错事给别人带来伤害以及得到太多而无法回报的不平衡造成。

当你的内疚被具体的某件事唤醒后，你的道德情感同时也会被唤醒，所以，内疚这种情绪可以纠正人类的偏差行为，让人与人之间重回平衡、和谐、良好的关系。这原本是一种有利于人类的情绪。但是，当人们无力弥补自己犯下的错误，或者无力回报别人给予的过多帮助，无法让人际关系回到平衡状态时，内疚就会长期存在，进而严重干扰你的内分泌，让你处于一种自责的痛苦中。为了重回平衡状态，聪明的人类大脑发展出了另一种功能——“攻击”，与其向内攻击承受自责的痛苦，不如向外攻击，让关系重回平衡状态。

于是，那些带着深深内疚情绪的人，就会开始从对方身上寻找错误，去攻击对方的错误，哪怕是一些小到不能再小的错误，他的心里也会获得些许平衡，因为并不是我一个人有错，其实你也有错，这样，我们的关系就平衡了，我欠你的就可以不用再还了。

当我们明白了“内疚”这种人类情绪的反应原理之后，我们对“为什么好人没有好报”也就有了更深的理解——我们帮助别人反而会遭受攻击和抱怨，正是因为帮助对方时，让对方产生了内疚情绪所引起的。

人生就像天平，一边是他人，一边是自己；一边是给予，一边是接受；一边是付出，一边是得到，只有保持平衡才不至于倾斜。同样的，只有当给予与接受、得到与付出处于平衡状态时，人与人之间的关系才能良好地保持下去。

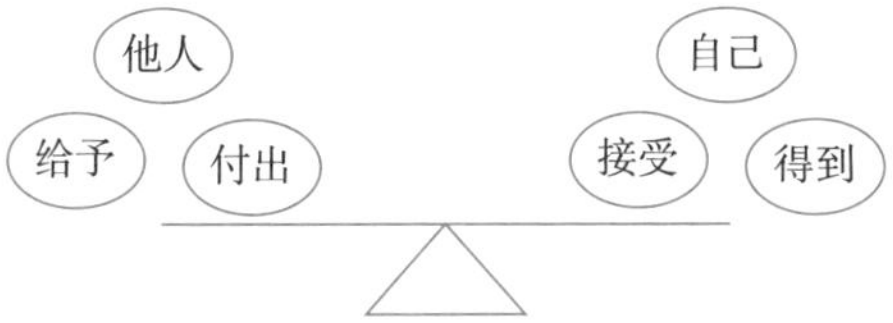

希望有幸看到这篇文章的朋友，当你带着善心去帮助他人时，不要忘记向对方提点要求，就算他现在没有能力去做什么，也要请他答应你，当他在未来变得有能力时，也要像你一样去帮助别人。这样，他就能卸掉心中的内疚，没有包袱地接受你的帮助。同时在你的影响下，他也会懂得“要欣赏自己的价值，就得给世界增加价值”，然后去付出、去给予、去让世界变得更加美好！

最后，向各位善良的人们衷心地说一句：光有善良是不够的，还需要有智慧。

第五章

学会接纳不完美：遇见更好的自己

当我真正开始爱自己，
我才认识到，所有的痛苦和情感的折磨，
都只是提醒我：活着，不要违背自己的本心。
今天我明白了，这叫作“真实”。

当我真正开始爱自己，
我才懂得，把自己的愿望强加于人，
是多么的无礼，就算我知道，时机并不成熟，
那人也还没有做好准备，
就算那个人就是我自己。
今天我明白了，这叫作“尊重”。

当我开始爱自己，
我不再渴求不同的人生，
我知道任何发生在我身边的事情，
都是对我成长的邀请。
如今，我称之为“成熟”。

当我开始真正爱自己，
我才明白，我其实一直都在正确的时间，
正确的地方，发生的一切都恰如其分。
由此我得以平静。
今天我明白了，这叫作“自信”。

当我真正开始爱自己，
我不再牺牲自己的自由时间，
不再去勾画什么宏伟的明天。
今天我只做有趣和快乐的事，
做自己热爱，让心欢喜的事，
用我的方式、我的韵律。

今天我明白了，这叫作“单纯”。

当我开始真正爱自己，
我开始远离一切不健康的东西。
不论是饮食和人物，还是事情和环境，
我远离一切让我远离本真的东西。
从前我把这叫作“追求健康的自私自利”，
但今天我明白了，这是“自爱”。

当我开始真正爱自己，
我不再总想着要永远正确，不犯错误。
我今天明白了，这叫作“谦逊”。
当我开始真正爱自己，
我不再继续沉溺于过去，
也不再为明天而忧虑，
现在我只活在一切正在发生的当下，
今天，我活在此时此地，
如此日复一日。这就叫“完美”。

当我开始真正爱自己，
我明白，我的思虑让我变得贫乏和病态，
但当我唤起了心灵的力量，
理智就变成了一个重要的伙伴，
这种组合我称之为，“心的智慧”。
我们无须再害怕自己和他人的分歧，
矛盾和问题，因为即使星星有时也会碰在一起，
形成新的世界，今天我明白，这就是“生命”

——卓别林《当我真正开始爱自己》

你知道你在骗自己吗？

这个世界上，有的人始终活在幻觉中

有人说“你无法叫醒一个装睡的人”，不知我能否唤醒那些以卖弄、做作获取虚荣心和自我满足的人呢？

我想叫醒的这位仁兄叫周毕，是我认识的导师里天赋极高的一位。导师班我们已经办了 5 期，从导师班毕业并活跃在全国培训界的导师至少有 300 多位，但像周毕这样有才华的就只有一个——不单人长得帅，而且能歌善舞，还弹得一手好吉他，加上他那天生的好嗓音，这样的天赋在娱乐圈发展都绰绰有余，更别说做一名导师了。

但关于他的信息总是分裂的。从他的朋友圈看，满满的幸福与成就，不是在千人的会场演讲，就是被粉丝簇拥着要签名。每次和我见面或是通电话，也都是好消息不断，不是跟某跨国集团签约，就是又创立了新的商业模式。有一次，他跟我说，像我这样做培训太笨了，太累也挣不了几个钱，他整合培训及其他产业成立的集团公司已经在美国上市，问我要不要入点股。而与此同时，刚刚与他分开的老搭档却告诉我，他不务正业，公司已经好几个月发不出工资了……

前段时间，他打电话跟我说，他又开创了一种新的培训模式，网上会员已近百万人，邀请我去做一场千人的课程，帮我创造一个培训人数的新纪录，我信以为真，安排好时间坐等那辉煌一刻的到来。可随着时间的临近，他老婆却告诉我，他的公司陷入了困境，他对我所说的辉煌，全是编出来的，而且我的课程因招生不足而取消。

不是已经有近百万收费会员了吗？怎么会又陷入困境呢？我忍不住打了个电话给周毕。果然，从他那里我听到的永远是好消息，他依然豪气万丈地跟我说，课程取消并不是因为招生不足，而是他最近实在太忙，分不开身，让我再给他点时间，他一定会为我创一个历史纪录……可是，我认识他已经 7 年了，天赋远不如他的同行都已经成为心理教育界的名师了，只有他，还活在他的幻觉中。

周毕的故事大家是不是感觉似曾相识呢？你身边是不是也有不少像周毕这样的人？在你面前总是光鲜亮丽，像个成功人士，他们看不起你正在做的小事。在他们面前，就算你的自我价值感还算高，也免不了会有几分自卑，因为他跟你说的都是让你望尘莫及的大事。可是，随着时间的推移，你会发现，做小事的你一直在进步，而满口大事的他们却依然跟 10 年前一样，豪气万丈地跟你说着他们那伟大的事业，只是事业的名称换了一个又一个跟时代相符的标签。而你不知道的，或许还有他那不断增加的债务。

任何一种行为都会消耗能量

为什么有些天赋极高的天之骄子，在事业上却干不过一个天赋平平的普通人？

这要从“说谎”这种人类的天性说起。说谎是人类的本能，是从动物的伪装本能发展而来。为了生存，远古的人类在森林里生活时，必须把自己伪装起来，以躲避凶猛野兽的袭击。当人类发展出了语言后，伪装的形式就从身体动作进化到了语言。通过语言来伪装自己，也就是“说谎”。说谎本身没有错，因为它是人类求生存而发展出来的一种功能，这种功能在危险的时刻可以救人一命。可是，如果我们滥用这种求生本能的话，那就有危险了。

心理学原理显示，行为必须放在环境范畴上才有意义，同一个行为，在不同的环境范畴中会有完全不同的意义。以伪装这种行为为例，在求生存状态下，伪装是一种救命的行为。可是，在和平年代，时时刻刻伪装自己是要付出代价的，你可能会在错误的道路上耗尽能量，要么一事无成，要么疲于奔命。

为什么会这样呢？道理很简单，任何一种行为都会消耗能量，但一般行为会结束，当行为结束时，能量就会得到及时的回补。比如跑步，它会消耗大量的能量，但人总不会一直处于奔跑的状态吧？就算你是职业跑手，也有休息的时候。可是说谎这种行为，它会让你永远无法休息。我们知道，一个谎言需要用数个谎言来掩饰，而数个谎言又需要更多的谎言来掩饰……如此一来，谎言永无终点。虽然看起来说谎并不费力，可谎言一个接一个地运作时，请问你有多少精力禁得起它无止境地消耗？

骗谁也不要骗自己

那如何才能做到不说谎，或者尽量少说谎呢？我们先来看看说谎这种行为背后的原理。说谎有两种，一种是对别人说谎，一种是对自己说谎。对于前者，不难处理，因为他自己知道自己在说谎，只要保持觉察就够了。当你觉察到说谎是一种消耗能量的行为时，你聪明的大脑自然会停止说谎。没有人会笨到明知某种行为会伤害自己，还继续为之的。

比较麻烦的是骗自己，当一个人在骗自己的时候，他并不知道自己在说谎。这种不容易觉察的说谎叫作“合理化”。心理学研究发现，大多数时候，人们在潜意识里觉得自己的行为都是正确的。当人们一旦认定了某件事，或设定了某个目标后，可能环境已经发生了巨大的改变，原来的目标就算已经变得很荒唐，但为了证明自己是对的，他总会找某些理由来为自己开脱，把事情合理化并让人接受，使自己心理上得到安慰，而看不到真正的事实。“合理化”是心理防御机制的一种，在无意识中，人们会搜集证据为自己的行为做合理的解释，以掩饰自己的过失，减少焦虑带来的痛苦，维护自尊免受伤害。

合理化通常有以下 3 种模式：

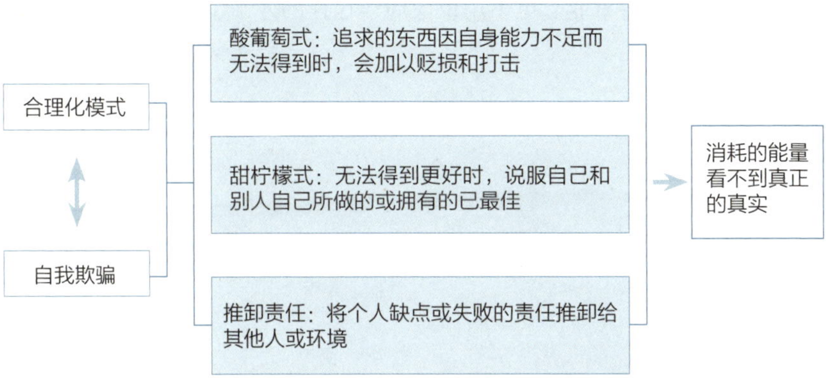

1. 酸葡萄式：此机制是引申自伊索寓言里的一则故事，对狐狸来说，吃不到的葡萄都是酸的。人类也一样，当我们所追求的东西因自身能力不足而无法得到时，就会加以贬损和打击，这种合理化模式称为酸葡萄式。

2. 甜柠檬式：狐狸因为吃不到葡萄，走到柠檬树旁，肚子饿了，就摘下柠檬充饥，边吃边说柠檬是甜的，其实柠檬酸涩无比。有时人们也会像这只狐狸一样，当我们无法得到更好的东西时，就会发展出另一种防卫机制，企图说服自己和别人，自己所做的或拥有的已是最佳的选择，努力去强调事情美好的一面，以减少内心的失望和痛苦，这种防卫机制会妨碍我们追求生活的进步。

3. 推卸责任式：这种防卫机制是指将个人的缺点或失败的责任推给其他人或环境，从而让自己的心灵保持平静。

以上 3 种合理化模式其实都是在说谎，只是这类说谎并不是欺骗别人，而是在欺骗自己。欺骗别人容易觉察和改变，欺骗自己隐藏得更深，对自己的伤害更大，所以骗谁也不要骗自己！

不管是欺骗别人还是欺骗自己，都会消耗你的能量。只有当我们清楚地认识到说谎的行为，并且坦然地承认它，这种消耗你生命能量的伪装行为才会停止。从当下这一刻开始，不再为说谎而耗费精力，你就可以把宝贵的精力用在自己感兴趣的事情上。就算你像我一样资质平平，也一定能成就一番事业。更不用说像周毕这样的才子了。

我不喜欢与人相处，这正常吗？

每种需求背后，都有一个口袋等着被填满

大学校园的演讲活动中我经常被大学生问到这样一个问题：团长，我不喜欢与人相处，这正常吗？

在回答这个问题前，我都会先跟他们聊一聊“一个人”这种状态。“一个人”待着，其实包含了两种情绪状态。一种是感觉孤独，另外一种是享受独自一人。所以，“我不喜欢与人相处”有两种可能——孤独或者单独。

宗萨蒋扬钦哲仁波切在他的《正见》一书中提出了一个非常有意思的假设。我们很多时候不太愿意跟别人相处，是因为别人总会给我们带来一些限制，跟他相处就意味着会失去部分自由。于是作者便问：假如整个地球只有你一个人孤零零地存在，你真的享受吗？你是享受自由，还是感到孤独呢？

那些真正得道的人，可能会选择享受绝对的自由。比如唐朝的寒山和尚，他在天台翠屏山一住就是五六十年，有 10 多年，别人甚至都找不到他的踪迹。

而我，宁愿牺牲绝对的自由。我想大部分人也跟我一样，希望有人

陪伴着度过每一个繁花开满人间的春天、无边落木萧萧下的秋天。

然而，陪伴就意味着放弃部分自由，即使是无比相爱的两个人。因为，每一种需求背后，都有一个口袋等着被填满。也就是说，每当你满足一种需求，你就要放弃某些“自由”。

比如，想要亲子关系融洽，热爱韩剧的妈妈必须迁就 3 岁的女儿，陪她一起看《小猪佩奇》；想要和谐的夫妻关系，就不能在婚姻里出轨；想要考试成绩好，就要放弃自由打游戏的时间；想要身体健康，就不能酗酒、熬夜……

金钱、物质、权力、美貌、健康、生存等，每种需求都会需要你以失去自己的部分自由为代价。人际关系也一样。你独自一个人时，想不穿衣就不穿衣，但如果在人群当中，你就要衣着整齐。只要你跟其他人在一起，就必须遵守基本的道德和法律、法规，就必须遵循大家约定俗成的规范。这叫文明。

你是单独的，还是孤独的？

在人际关系里面，我们的自由总会受到部分限制。可是当我们逃离人际关系的时候，却倍感孤独。为什么我们不能享受一个人的状态？为什么我们宁愿牺牲自己的自由也需要他人来陪伴呢？为什么我们会产生孤独感？

什么是孤独？孤独，是一个人感觉与他人或社会隔离、疏远的主观感觉或体验。这里有两个关键词——“主观”和“隔离”。对此，我有特别的体会。我出生在农村，父母土里刨食，都要下地干活。他们把年幼的我放在一个孤寡老人家里。所以，我一直认为自己的童年很孤独。

有一次，我请老师帮我就“孤独”这个主题做个案。他把我带入催眠的状态，带我回到童年的影像里。在那里，我看到一个画面：一个小男孩独自一人在大树下玩耍，身边没有任何人的陪伴。那是小时候的我。

“看着那个小男孩，你有什么感觉？”老师问。

我心里弥漫起浓浓的孤独感，就好像掉进一口黑漆漆的枯井，与世界上的一切都断了联系——我觉得自己被父母抛弃了，被整个世界摒弃了。

“孤独，他真是太孤独了。”我说。

“真的吗？你看仔细一点，他在干吗？”

还处在催眠状态中的我听从老师的提示，走近那个小孩。我看见了，他正全神贯注地看着一群蚂蚁搬食，微风轻轻拂动他额前的头发。

那一瞬间，我突然意识到，小男孩非常享受他和蚂蚁的游戏。我所认为的孤独，不过是我的一种评判、一种主观认知。其实，画面中的我只是一个人待着而已，他很享受那一刻的状态，他并不孤独。这种状态换一种说法，也可以称为“单独”。

单独当然也是主观的，是一个人的主观选择——就算独自一个人，我也能感觉到与这个世界的连接。这是一种敞开的、享受的状态。

在金庸的小说《神雕侠侣》中，杨过等待绝情谷底的小龙女 16 年，一个铮铮铁骨的人，想到小龙女就满腹柔情。他独自待着，但并不孤独。

这就是单独跟孤独的不同——是否与这个世界连接。

一个单独的人，他的世界不是封闭的，与他人是有连接的。即使他独自一人生活，他也知道有人始终在某个地方默默支持他、关心他、爱他，尽管那个人不在身边。他的心是被滋养的，暖意融融，并不会感到孤独。

而一个孤独的人，就算身处人潮汹涌的繁华街头，就算身边人声鼎沸，他的心依旧是孤独的，因为他的内心无人过问，没人读懂过他的脆弱，没人在意过他的意愿，没人关心他是否真的快乐，他感觉不到与他人的连接。

完完全全地接纳自己，才懂得欣赏自己

为什么有的人能够与他人建立很好的连接，有的人却是千山暮雪只

影独行？人与人产生连接的关键是什么？

一个人能够与他人连接，是因为他能够与自己连接。孩子为什么能与一只蚂蚁玩得忘我？因为他能够跟自己有很好的连接。所谓与自己的连接，其实就是一个人欣赏自己、喜欢自己、完完全全地接纳自己。

一个无法与他人连接的人，根本原因在于他无法与自己连接。他总是无法接受不完美的自己，太喜欢批评自己了："你怎么能这样？""你怎么能不开心呢？""这么多人跟你一起玩，你怎么能孤独呢？""你怎么连这点事都做不好呢？"……

一个喜欢自我批评的人，同样会习惯于批评别人，这样的他，当然无法与别人建立连接。

而一个自我价值高的人，他会发自内心地欣赏自己、肯定自己、认同自己、喜欢自己。他与自己有一个很好的连接，也会跟他人建立好的连接。在熙熙攘攘的人群中，他能全情投入，与他人共舞，感受与人相识、相交的乐趣；独自一个人时，他依然保有这份连接，心灵大门敞开，悦纳当下的一切，享受这种心灵相通的满足与充实。他单独，但不孤独。

如果你独处时，并不享受当下的状态，那意味着你是孤独的。如果你不愿意与他人相处，却又感到孤独，可以试试如下方法：

第一，变被动为主动。

孤独是一种主观的感受。当你感到孤独时，其实你的孤独是被动的，是"不得不"。这个时候，你可以告诉自己："我是主动选择独处的，我有选择权。"这个暗示和提醒就能够帮你拿回你人生的选择权和主动权。

这是非常重要的一步。著名非暴力沟通专家马歇尔·卢森堡博士在他的《非暴力沟通》一书中曾经提到过用"我选择"替换"不得不"的练习，他认为这个练习让自己重获人生的掌控感。

第二，多肯定自己。

当你感觉孤独时，其实就表示你无法与自己很好地相处，无法与自己建立良好的连接。试着想象下，面前有两个你，一个是不断评判自己的你，一个是被迫接受评判的你。这两个人总在打架，你又怎么能够跟自己很好地相处呢？所以，提升自我价值，就从肯定自己、欣赏自己开始。

当你开始懂得自我欣赏时，那你的自我价值感会越来越高，你自然能够享受一个人独处的状态。

第三，保持觉察。

独处的时候，你不妨问问自己，我是选择单独，还是被动地孤独。当你能够看见这两者的不同，自然就会有意识地肯定自己、欣赏自己，你自然会做出正确的选择。

回到前面的那个问题：不喜欢与人相处，这正常吗？

我的回答是：单独一个人，这种状态没有问题。重要的是，你是主动选择还是被动承受。如果这是你的主动选择，自然是正常的；如果你是被动地切断与他人的联系，那可能是你心里存在需要疗愈的创伤。我们需要去疗愈它，让自己既可以享受独处时的宁静，又可以与他人建立融洽的连接。当你能够与他人建立好的连接，自然能够享受一个人独处的时光。这是一个人正常的、健康的心理状态。

当然，还有另外一种孤独，就是当一个人的水平远高于身边人，无法找到水平相当的人交流时，这样也是无法与他人连接的。李白说的“古来圣贤皆寂寞”，金庸小说中的独孤求败都属于这一类孤独。如果你的孤独属于这一类，那请你好好善用这种孤独，因为人类的进步需要你孤独地引领。

不吃回头草的马真的是好马吗?

谁为我们设下了“不能回头”的条件

有一次跟一位朋友吃饭，他借着几分酒意对现在的工作发了一大通牢骚，感叹说还是怀念以前的某份工作，以及那时的团队。我问他，既然原来的公司比现在的好，为什么不回去呢？他叹了一口气说：“好马不吃回头草啊！”

这让我想起了一个哲学难题，据说古希腊哲学大师苏格拉底曾用这样一个体验活动教育学生，他让学生去麦田中挑选一株最大的麦穗，规则是只许前进，不准回头，而且只有一次机会。有些弟子只走几步就摘下了他们认为的最大的麦穗，但继续前进时，发现前面有许多比摘到手的那株更大，于是只好遗憾地走完了全程；第二类弟子则相反，他们总是提醒自己，后面还有更好的，快到终点时才发现，机会全错过了；第三类弟子则精于比较、计算，他们用前面三分之二的路程去判断最大的麦穗大概有多大，再从剩下的三分之一的路程中选择跟前面所认定的标准差不多的麦穗。虽说这样选的不一定最大最好，但他们至少不会像前面两种弟子那样后悔。

这是一个关于选择的哲学难题，之所以会难，是因为苏格拉底设定了一个“不能回头”的硬性条件。可是，生活中的难，又是谁为我们设下了“不能回头”的条件呢？

从小，我们就常听到一句话“好马不吃回头草”，字面意思是说，一匹好马只吃前面的草，后面的草就算再好，也绝不回头。我没养过马，不知道好马是否真会如此。但我知道，很多人的确会这样做，有的人离开一家公司后，即使跳槽后找的工作不如前一家，也绝不会回头；关系也是一样，有的人因为一次小冲突，情绪冲动之下离开了自己的爱人，就算以后遇到的每一位都不如前任，也绝不会回头，原因很简单——好马不吃回头草。

开悟者的特征之一就是没有评判

不吃回头草的马真的是好马吗？在回答这个问题之前，我先给大家说一个真实的案例。在“新物种”心理学大会上，一位学员分享了关于她对团长认知的变化。

“其实一开始，我挺讨厌团长的。他在培养导师的时候，要求我们一定要用4MAT结构讲课，还用这个结构考核我们，我很反感。我觉得每个人都该有自己的风格，都用一个结构岂不是泯灭了学员的个性？所以一开始我都在跟团长对抗，当时差点就放弃了他的课程。后来毕业考试时我发现，团长对每一位学员都很用心。按我的理解，反正考完试课程就结束了，也没团长什么事了，何必再伤精费神的给学员做那么多事呢？但我看到他不放过任何一个可以帮助学员成长、进步的机会，这完全超出以往我对他的认知。后来，等到我成为导师、开始上台讲课时，我才发现团长教的那些方法的重要性，才了解到为什么一定要用4MAT结构，因为它能兼顾到不同学员的学习习惯。如果我们只按自己擅长的风格讲课，我们会失去四分之三的学员。现在看来心理学的这些方法真的很有用，我差点因为自己的固执而错过一次很好的成长机会。”

这是一位法学博士的心路历程，她最初学习心理学时，带着她那超强大脑，对团长乃至心理学都有着非常多的评判。为了让她放下那份固着，我还真费了不少功夫，不过看到她如今的成长和改变，我觉得非常值得。

一个人对另一个人总会有着各种各样的评判，这些评判根基于有限的认知基础，难免会有偏差。一旦有了评判，我们就很难看到真相，从而阻断了人与人之间的沟通，甚至让生命固化。所以李尔纳说，开悟者的特征之一就是没有评判。

我暂时还不是开悟者，所以做不到没有评判。10多年前，我跟国外的一些导师学习时，导师们都非常强调在教练的过程中不能有评判，要保持中正的态度，这样才能做到中立和客观。这是一件非常困难的事情，要知道，只要你一开口说话，就会传递一种价值观。一旦有价值观，就会有自己的标准；一旦有标准，就会有评判。比如你想给对方一个不带评判的肯定，“这很好”“很漂亮”就不可以，因为这就是评判。就连“不能评判”本身，也是一种评判。因此，在教练考试中，很少有学员能合格，最关键的一点，就是在“评判”上。即便我今天已经成为导师，也只能尽量保持中立，暂时无法完全做到没有评判。

我们从小就被教导，对人对事要持中立客观态度，不要带自己的主观评判。但我们是普通人，不是开悟者，很难真正达到“没有评判”的境界。该怎么办呢？

生命是流动的，不要固着自己的评判

我们先来看一下什么是评判。

评判是一个人用自己的价值观和标准去评价人或事，是认识世界的方法之一。只要有价值观、有信念，就会有评判。它其实就是一种信念。对普通人来说，我认为评判没有问题，因为评判是头脑的主要功能之一。

有了评判，我们才能知道什么是对的，什么是不对的；什么是好的，什么是不好的。有评判，我们的人生才会有方向。

评判是一个人内心想法的投射，它根基于某一刻的认知和当时的价值观。评判本身没有问题，但让评判固化就危险了。固化的评判叫执着，也叫“固着”，顾名思义，就是“固化的执着”，我更喜欢这个叫法，因为它更形象。评判的底下是信念，而固着的底下是限制性信念。

例如，你与某人有商业上的合作，对方由于某些原因没有按时付款，于是，你的脑海中开始有了一个评判：“这人不守信用，信不过。”这种想法在当时没有问题，因为你需要根据对方所做的事来判断是否值得继续合作。

但如果你一直坚持认为对方是一个“不守信用的人”就有问题了，因为事情是不断变化的，随着时间的推移，对方会变，你也会变，同时，你的认知范围会不断扩大。很多时候，我们的评判仅仅是自己的一个信念，一个基于当时情况的看法，并不是事实。随着你认知范围的扩大，你也许会慢慢看到更多事实。如果你还是执着于当年那点有限的认知所做出来的评判，那就等于把自己的生命永远地停留在当时那一刻。这跟生命在当时就已经死亡，或者某一部分已经死亡有什么分别？正如富兰克林所说，有些人 25 岁就已经死了，直到 75 岁才埋葬。

对人的看法一旦固着，在关系上，我们就失去了更多可能性，它会扭曲真相，破坏关系。按照一个老旧的假设去认识一个活生生的人，你怎么可能真正认识他呢？生命是流动的，影响生命的因素实在太多了，用老皇历去看待新事物，岂不是很可笑？

同时，固着也会让自己的生命失去流动性，变得僵化无力。例如，有的人坚信“出门是危险的”，所以对大千世界失去了好奇心，把自己几十年如一日地锁在一个小城市；有的女性坚信“男人没一个好东西”，于是对男性抱有敌意，难以敞开心扉去交往，从而让自己失去了一段美好的姻缘。评判一旦固着，你便认定世界就是你所坚信的样子，从而对它彻底地失去好奇与希望。

不吃回头草的马充其量是匹笨马

固着的评判会固化我们的人生，限制人生的可能性。既然固着的代价如此之大，我们该怎么应对呢？

首先，不要尝试与“固着”对抗，对抗固着本身就是一种固着。就像你因焦虑而焦虑，只会让你更加焦虑。

面对“固着”，最好的方法就是提升自己的觉察能力。当你能够意识到自己的固着时，固着就放下了，因为觉察会带给你更多选择，有了选择，你就自由了。提升觉察力的方法有很多，当你执着于某一个固定的想法时，不妨问问自己如下问题：

1. 产生这种观点是什么时候的事？过去了这么长的时间，他变了吗？我变了吗？当你用这些问题拉宽时间的框架，你会发现，事情未必是你原来所认为的那样。

2. 我是这样想的，对方是怎么想的？其他人又是怎么想的呢？智慧来源于多角度视野，当你能够从不同的角度看待问题时，你会发现你的世界正在慢慢变大。

3. 我仅仅看到对方的行为，凭什么推断他是什么样的人呢？当你可以把一个人的“行为”与他的“身份”区分开来，只对行为做评判，而不针对身份做评判时，你会发现你身边的人开始鲜活起来，他们不再是你所认为的样子，也许他们会给你带来意想不到的惊喜。

当我们有评判时，应清醒地觉察到，这仅仅是此刻自己基于有限认知所做出来的判断，它并非事实。只有放下固着，让评判“流动”起来，我们才能聆听到对方真实的声音，就对方的观点做出回应；双方才能开始良性的沟通，建立良好的关系。

“好马不吃回头草”其实就是一种固着。身后的草不够好，当然可以不回头吃，但如果后面的草已经重新长了出来，而且比前面长得更好，为什么不回头吃呢？放着更嫩更香的草都不回头吃，这算什么好马？充其量只是一匹笨马。

放下固着最好的方法就是去觉察它、经历它、接纳它。正如你不能去对抗冬天的如期而至一样，寒冬来临，最好的办法是去接纳、去经历、去享受，毕竟春有百花冬有雪，夏有凉风秋有月。冬天过后，春天也不远了。

万事万物都在变化之中，这当然包括我们自己。苏格拉底的难题是因为有了“不能回头”这个设限，才显得那么难。人生有些事情确实不可以回头，但有很多事情是我们不允许自己回头，这些不允许就是一种固着。如果你依然继续带着许多的“固着”去看待这个世界，就是给自己的生命设难题，这样的结果一定会让自己陷入无法自拔的深渊。

人生本就艰难，何苦再自己难为自己呢？

没有任何未来值得你牺牲现在

狮子与羚羊居然可以和谐共处

我喜欢周游世界，听说在地球上有一个地方，那里朝气蓬勃，生生不息，成群的斑马自由奔跑，时间仿佛会静止。那里是百万角马、斑马的老家，美国国家地理杂志评选它为“一生必去的五十个地方”之一，它是地球上的一片净土，野生动物的乐园。在一个炎热的8月，我去了一趟地球上最大的野生动物栖息地——坦桑尼亚的塞伦盖蒂大草原。这一趟旅程带给了我人生最大的震撼。

让我震撼的不是数十万角马长达几十公里的大迁徙；不是近在咫尺的狮子、猎豹捕猎时的血脉偾张；不是深夜帐篷外那不知名动物嘶鸣带来的恐惧；不是一头帅气的公狮陪母狮一起看夕阳的浪漫；也不是日出时风吹草低见牛羊的美景，而是凶猛的狮子、猎豹居然可以与温顺的羚羊、斑马不可思议地和谐共处。

最初涉足这片草原时，我就发现，很多欧洲游客开着敞篷越野车来

Safari[①]，他们毫不担心会成为猎豹的盘中餐，要知道猎豹奔跑的时速可达110公里。我心里有些害怕大型动物的突然袭击，选择乘坐安全密闭的吉普车。就算如此，吉普车顶部的敞开还是让我有点害怕，因为我曾看过一组照片，猎豹会直接跳到车顶。导游仿佛知道我在想什么，笑着对我说："在这里不用担心这个问题，一只吃饱了的猎豹是没有攻击性的，你看羚羊都不害怕猎豹。"

我听了有些吃惊，但是眼前和谐的画面让我不得不相信这一切。夕阳西下，扬起的烟尘透过阳光散发出金色的光芒。不用说猎豹，即使狮子从身旁慢慢走过，羚羊依旧旁若无人地耳鬓厮磨。而这些威风凛凛的雄狮，竟然在草原上悠然地踱步，我们的出现并没有打扰它们。风把云带到山的彼端，一切都是那么广阔。温暖的画面让我此刻忘记了狮子的吼叫可以震慑四方，忘记了它们是这片土地的王。

万类霜天竞自由，这些自然的精灵用生命诠释着对自由的追逐，它们成群结队地跑向草原和蓝天的交界处，仿佛那里生活着永恒。这优美的画面让我忘记了呼吸，全身的每一个细胞都在享受这一刻的宁静。这时，我突然想，为什么狮子吃饱后可以一整天享受生活，而人类却总为那不确定的未来疲于奔命？

有多少人在为未知的未来而牺牲现在

无论是钢筋水泥的都市，还是田园牧歌的乡村，人类对当下仿佛永远不会满足。有多少人为了让未来过得更"好"，拼命省钱，结果当下的每一刻都过得很不快乐——不敢去旅游，只好将电脑桌面换成美景照片；看到价位高的衣服立马放手，宁愿买便宜但穿起来不舒服的衣服；难得去看场音乐会或歌剧，不舍得买VIP的座位，宁愿选择体验不佳的"山顶票"。如果是收入不多的年轻人，如此节俭，我十分赞同，可我经常看

① 东非大草原旅游的一种特有方式，包括禁猎前的游猎、探险、野餐、寻找特种动物等。——作者注

到的是身家过亿的企业家如此生活，他们仿佛与享受为敌，只要带他触碰到“享乐”的门槛，立马掉头就走。即使身家不菲也依然不敢把钱花在当下，只会用尽力气增长银行账户里的存款数额。

为什么凶猛的动物吃饱了就能安享现状，根本不去为未来担心，但是文明高度发达的现代人类却总是在为未知的未来奔忙？这让我想起了我曾经做过的一个教练案例。通过教练对话，一位企业家想好了达成目标的方案。我问他：“如果目标达成，你准备如何奖励自己？”他沉默了好久后说：“给自己放几天假，好好休息一下。”仿佛他前半生都没有休息过似的，听起来让人心酸。我问他：“为什么平时不给自己放假，劳逸结合？”他说：“不敢浪费时间啊，趁现在年轻，为未来打好基础。”

为了未来？！有多少人在为了那个未知的未来而牺牲现在？也许你会说，因为现在生活压力大、未来可变因素多、养老体系还不健全啊等。这些说法都有道理，可是上述那位企业家已经快50岁了，资产多到自己都计算不清了，真的有必要为未来疲于奔命吗？

未来还没到来，我们却放弃了珍惜现在

10万年前，地球上有各种不同的强大动物。但时代更迭到今天，看起来弱弱的人类为何却站在了食物链的顶端呢？《人类简史》一书中说，是因为人类在进化的过程中发展出了超强的大脑。大脑的功能之一，就是懂得规划未来，让我们能在凛冬将至、灾难来临前做好防护措施。大脑让人类懂得忧虑未来，于是人类拥有了更强的生存能力。

但有一利必有一弊，在拥有了生存能力的同时，人类却渐渐失去了生活的能力。即使绝大部分人已经摆脱了战争、瘟疫、饥荒的困扰，活在舒适的文明城市，但我们的大脑依然保持在一种求生存的状态。当我们求生存的时候，我们的焦点永远都放在未来，于是未来的种种不确定因素会让我们产生一种不安全感，会让我们很难看到今天的美好，这也

是我们无法活在当下的根本原因。

这个世界唯一不变的就是变化，未来本就充满了无数的未知与可能。未来不确定的因素又何其多——未知的生存环境、国际形势、经济条件、医疗水平……为了不让这些因素威胁到我们的生存，强大的大脑会让我们提前做好生存储备。于是人类就这样一直在为生存而不断奋斗，根本就无暇生活，更不用说活在当下了。未来还没到来，我们却为了未来而放弃了当下应该珍惜拥有的一切，那当下的意义又在哪里呢？

读到这里，大家是不是觉得自己被大脑“欺骗”了。其实，我们应该感谢我们的大脑，它让我们能预见未知，逃避危险，安全生存。但即使是光明的月亮也有没被看到的暗黑之面，我们在为未来美好生活而奋力拼搏的同时，往往容易忽略了当下。

你不断牺牲的不仅是现在，还有你的整个人生

觉察会带给我们自由，因为觉察之后，我们就能看到自己求生存的这种模式，会看到自己对美好生活的渴求，也会看到当下竟被自己忽略了，我们自然就有了选择空间。当我们的生存真的遇到考验时，我们可以暂时选择牺牲一下现在，否则，没有任何未来值得我们牺牲现在。因为，人生是由每一个当下组成的！如果当下都过得不开心，结果将变得毫无意义。总有一天你也会发现，你的确牺牲了现在，却不一定换来了美好的未来。你不断牺牲的不仅是现在，还有你的整个人生！

我岳母今年已经快 90 岁了，每次去看她时，我们都会带上不少好吃的东西，但她每次都会告诉我们：“不要买那么多东西给我啦，我没牙吃了。唉，以前有牙的时候没东西吃，现在有东西吃时又没牙吃；当年睡得着的时候没时间睡，现在有时间了又睡不着，唉……”每次听到岳母这样说，我都会心酸不已。

未雨绸缪是人类的天性。我只是不忍心看到这种天性反过来控制了我们的人生。广厦千万间，夜眠仅需六尺；家财万贯，日食不过三餐！

我并不是劝大家满足于当下，不去追求更好的生活。恰恰相反，与其费尽心力为未来焦虑，不如好好享受当下拥有的一切；与其不断贪婪地占有各种物质财富以应对未来，不如提升自己的能力和自信心。当你对自己有足够的信心时，不管未来如何改变、发展，你都可以应对自如。

未雨绸缪，聚焦未来，是生存的本能。而立足当下，过好今天，才是生活的智慧。但愿我们都能够活在当下，享受现在！

真正丢人的是，你一直试图逃避

你是不是全能型自恋的人？

你的身边一定有不少这样的人：得知有人一年读100多本书，心生向往，决定从明天就开始读书计划，结果书单还没收集完就失去了耐心；

听到有人说一口流利的英语，两眼放光，结果英语书买了一堆，原声电影下载了无数，最后送人的送人，硬盘放坏也没有打开；

看到有人半年减肥100斤，唏嘘感慨，盯着那些诱人的腹肌人鱼线，决定重拾搁置已久的健身计划，结果咬紧牙关买的跑步机，最后还是落满了灰。

学过几天心理学的人呢，倒为自己的故步自封找了个绝好的借口——我接纳现在的自己。无论理由多么的冠冕堂皇，但他自己知道，那只不过是对自己无能的自我安慰。

可是总有另一些人，不管他们起点如何，但他们却像这几年中国的发展一样，一段时间不见，你仿佛不认识他一样，因为他的种种蜕变让你刮目相看。他们是怎么做到的呢？我认识的一位美女，她的故事堪称典范。

前段时间，我在一个课程中认识了一个女孩，不但人长得非常漂亮，而且拥有模特般的魔鬼身材，近一百人的课堂上，她特别引人注目。通常这样的女孩都是班上的焦点，总会被一群男士围绕。像我这样不爱热闹的性格，本该与这样的美女无缘才对，可偏偏有一天吃饭时她坐在我旁边。就这样，我又多了一位美女朋友。

从聊天中得知她叫小莉，是著名微信公众号“小莉说”的创办人。她几乎活成了很多女性想要成为的样子，不光事业有成，家庭幸福，更难得的是，一位“婚也结了、娃也生了”的女性，还能保持如此完美的身材。这该是多少女人梦寐以求的事情啊！

更让我惊讶的是，从她的文章中我看到了她以前的图片，原来完美的身材并不是天生，她曾经也是一位胖乎乎的胖妞！我问她是怎么做到的，她说健身啊，每天坚持健身就可以了。我问她如何能够坚持。她轻描淡写地说：兴趣吧。

说得多轻巧！我也有健身的习惯，我知道坚持健身是一件多么不容易的事情。先不说健身教练会把你虐得像个苦力，也不说健身需要花掉一大笔钱，在这个快节奏的世界，能坚持每天抽出一两个小时泡在健身房里，就已经十分不易了。以我一个职业心理从业者的敏感，我断定，小莉轻描淡写的几句话背后，一定有故事！我决定把这个故事挖出来，因为她的故事可以改写不少女人后半生的命运。

“有兴趣的人那么多，是什么力量让你坚持下来的呢？”我继续问她。

她陷入了沉思，没有立即回答我这个问题。后来，她专门写了一篇文章来回答我，她把这份力量归为武志红老师发明的一个名词，叫“全能型自恋”。

什么是“全能型自恋”呢？武志红老师认为，每个人在婴儿时期都会觉得，世界该如我所愿。婴儿觉得我是无所不能的，我一动念头，和我完全浑然一体的世界（妈妈或其他养育者）就会按照我的意愿来运转。饿了就要马上吃奶，孤独了就要马上有人抱我。

如果光有这一部分，那么全能自恋也没什么，只不过是一种妄想罢了。但是，全能自恋同时会伴随着可怕的无助感、暴怒与被迫害妄想等。当全能自恋受挫的那一刻，你会体验到自我和整个世界都破碎了，随即陷入似乎无力动弹的无助感中，这种无助感你一点都不想体会，于是立即变得暴怒，转而攻击那个破坏你的全能自恋的人或物。最好是，弄死那个破坏自己全能自恋的人，这样就可以证明，自己对这个人依旧可以为所欲为。

从武志红老师的理论中，我们可以看到，全能型自恋会让人走向偏执、分裂、抑郁甚至自残的末路，但为什么小莉却可以因为全能型自恋变成今天的样子呢?

全能型自恋的人大多是因为在婴儿时期，自我的欲望没有得到父母的充分满足，因为得不到，所以长大后才需要在外界不断索取，试图掌控一切。有这种倾向的人通常会让身边的人苦不堪言。

世上没有绝望的处境，只有对处境绝望的人

小莉在文章中写道，从小父母很少认可和赞美自己，虽然她从小学到高中一直是学霸，常常考第一名，考上的中学也是省重点。到了高一那年，她突然不知道学习的意义到底是什么。每次考试她都铆足了劲往最高的名次冲。因为她要是考了第二名，家人就会问她怎么没能考第一。考了第一，家人又会说她字写得不咋样。总之，父母除了每天在她耳边念叨“高考、高考、高考”外，就只剩下指责、打击，从无鼓励。但高考到底是为了什么？年少的她所拥有的智慧根本无法解答这个问题。当时的她只觉得自己的价值很低，卑微如尘土，不久便抑郁了。

一次偶然的机会，她在健身房里挥汗如雨后，发现自己释放了很多东西。她也发现，虽然自己无法控制外面的世界，但可以控制自己的身材。从此，她的“全能自恋”找到了新的方向，她不再抑郁了，还因此

变得更漂亮。

人生不如意事十有八九，没有谁的人生是一帆风顺的。无论是谁，他总会遇到各种困难，总会有感觉无能为力的时候。唯一不同的是，有人遇到困难后就此放弃，一溃千里，从此退缩成为一名受害者；而像小莉这类人，却把困难变成了激励自己成长、改变的机会。就像你前行道路上的一块石头，有人认为它是绊脚石，而有些人却把它踩在脚下，让它成为自己拾级而上的阶梯。石头只是石头，是绊脚石还是垫脚石？这并不是由石头本身决定，而是由你自己决定。

在小莉的世界里，“全能型自恋”又怎样？既然那么想去控制，与其去控制这个世界、控制身边的人，不如把这份控制力用来掌控自己，于是她的身材被掌控得越来越好，还家庭美满、事业有为。

这个世界上没有绝望的处境，只有对处境绝望的人。“全能型自恋”并不可怕，生病也一样。有人认为疾病是来折磨自己的，一生病就萎靡不振，抱怨上天对自己不公平。有的人则因为生病开始思考生命的意义，开始关注健康、关注心情，后半生反而过得快乐、充实。史铁生虽然身体残疾，但他直面人生，用丰盛的灵魂写出了《我与地坛》，他笔下的生命都是鲜活的、有光彩的。励志演讲家力克·胡哲也是这样，他学会用上帝的眼光看待自己，开始接纳自己没有四肢的事实，并通过努力成为全球著名的励志演说家，还收获了婚姻和家庭。

问题本身不是问题，如何应对才是问题

有人因为生意失败，就一蹶不振，抱怨市场的残酷、指责对手的阴暗，在浑浑噩噩中醉生梦死。但有人却在黑暗中摸索和进取，像褚时健，74 岁携妻种橙，让世上多了一种叫“褚橙”的水果，也让自己再次成为传奇。

也许你也试过减肥但没成功，我知道你有很多理由，诸如自己的体型是遗传的、生活压力大没时间、要带孩子、没有钱……失败者和成功

者都一样聪明，不同的是，失败者用聪明去找借口，而成功者则用聪明去找方法。

小莉能保持好身材不仅是因为天天健身，更重要的是，她能够把所谓的“负面”转化为“正面”。事情本身并没有任何意义，所有的意义都是我们赋予的。就像她在书里说的：“如果过去无法修复，你可以选择重活一次。”

现在的她，最大的魅力不是出众的美貌，也不是她健康的身材，甚至不是她在自媒体上所取得的成就，而是她从未熄灭的对生命和生活美好本质的热忱与追求。

我写下小莉的故事，是想让更多人明白，你现在遇到的所有问题，都是你的资源。全能型自恋不丢人，低自我价值不丢人，你身上的所有缺点也都不丢人，真正丢人的是你一直试图去逃避它。只要你像小莉那样能够从所谓负面的事情中找到其正面意义，你一定能够像破茧的蝴蝶一样，出落得更加美丽动人。

正如美国著名心理学家萨提亚女士说的：“问题本身不是问题，如何应对问题才是问题。”所以，肥胖不是问题，如何面对肥胖才是问题。肥胖，也许是上天给你出的一道考题，如果你能考过这一关，你的人生一定也会像小莉那样，越活越精彩！我也相信，总有一天，你会喜欢镜子里的自己。

你谁都不敢得罪只好得罪你自己了

人际关系其实还包括和自己的关系

管理一个团队需要维护基本的秩序，管理一个微信群也不例外。我曾加过不少微信群，但大多因为疏于管理而变成广告群，我只好退出。很多群主都是一腔热血建群，到了要维护规则时，却拉不下脸，害怕得罪人，最后只能不了了之。

几年前我发愿培养一班新生代实用心理学导师，运作了两个导师微信群，方便导师们互相交流，截至目前已经有超过500人加入。前段时间，其中一位导师在群里发小广告被我请出群，不少导师问我："团长，你不怕得罪他吗？"

我说："我不得罪他，就得罪了群里的其他400多人，包括我自己。"很多人并不明白我表达的意思是什么。在这里，团长想和大家说说得罪人的问题。

我先跟大家分享一个案例。曾经，我们举办了一场千人心理学大会。大会开始前，每个流程环节都要彩排，以保证大会顺利进行。但是，轮到舞蹈队彩排时，领队却不见人影。我找来负责联系舞蹈队的同事询问缘由。他特别为难地对我说："团长，他有事，要中午才能到。"我一听就火大了，下午两点大会开幕，中午才到，如何彩排？我问他为什么不要求对方早点到。他很为难地向我解释，说对方是客户，不好强行要求，怕得罪了他。

"你怕得罪他，就不怕得罪我吗？不怕得罪参加大会的1 000多位来宾、全公司的同事吗？如果因为这个环节出了问题，影响整个大会的开幕，这个责任谁负？"我很生气地反问他。从他那委屈的眼神和无言以对的表情中，我可以看出，他谁都不敢得罪，只好得罪他自己了。

最后我自己打电话给领队，他说马上赶来。其实对方根本就没什么大事，只是我们的同事不敢提出要求而已。

在这个世界上，人际关系的确是一件让人费神的事情。有人认为，面面俱到、处处和谐才是最好的人际关系。真的吗？

人际关系其实包括三个元素：环境、他人和自己。一般人所理解的关系只是和环境的关系及和他人的关系，很少会顾及和自己的关系。

什么叫作和自己的关系呢？少年成名的作家蒋方舟在《奇葩大会》分享自己的经历时说，有个朋友问自己，有没有跟人产生过真实的关系。她疑惑什么是真实的关系。朋友说，你可以跟这个人吵架，可以把自己最不堪的一面暴露给他。

她想了想，说自己没有跟任何人产生过这种真实的关系。她害怕冲突，害怕别人不高兴，一般都会迎合讨好，即使内心不同意别人的看法，也会假意接受，不会表达真实的感受和情绪。

这让我不禁想到另一个才女张爱玲曾说过的一句话："见了他，她变得很低很低，低到尘埃里。但她心里是欢喜的，从尘埃里开出花来。"这句话本用来形容爱情中美好的幻象，但也可以形容我们与他人接触时的一种应对姿态。可惜，大多数人只是放任自己低到尘埃里，却没能开出花来。

讨好了他人，却牺牲了自我价值

家庭治疗大师萨提亚认为，一个人早年生命中与人互动的经验，会形成他之后面对压力的惯性。她把这些不同的应对方式归纳为四种求生存姿态，即指责、超理智、打岔及讨好。

上面我们讨论的案例就是典型的“讨好”。讨好的姿态不是所谓的“谄媚”，而是指一个人经常忽略或强压自己的想法或需求，努力去配合他人，在他的世界里，有他人、有环境，唯独忽略了他自己。

有关“指责”“超理智”和“打岔”的部分，我在《圈层突破》一书中已做详尽的描述，不再赘述。在这里，我们重点讨论“讨好”这种姿态。一个习惯用讨好应对姿态的人，在小时候就是一个乖宝宝、模范生；长大后受朋友欢迎，为人温和、善良、包容、不计较、好相处等，是大家眼中的“老好人”。

如果孩子知道，表现得乖巧、懂事就会被父母喜欢，那孩子很可能就会刻意去表现得特别乖巧懂事，以此来讨好父母，获得父母更多的爱。工作中，很多人也会为了获得更高的收入、谋得更高的职位，而不断讨好公司的领导。然而当我们过度用讨好的方式与人相处时，必然长期牺牲自己的需求，也失去对自我的信心。因为这样的讨好是以牺牲自我价值为代价的，它否定人的自尊，并传递给人们这样的信息：我是不重要的。

讨好他人的时候，人们的内心独白往往是：

我不值得一提，我不值得被爱；

我不能冒犯别人；

全是我的错；

……

萨提亚女士独创了一种叫作“雕塑”的方法，她通过夸张的躯体姿势来让人们切实感受到自己的内在。典型的讨好姿态是：单膝跪地，向上伸出一只手，另一只手则紧紧捂住胸口。如下图所示：

看到这样的姿势，也许你会心里一紧，觉得很不舒服。虽然我们在日常生活中不太可能会跪下来请求别人，但内在的自己却一直都这样跪地不起。这样的代价是：第一，无法获得他人的尊重，甚至会招致别人的轻视或厌弃。第二，不断压抑自己的愤怒，当人们的愤怒不能指向外界时，便会指向自身，容易患上肠胃疾病、溃疡、腹泻、便秘和呕吐等。严重的甚至会引发抑郁情绪，或导致自杀。

你不愿意得罪眼前人，很可能正在得罪更多的人

如果你觉察到自己有这样的模式，该怎么办呢？前文说过，人与人的关系包括三个元素：他人、环境及自己。在关系中，这三者缺一不可。如果能同时照顾到这三方的需求和感受，萨提亚女士称为“一致性”。

讨好的模式就是在与他人互动时，只关注到了他人和环境两个因素，却忽略了自己。所以，只要能够把“自己”放回到应有的位置，同时看到经常被自己忽略的自我的需求，并合适地表达出来，就可以让自己跳出这个模式，走向你好、我好、大家好的“一致性”整体平衡。

以舞蹈彩排的事件为例，当舞蹈团领队拒绝同事的彩排要求时，我的同事忽略了自己的需求，满足了领队的需求，这就是典型的讨好。如

果当时他能够大胆地跟领队说：“我知道你可能有重要的事情无法在上午过来彩排（关注到对方），只是这场大会对我们很重要，我们一年才办一次，并且有 1 000 多人参加。任何闪失都会影响我们公司的形象，那样的话老板会批评我没做好，我也无法面对全公司的小伙伴（关注自己）。你能否把你的事情做些调整，优先我们这边的彩排（关注环境，提出解决方案）？”

也就是说，当你在与人相处时，能够照顾到别人的需求和感受，同时又能照顾到自己的需求和感受，且符合当时的环境范畴，这就是我们常说的动之以情，晓之以理。既满足了自我的需求，又能与他人及环境和平共处，这样有效地沟通，又何须得罪谁呢？

萨提亚强调，人有着固定的生命力。我们的自我有没有价值，我们能否感觉到生存的意义，我们的内心是否平静、和谐以及喜乐，这一切，我们的内心是知道的，并且能感受得到。如果我们为了讨好他人而压抑自己，付出的可能是生命力的代价。

而且，讨好只能让你获得表面的和谐以及短暂的利益，你不愿意得罪眼前人，很可能正在得罪更多的人，包括那些重要的人，还有你自己。当你能够把视野扩大一点，不单只看到眼前人，还能看到其他利益相关者，同时把时间的焦点由现在扩展到未来时，我想，你自然会找到一个你好、我好、大家好的处事方式。

你把多少精力浪费在证明自己上

你能证明自己是正常人吗？

面试了一个编辑，小姑娘文章写得不错，挺有才华。可是当我纠正她文章中两个混淆的概念时，她突然接受不了我的指正，情绪很激动，拼命地证明她才是对的。她把文章的观点和自己等同了起来，认为我不同意她的观点，就是不尊重她。年纪虽小脾气倒不小，为了证明自己，一直跟我犟个不停，让我哭笑不得。

这让我想起了一个近乎荒诞的故事：一个负责搭载精神病人的司机因为疏忽，导致 3 名患者中途走丢了。为了不丢掉工作，他把车开到一个巴士站，谎称可以免费搭车，然后把 3 个精神正常的乘客假装成患者送进了医院。后来，这 3 个人通过自己的努力，成功地走出了精神病院。

一个叫格雷·贝克的记者很想了解他们是怎么做到的，于是去采访了这 3 个“病人”。记者问：“当你被关进精神病院时，你是怎么证明自己不是精神病人的呢？”

以下是 3 人不同的回答：

甲：“我对医生说：‘地球是圆的’，这句话是真理。我想，讲真理的人总不会被当成是精神病吧！”

记者：“最后你成功了吗？”

甲：“没有。当我第 14 次说这句话的时候，护理人员就在我屁股上注射了一针。”

乙：“我告诉他们我是社会学家。我说我知道美国前总统是克林顿，英国前首相是布莱尔。当我说到南太平洋各岛国领袖的名字时，他们就给我打了一针。我就再也不敢讲下去了！”

记者：“那你们后来是怎么走出精神病院的？”

乙：“丙把我们救出去的。他进来之后，什么话也不说。该吃饭的时候吃饭，该睡觉的时候睡觉。当医护人员给他刮脸的时候，他会说‘谢谢’。第 28 天的时候，他们就让他出院了。”

格雷·贝克后来感慨道：一个正常人想证明自己正常，是非常困难的。也许只有不试图去证明的人，才称得上是一个正常人。

我非常同意格雷·贝克这句话。可是人们为什么总是花时间去证明自己呢？有些人因为别人的一点小误会，就觉得委屈、无助；有些人因为别人说话的语气重一点，就觉得自己受到了侮辱，立马像浑身长刺的刺猬一样，展开攻击；有些人受不得批评，无法面对不同的意见，一旦有人纠正自己的某个错误，就精神崩溃，仿佛天塌了下来……于是拼命地去证明自己，仿佛不这样做，自己就彻底被人看不起，彻底没有了价值。不管是向外攻击还是内心委屈伤心，都是因为别人的某个行为给自己造成了伤害，他们把别人的行为解读成“你看不起我”“这是专门针对我的”“你伤害了我”“你不理解我”“你不喜欢我”…… 这类人仿佛把自己人生的遥控器交给了别人，任由别人的行动来决定自己的情绪和反应，别人的一言一行都在影响着他们那脆弱的神经。

我曾经就是这样的人。我出生在一个贫困的农村家庭，大学那几年，我基本是靠奖学金和勤工俭学挣来的那点钱度过。因为穷，有很多场景至今难以忘记。印象最深刻的是每次吃饭，我的钱只够买一勺水煮黄豆下饭。我周围的同学基本都是有钱人家的孩子，他们看到我饭碗里那可怜巴巴的黄豆，都会主动买上排骨、鸡肉等好菜送到我面前。对于一个难得吃到肉的孩子来说，有人送你一碟肉那本该是一件让人兴奋的事，可对当时的我来说，只有被侮辱的感觉。为了躲避这种尴尬，我要么提前跷课去吃饭，要么等同学们吃完我再去。

因为经历过，所以我知道那种生活的苦。但苦并不仅仅是因为物质上的贫穷，更重要的是内心的匮乏。因为内在匮乏导致的脆弱，让自己时时处处活在别人的眼光中，别人的一言一行都会影响到自己的情绪。庆幸的是，我有缘走进了心理学的世界，让自己能够得以疗愈并从中走出来。

你的价值并不取决于别人的评价

为什么我们的心会如此脆弱？为什么我们会这么在乎外界对自己的看法和评价呢？过度在意别人的看法是自我价值感低的表现。“自我价值”是一个心理学的名词，顾名思义，是一种主观的、源于自己内心的感觉和自我评价，是对自我价值的主观评判。

举个例子，当你花了 6 000 多元钱买了一部刚出的苹果手机，而你的朋友因为没见过这个新款，他们都认为你买的手机是假的、山寨的，它最多只值几百元钱，听到他们如此诋毁你的新手机，你会生气吗？不会，因为你内心非常确信新手机的价值！

试想一下，如果你看上了一件古董，倾尽身家花了近百万买了下来，但你不敢确定它是不是真的。这个时候，你就会十分在意别人，特别是那些权威人士对这件古董的评价，他们的一句否定也许就会让你寝食难安。为什么会这样？因为你对它的价值没底，所以这件古董的价值就只能通过别人的评价来衡量了。

物品如此，人亦然。如果你对自己的价值有十分确定的认知，你清楚地知道自己的价值时，你是不会在乎别人对你的评价的。对于别人的误会、纠错，甚至批评，你会虚心接受有价值的部分；对于别人有意或无意的冒犯、攻击，你会一笑置之，因为你的价值并不取决于别人的评价。

相反，那些任由自己的情绪完全受控于外人或外在的环境，拼命去证明自己的人，是因为他们并不确定自己的内在价值，所以才需要去证明。试想一下：李嘉诚先生需要证明自己有钱吗？比尔·盖茨需要证明自己是慈善家吗？佛陀需要证明自己有智慧吗……

就像你是男人，就无须去证明自己是男人。也就是说，当你确认你自己是什么时，你根本不用也不会花时间和精力去证明。只有你不是，或者你不太确定是的时候，你才会努力去证明。只是这种证明的效果大多数时候会适得其反，根本就是在浪费时间和精力。

父母直接影响了孩子自我价值的形成

前面故事中那3位被迫成为精神病患者的正常人，他们的故事告诉我们，证明自己的最好方式就是不去证明。与其花时间和精力去证明自己，我们为何不把时间用在提升自己的价值上？如果我们确定自己是有价值的，又何必在乎别人的评价？

那我们该如何提升自我价值呢？自我价值的建立通常取决于小时候父母的教育方式及周围的成长环境，包括学校的教育理念和社会文化等因素的综合影响。一个生命呱呱坠地来到这个崭新的世界，他对自己价值的评价一开始只能源于他身边的重要他人，而父母在他心目中是最重要的存在，所以父母的教育方式会直接影响孩子自我价值的形成。

通常情况下，以下3个方面对孩子的自我价值形成影响较大：

1．父母无条件的爱与接纳。当一个孩子在成长的过程中能感受到，无论我怎样表现，他们都会爱我，孩子的内心就会形成“我是有价值的，我是值得被爱的”这样一种信念，这是自我价值形成的基石。

2．在情绪上得到足够关注。孩子在还没学会言语表达之前，是用情绪来表达的。当他的情绪没得到充分的关注，他就会认为“我不够好，我是不值得别人关注的，我是没有价值的”。

3．父母习惯于通过孩子所做的事情来衡量孩子的价值。绝大多数没学过心理学的父母都会犯这样的错误，就是当孩子有好的表现时，就给予肯定、表扬或物质上的奖励；而当孩子遇到挫折或失败时，父母就会全盘否定孩子，这样孩子的潜意识就会认为，“我的价值取决于我所做的事，当我暂时不能做成某些有价值的事情时，我就毫无价值”。

自我价值基本上来自成长过程中的重要他人，是一种主观的感受。当我们明白了这一点后，提升自我价值就有路可走了。既然它是主观的，那我们今天已经成年了，难道自己有多大的价值还需要由父母决定吗？当一个人意识到并敢于承认自我价值不足时，他便开始了提升之路。当然，仅仅在意识层面认识到是不够的，因为真正的改变都是潜意识的改变。只有在深层的潜意识中改变对自己的评价，我们才能真正从低自我价值中走出来。

心理学研究发现，要进入潜意识必须穿越有意识的防卫。进入潜意识的方法很多，接受催眠是最简单的方法之一，如果条件允许，找一位专业人士做个案；或者走进心理学的课堂，请治疗师或课程导师帮你在潜意识层面进行疗愈。

如果你暂时还没有条件找专业人士进行疗愈，也不用担心，只要你真的有意愿，也可以自行进入潜意识做些努力。方法很简单，一个人在情绪状态时，他的意识和理性就会放松，这个时候是给潜意识下指令的最佳时机。用你能做到的最好方法给自己设定一个提醒，当自己快乐时、感动时、悲伤时、委屈时、感到无力时……给自己一个肯定、一分关心、一个拥抱，让自己成为自己的“父母”，给“内在小孩”补回当年缺失的爱！这是一个非常有效的方法，可惜的是，生活中有很多人宁愿用一生的时间去抱怨命运不公，也不愿为自己的人生做一点点努力。

几乎一切人生的问题都源于过低的自我价值。希望通过我个人经历的分享，能让有缘人告别那颗无处安放的玻璃心，拿回自己人生的主导权，勇敢地面对生活，淡定从容、坦然无惧地过好这一生。

你成为什么样的人，才会拥有什么样的成就

财富和权力能决定一个人的层次吗？

来上我《教练式管理》课程的学员，基本上都是有钱人，其中有位李老板，风光无限，身家不菲。这样的大老板通常是很多人崇拜的偶像。可是他私下约我做教练个案时，我才知道他其实过得并不快乐。

李先生的生意做得挺大，但早已没了当初创业时的激情。虽然现在拥有的财富好几辈子都用不完，却还是不得不努力工作，完全无法让自己“停”下来。应酬、谈判、出差，每天的日程都塞得满满的。家里房子虽大，却没几天住家里。他说，有时候想想都不知道这么辛苦究竟是为了什么。

看着他眉头紧锁，我大概知道他的内心深处有一个永远都填不满的洞。于是问他：“你这么拼命，是想证明给谁看呢？”

一开始，他说是要证明给太太看。可即使自己已经从穷小子变成了大富豪，太太及她娘家的人好像依然看不起他，因为太太娘家是书香门第，总觉得他一个生意人没文化。谈到这些，这位身家不菲的老板竟然流下了委屈的泪水。

委屈也是一种模式，往往是童年时就形成的。于是我用完型的手法把他带回到过去，原来，当他还是小男孩时，父母忙于生计，把他送到了爷爷奶奶家。他总觉得是自己不够好，父母不要他了，所以从小他就是孩子中最争气的一个。可不管他如何努力，都得不到父母的肯定。

李先生说，以前以为自己努力打拼取得成功后，这一切都不是问题。可是现在一切都有了，企业也做大了，在外面是挺风光的，他心里的那个洞却依然无法填满。更让他焦虑的是，他知道他的企业不可能一直发展顺利，万一哪天他的企业经营不善倒闭了，他就真的什么都没有了。这就是李先生一直疲于奔命的原因。

前段时间，我参加了一个心理联盟会议，参会者都是心理界比较成功的企业家。谈论起心理学在中国的发展，从最初的不被理解到现在的渐渐被接纳，大家无不感慨。在场的大多是在心理界奋斗了一二十年的资深心理人，都是踏着大风大浪走过来的，在谈到心理市场的拓展时，依旧会觉得很不容易。不过，我留意到，就算他们在谈论挫折和困难时，脸上都会洋溢着一种骄傲和自豪的神态。

为什么有些人在困难面前依然能保持激情，充满斗志，信心满满，而有的人就算身居高位，富甲一方，却依旧焦虑紧张，疲于奔命，毫无快乐可言？财富和权力真的能决定一个人的层次吗？如果不能，究竟是什么决定了一个人的层次？

改变生命的层次，有时候一句话足矣

我们再来看一个小故事。米尔顿·艾瑞克森是美国著名心理治疗师。一次，他到美国中南部的一个小城讲学时，一位同伴向他求助说：“我的姑母独自居住在一间老屋，无亲无故，她患有严重的抑郁症，人又死板，不肯改变生活方式，你看有没有办法令她改变？”艾瑞克森来到同伴的姑母家探访时发现，这位女士比同伴形容的更为孤单，一个人关在暗沉沉的百年老屋里，不见阳光，周围也找不到一丝生气。艾瑞克森请老人家带他参观一下她的房子。

他真的想参观老屋吗？当然不是，他是在找一样东西，找寻一样有生命气息的东西。终于，在一间房间的窗台上，他找到几盆小小的非洲紫罗兰——屋内唯一有活力的几盆植物。姑母说：“我没有事做，就是喜欢打理这几盆小花。”艾瑞克森说：“好极了！你的花这么美丽，一定会让人心生喜悦。如果你的邻居、朋友能收到这么漂亮的礼物，他们该有多高兴啊！”

从此之后，姑母开始大量种植非洲紫罗兰，城内几乎每个人都收到过她的礼物。与此同时，她的生活也因此大有改变，一度孤独无依的姑母，变成市里最受欢迎的人。她去世时，当地报纸头条报道称：全市痛失一位“非洲紫罗兰皇后”。几乎全城人都去为她送葬，以感谢她生前的慷慨。

艾瑞克森的一次探访和对话，改写了这位老太太的后半生。其实，改变生命的层次，并不需要太多的财富与权力，有时候一句话足矣。一句话可以打开一扇窗，可以转换一种人生的动力，也可以让一个人换一种活法。

内心富足的人必然是快乐的、平和的、幸福的

人生有两股巨大的力量，一股是恐惧，另一股是爱。驱动我们往前走的，大多数是恐惧的力量。人们总是会根据你拥有的去评判你的人生，你有多高的成就，就有多大的价值。我们的父母也不例外，当你还没达到他们的期望时，他们会认为你不够好，比如你明明很努力地考到了第二名，父母还是会质问你：“为什么不是第一名？”在这样的恐惧驱使下，为了证明自己的价值，我们不得不拼命去争取更大的成功。就算你拥有的已经足够多了，你也总觉得还不够，就像后面有一只猛虎在追赶一样，完全停不下来。

要肯定的是，这种恐惧的动力是强大的，它会驱使你不断走向成功。

就像你要突破世界短跑第一人博尔特的短跑纪录，或许有两个方法：一是给你更多奖金让你获得更多利益；二是在你身后放一只老虎，让恐惧激发你更大的潜能。哪种力量能让你更有可能破纪录呢？无疑是第二种，大多数人都是被这种恐惧的动力所驱使而获得成功的。

可是，当一个人因为恐惧而奋力向前奔跑的时候，即使最终成功了，这种成功会让人感到快乐吗？内心充满恐惧而获得成功无疑是痛苦的，无论你获得了多少，都会觉得不够，仿佛内心有一个无底洞，永远都填不满。

李先生就是这样，为了证明自己的价值，恐惧激发了他无限的动力，让他拥有了庞大的资产，可惜无论他拥有多少，他内心的焦虑和恐惧都不会感少。这样的人，无论他拥有多少权力和财富，我都不会认为他们能抵达人生的较高层次。

并非每次奔跑都要像被老虎追赶那样，把自己吓得魂飞魄散。有一种奔跑，既充满激情又能愉悦心情，这就是为爱奔跑。有一种人从来就不需要去证明自己的价值，就像树不用奋力生长去证明自己是一棵树一样。

“非洲紫罗兰皇后”因为艾瑞克森的一句话，激发了她内在很重要的一个动力——我们能够为别人去做点什么。当一个人愿意为别人提供力所能及的帮助时，他的内心就会拥有一种更强的力量，这就是爱的力量。这种力量能充分体现一个人的价值，让人充满成就感。这就是心理学家马斯洛需求层次里的最高层次——自我实现。这种动力不是源于外在的逼迫，而是发自内心深处，由内而外迸发的一种动力。只有内心富足的人，才乐意为他人奉献自己。反之，当一个人开始为别人着想时，他的内心会逐渐丰盈、富足，因为帮助别人时内心升起的价值感会慢慢疗愈其内心的匮乏。当一个人内心富足时，爱的动力就会源源不绝，取之不尽，用之不竭。更重要的是，内心富足的人必然是快乐的、平和的、幸福的，他的人生无疑已经进入了更高的层次。

如何才能让自己的人生上升到更高的层次？我分享给大家两个对我帮助最大的方法。

1. 目中有人

心理学带给我最大的改变，就是我学会了把焦点从事转移到人身上。要知道，通过你做的事情去证明你生而为人的价值，这是一条心怀恐惧不停奔跑的不归路。自从我开始把焦点从事转移到人身上，懂得从内在改变，疗愈内心的匮乏后，我的生命发生了一系列改变。内心从恐惧转为平和，我的内在逐渐变得富足，外在也跟着发生了改变。虽然我现在的层次还很低，但我自己知道，现在比以前实在好太多了。

2. 心中有爱

我们对身边人付出爱，有可能让这个世界变成天堂。像“非洲紫罗兰皇后”那样，当我们开始关注他人的需求，主动去分享爱、去给予帮助时，我们的内心是平和的、富足的、充满喜悦的。更重要的是，当你心中有爱时，你的内在会拥有源源不断的动力。

这两个方法其实互为因果，是一体的两面。当我们的内心是富足的，我们就有动力去帮助别人；当我们内心匮乏时，如果我们懂得去分享爱、去给予帮助，我们的自我价值就会被唤醒，我们的生命也会因此而得到滋养。

所以，你究竟是因为恐惧而奔跑？还是为爱而奔跑？这两种不同的动力决定了不同的人生。当你愿意选择用爱的动力去替代原来恐惧的力量，人生会因此变得更加美好。

“非洲紫罗兰皇后”后半生的改变，是因为艾瑞克森唤醒了她爱的动力。同样，那些在困难面前依然泰然自若、不惧不慌的人，他们的内在是完整的、富足的。即使遇到困难，他们内心也依旧充满力量感和幸福感，驱动他们不断前行的是一股爱的力量。

所以，并不是你拥有什么才成为什么样的人，而是你成为什么样的人才会拥有什么样的成就。前半生，我们带着恐惧而奔跑，是因为我们要为了生存而努力；如今，我们可以选择唤醒爱的力量，就算这股力量没有恐惧的力量那样迅猛，但至少，在人生旅途的前行过程中，我们是幸福的。

大多数人的苦都是心理上的苦，都是因为内心深处的创伤未被疗愈、内在的匮乏未得到满足。李先生是幸运的，因为他选择了心理学。在教练个案中，我用了跟艾瑞克森类似的方法。我问他："除了用事业、财富这些有形的东西证明自己的价值之外，你还可以为你的太太、父母乃至整个社会做点什么？让他们的生活因你而变得更加美好？"我能做的仅仅只是转换他的内在动力，但这一转换，足以改写他的后半生。

人生的层次不仅仅取决于我们外在的成就，更多地取决于我们内在的状态。只有由内而外富足的人生，才是高层次的人生。

困难将照亮你前进的人生路

面对困难最好的方法不一定是解决困难

人生路上难免遇到困难，在当下那一刻看来，种种情境实在让人困窘不堪，可是如果从未来的角度回看那些曾经的困难，你也许会感谢命运的安排，因为正是这些困难给你的人生增添了别样的精彩。为什么这样说？

我是一个出生在农村的孩子，那个年代跳出农门的唯一途径就是上学。当时，我所在的小镇师资能力非常有限，没有英文老师，所以我们初中 3 年都无法学英文。因此，大家唯一的出路就是上师范学校了，因为师范学校不用考英文。

那时候，我的成绩一直在班上稳居前两名。老师、同学，还有我自己，都认为我一定会考上师范学校的。但是等到中考成绩放榜，我却一下子蒙了：全班有 5 位同学考上了师范学校，那里面没有我！

唯一的希望破灭了！我还记得那一刻的感觉：冷汗一下子从所有的毛孔冲出来，身体不受控制地颤抖，好像天塌了地陷了，心脏都缩成了一团。

之后，因为年纪太小，家里人还是决定让我继续上高中。但对于一个没有学过英文的初中生，即使上了高中，将来要怎么考大学？现在看来，我当时没有考上师范。假如我如愿以偿地上了师范学校也并非坏事，现在的我可能就是农村某所小学的一名老师。我并不是说小学老师不好，但那样的话，我肯定就不会像今天这样，有机会走进大都市，甚至到世界各地去拓宽视野。

面对苦难，有的人选择放弃，放弃勇气、爱情，甚至是生命；有的人则选择面对，选择承担，选择穿越……不同的选择会有不同的结果，对每个人来说，现在的人生就是过去所有选择的结果。

面对困难，我们该如何选择呢？我们先来看一个小故事。

从前，有两个穷秀才结伴进京赶考。大家知道，那时候可没有汽车、火车这样的交通工具，富家公子可以骑马或坐马车，穷秀才就只能一步一步走到京城了。

走着走着，两位秀才发现前面横着一条河。对，他们遇到困难了，要解决这个困难，他们的第一反应是找船。于是，两个秀才约定，分别到上游和下游去找船，谁先找到船就回到原地等另外一个人。

甲秀才负责到下游去找。他来到一个村子，问村民哪里有船。村民告诉他，村里没有船。甲秀才心想，遇到困难就要解决困难，既然没有船，就要找会造船的人。

于是他接着问村民，这附近有没有会造船的人。

村民告诉他，隔壁村的李木匠会造船。秀才在村民的指引下，找到了李木匠，问他可不可以帮自己造一条船？李木匠告诉秀才，造船可以，但手头没有造船的木材。

你看，甲秀才解决问题的时候，新的困难出现了。秀才便问，哪里有木材啊？木匠告诉他，离这里八里地有一个村子，那里盛产木材。于是，秀才急匆匆又走了八里路，找到那个村，买了很多好木材。但这时候又一个问题出现了：怎么把木材运到李木匠家呢？

可以想见，当他把木材运到木匠家，等船造好，可能已经过去十几天，甚至一个月了。

再说往上游去找船的乙秀才，他也遇到了村民，并问出了同样的问题："哪里有船？"

村民的回答一模一样："我们这里没有船。"

但乙秀才接着问出了不一样的问题："没有船，那你们是怎么过河的啊？"你看，他的焦点不在找船上，而是导向效果的——如何过河。

村民回答说："这条河并不深，只要你往上游再走两里路，就能蹚水过河啦！我们过河都是从上游蹚过去的。"

问题就这样解决了，乙秀才找到了过河的方法，他回到原地等他的好朋友。自然，他是等不到甲秀才的。甲秀才在哪里呢？他可能在李木匠家，也可能在买木材的路上。可以肯定的是，他正在解决一个又一个问题。眼看天色已晚，一直等不来同伴的乙秀才只好独自过河进京赶考去了。而甲秀才呢，他终于解决了所有的困难，过了河，却错过了考试。

从这个故事中，我们清楚地看到了应对困难的两种路径：一、解决困难；二、寻找别的方法。

其实，有些困难根本无须解决，如果我们成长了，能力提升了，原来挡在前面的困难将不再是困难。

打个比方，对一年级的小学生来说，"34–12"是一个难题，但当这个孩子上三年级了，这个题目对他而言就根本不在话下了。"34–12"这个题从来没有改变，但是因为做题人的能力提升了，原来的困难就不再是困难。

可见，面对困难最好的方法不一定是解决困难。我们可以先问自己，我想要达到的效果是什么。当我们清楚了想要达成什么样的效果，再去学习达成这个效果需要的能力，能力提升了，原来的困难自然迎刃而解。所以，我们要的是达到效果而不是解决困难。

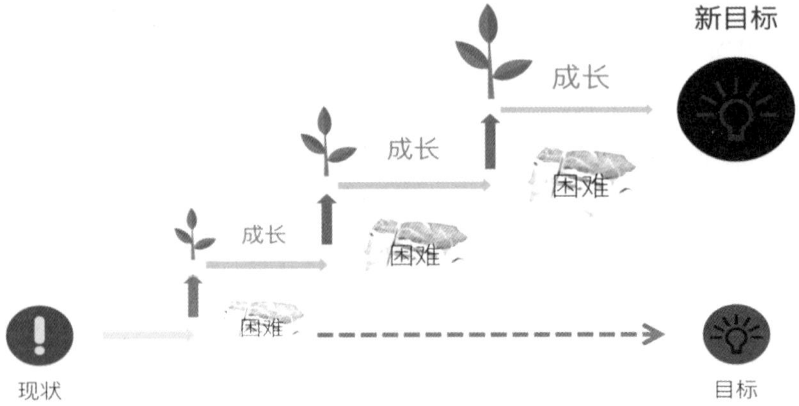

上面这张图也清晰地告诉了我们，原来所设定的目标仅仅是个小目标，如果我们在遇到困难时不断提升自己，那么一路走下来，我们就会实现更大的目标。

是绊脚石还是垫脚石，是由你决定的

对一般人来说，遇到困难时，通常的反应是解决困难。但是，当我们聚焦于解决困难的时候，往往会发现，困难越来越多。而当你成长了，有了更多的能力、更多的资源，原来的困难也就不再是困难了。这就好像你走在路上，如果你的脚抬得不够高，路上的某块石头可能就会绊倒你。但是，当你高高地抬起脚来，把石头踩在脚下，那这块石头不仅不是绊脚石，还会成为你的垫脚石。当更多的石头被你踩在脚下，它们就会垒成一个又一个台阶。当你踏着这些台阶不断往前走的时候，你的人生将越走越高。

所以你人生中遇到的困难，究竟是绊脚石还是垫脚石，不由石头决定，而是由你自己决定。人生犹如登高峰，困难犹如垫脚石。如果你选择走一条成长之路，你遇到的所有困难就是人生中的垫脚石，并累积成你通往成功的阶梯。

大自然中的进化就是这样的。人类之所以能从爬行动物进化为直立的高智商动物，就是因为在人类发展中遇到的一个又一个困难，触发了人类的智慧，让人类变得越来越聪明，走向一个又一个新的高度。因为困难，我们人类才得以进化和发展。从历史长河来看，对人类来说，困难就是大自然赐予我们的礼物，是大自然让我们成长、进化的一种方式。对个人来说也是如此，我们遇到的每一个困难，都是让生命变得更好的阶梯。

那么，遇到困难的时候，我们应该怎样把绊脚石变成垫脚石，把困难转化成成长的阶梯呢？

首先，我们要重新定义“困难”。当我们把困难当作困难，当作需要解决的问题时，心里就会感到沮丧，就会有无力感。而当你用“挑战”来替换“困难”或者“问题”时，你就会充满斗志，就会拥有力量。

其次，把焦点从困难转移到效果上，问自己“我真正要的是什么”。遇到困难的时候，避免精力消耗在“困难”本身，把精力聚焦于目标上。比如乙秀才，他没有如甲秀才那样聚焦在“解决问题”上，因为他一直很清楚，过河才是目标，进京考试才是目标。

意之所在，能量随来。你的焦点在哪里，你的精力就在哪里，你的人生就在哪里。如果你习惯于聚焦困难，那你的人生当然困难重重；如果你聚集于效果，那一定硕果累累。

困难不可怕，可怕的是困难遮蔽了希望

遇到困难时，当你选择把它转化为自我提高的挑战，让每一次挑战来打磨你、触发你能力的提升，你会遇见更美好的自己，你的人生自然会越过越好。就算是眼下一帆风顺，你也可以刻意为自己发起一些挑战。因为，没有挑战的人生是平庸的人生。

教练最善于做这样的事情。每当你练得筋疲力尽的时候，教练都会鼓励你继续自我挑战：再来一次！在一次次的挑战下，你的身体机能一次次展现你意想不到的潜能。人生也是一样，遇到任何困难，请你记住，

这是生命给你的一个挑战。只要你挑战成功，意想不到的惊喜将会出现在生命的拐角处。

如果你暂时没有得到自己想要的，那你可能会得到更好的，前提是你选择成长，而不是退缩，不是逃避。正如印度哲学家泰戈尔所说："你今天受的苦，吃的亏，担的责，扛的罪，忍的痛，到最后都会变成光，照亮你的路。"因此，我想对那些落榜的孩子和正在遭遇困难的朋友们说，暂时的困难并不可怕，可怕的是放弃，是困难遮蔽了所有的希望。

省钱不会变得更有钱，吝啬爱也不会让你得到爱

为什么富者越富，贫者越贫？

有的人似乎轻轻松松就能获得高薪，婚姻美满；而有的人忙忙碌碌，苦苦挣扎却所得甚少。当然，这跟社会制度以及资源分配等客观原因有关。在这里，我想和大家探讨的是，心理学方面的因素。

经济学有一个著名的原理叫“马太效应”（Matthew Effect），它指强者愈强、弱者愈弱的现象。原理的名字来自《圣经·新约·马太福音》里的一则寓言：从前，一个国王要出门远行。临行前，他交给三个仆人每人一锭银子，吩咐道：“你们拿去做生意，等我回来时，再来见我。”国王回来时，第一个仆人说：“主人，你交给我的一锭银子，我赚回了十锭。”国王奖励了他 10 座城邑。第二个仆人说：“主人，你给我的一锭银子，我赚了五锭。”国王奖励了他 5 座城邑。第三个仆人报告说：“主人，你给我的一锭银子，我怕丢失，一直包在手帕里没拿出来。”这一回，国王将第三个仆人的一锭银子赏给了第一个仆人，并说道：“凡是少的，就连他所有的，也要夺过来。凡是多的，还要给他，叫他多多益善。”

这个故事听起来很残酷，但反映的是社会上的普遍现象。

心理学还有一句话叫“意之所在，能量随来”。就是说，一个人的焦点在哪里，他的注意力就在哪里；他的精力在哪里，他的收获就在哪里，人生也就在哪里。

就像电脑里的文件夹，你会把与文件夹名字相符的内容放进去。如果你把文件夹命名为“没用”，收集的一定是些没用的东西。相反，如果你建了一个名为“有用”的文件夹，你自然会收集对你有用的内容。

很多女士都会有这样的经验：怀孕时，发现周围好多孕妇。其实并不是当时怀孕的人特别多，只是因为你怀孕，所以会特别关注那些怀孕的女士而已。

你专注什么，就会得到什么。心理学研究发现，当你避免某种选择发生时，其实也是一种专注。比如，我跟你说，“请你不要想白猫”。你想到了什么？没错，是一只白猫。这就是为什么很多人越害怕失败就越失败的原因，你的焦点在哪里，你的精力就会在哪里，你的人生也就在哪里。一个成功的商人自然会发现赚钱的商机；而一个闹离婚的男人，他眼中的伴侣自然一无是处、面目可憎。

“马太福音”故事中的第三个仆人看起来是在用心保护财富，其实他聚焦的正是“害怕失去”的负能量。当他的焦点放在“失去”时，他自然会失去。尼采说：“当你在凝视深渊的时候，深渊也在凝视你。”我想，这也是为什么人们常常活成自己最讨厌的样子的原因吧。

怎样才能让生活变得富足、美好？

想要得到更多，最好是把焦点放在我们的渴求上。可是，进化心理学告诉我们，聚焦于负面是人类的本能。在丛林社会，那些把焦点放在危险和不足的人，更容易存活下来。因为当我们聚焦于危险和不足时，神经自然紧绷，会对周围保持高度警觉，这样更有利于我们发现并避开危险，让自己得以幸存。人类之所以能延绵不息，正是因为我们的基因里进化出了这样的程序。可是，今天的我们早走出了丛林年代，原来帮助我们度过一次次危险的“程序”，已经成了当下生活的障碍。

生存，聚焦于危险和不足，会让人紧张、焦虑；生活，聚焦于当下和拥有，会让人轻松、愉悦。如何才能让生活变得更美好？显然，我们要从求生存的状态中走出来，慢慢学会生活。

经过数百万年的进化，人类的大脑变得越来越聪明、社会进步越来越快。可是，我们生活的社会还处于资源不足的状态。要获得更多，就必须与他人竞争，必须变得更快、更高、更强。然而激烈竞争通常只会激化矛盾，加重焦虑。看看历史上的每一次战争，我们就会清楚这种竞争的代价有多惨重。

既然求生存的智力无法让我们获得更多、生活得更好，那怎么办呢？从意识入手。

面对同一个时代，有人认为这是最好的时代，有人认为这是最坏的时代；面对同一个人，有人会感叹：“她看着你一笑，你只觉人生如花开正盛，如此美妙。”但有人会觉得：“跟这样的人相处，简直糟糕透顶。”天堂地狱一念之间，这一念无关智力与对错，只关乎个人的感觉与意识。智力助我们得以生存，而意识能提升我们感受生活的能力。有时候你无须优化智力，甚至无须升级技能，只需转换一下意识，就可以让自己拥有更多，无论是物质上的，还是精神上的。

懂得感恩，你的人生将收获惊喜

怎样转换意识呢？有两种方法。

一是感恩。感恩是最好的意识转换方法。当你开始感谢你已拥有的，而不是抱怨没有得到的时，你的焦点就会在那一刻发生转移，无意识中，你就关闭了“无用”的文件夹，打开了一个“有用”的文件夹。以感恩的心态看待世间万物，你不仅能看到人间的真善美，还会吸引到更多愿意帮助你的人、助你成长的机会，你得到的自然会越来越多。相反，当你抱怨时，你原本拥有的也会失去。刘先生的哥哥就是一个很好的例子。

试问，有多少人愿意继续去帮助那些抱怨自己的人呢？你时时抱怨，身边人都远离了你，财富和机会又要如何接近你呢？

二是建立种子意识。让拥有的变成“种子”，如此才能生生不息。省钱不会让你变得更有钱，吝啬爱也不会让你得到爱。只有把钱变成“种子”，把爱传出去，我们才能获得更多。因为只有钱才能生钱，爱才能引发爱。这也是“马太效应”中主人为什么会给第一位仆人更多的原因，因为他能够让财富变成“种子”，长出更多的财富。

这些年，我和我的很多学员通过心理学的学习转换了内在意识，从抱怨转变为感恩，外在生活也随之发生了改变，人生日渐幸福丰盛。

允许世界的不同，才能看到不同的世界

迈上人生的更高层次，就必须打破你固化的圈子

人与人是互相影响的，你跟什么样的人在一起，你也会成为什么样的人；跟你在一起的人能做什么事，你也能做什么事，至少可能性会大很多，这是毋庸置疑的事情。我写过一本书叫《圈层突破》，说的是如果你想获得不一样的人生，迈上人生的更高层次，就必须打破你固化的圈子。

可是，圈层突破谈何容易？英国导演迈克尔・艾普特拍了一部叫《56UP》的纪录片，随机选择了 14 个不同阶层的孩子，从 7 岁开始，一直追踪到 56 岁。49 年间，从幼年到接近老年，片子记录了这 14 个人努力奋斗，成功或徒劳挣扎的故事。14 个人中，除了一位叫尼古拉斯的，他是农夫的儿子，考上了牛津大学，进而成为美国名校的教授，完成了人生的逆袭。其余 13 人，穷人的孩子依旧是穷人，富人的孩子依旧是富人，阶层在代际间得到了传承。

生活在社会各个层面的人，他们的人脉、财富、思维方式、教育资

源等是完全不一样的，高阶层生活群体所拥有的资源是普通老百姓望尘莫及的，因此，要突破固化的圈层，真不是一件容易的事。但无论如何，突破还是有可能的。《56UP》记录的 14 人中不就有一位突破了吗？如果这部片子所代表的是一个社会的缩影，那至少有近 10% 的突破概率，我们为什么不去成为这 10% 呢？

有人说我骨子里是一个乐观主义者，虽然我所处的社会层次还算不上高大上，但我至少由一个吃不饱穿不暖的穷苦孩子一步步走到了今天的丰衣足食，而且我相信明天还会更好，所以今天斗胆谈谈关于“圈层突破”的一点粗浅见解。文章分两篇，我们先谈谈“圈”，下一篇再来聊聊“层”。

认识一个优秀的人足以影响一生

在第十三届“新物种”实用心理学大会上，不少人听完我和我的合作伙伴黄伟强（壹心理创始人）的演讲后，都来问我：“团长，你和伟强完全是两种不同的人，一个是充满情怀的理想主义者，一个是脚踏实地的现实主义者，分明价值观和信念都不一样，怎么还能成为多年的好搭档和好朋友呢？”

很多人认为矛盾甚至冲突的东西，在我的世界里却是融洽的。为什么会这样呢？我们先从吃饭说起。

我经常到全国各地讲课，主办方为了招待好我，总是千方百计地打听我喜欢吃什么菜，有人甚至在远离广州的城市给我安排粤菜。按照一般人的习惯，他们总爱吃习惯的食物，穿同样款式的衣服，交一种类型的朋友，一辈子待在同一个地方，过一种生活。而我不一样，我最喜欢吃的是当地的特色菜，喜欢到处走走，世界那么大，不去看遍世间美景，尝尽人间美食，岂不白来这世间一趟？

其实我原来也不是这样的人，我出生和成长都在一个落后的小山村，是农民的后代，农民以土地为根，一生围绕庄稼转，像我的父母一辈子都没有出过远门。在这样环境中长大的我，思想保守固化，总是在习惯的模式里过着相对固化的生活。人与人是相互影响的，认识一个优秀的人足以影响一生，我人生的改变得益于我有机会认识各种优秀人才。记得 10 多年前我从事商务考察活动时，认识了一位叫阿 Joe 的台湾资深导游，他让我学会了观察生活。

还记得那段周游世界的日子，既开心又充满了挑战，开心的是每天都会经历新鲜的事情，挑战是，每天都会有不可预料的麻烦事发生。比如饮食问题，那个年代，大多数游客都是第一次出国，对于习惯了中国食物的国人来说，欧美的食物实在太"难吃"了，因而游客就会向我提出各种要求，比如早餐要吃白粥、西餐要配榨菜等（那时候到国外旅游的中国游客还很少，所以外国餐厅都没有这些食材，今天很多国外餐厅都已经学会满足中国人的特殊要求了）。当我无法满足他们时，总会遭到指责甚至谩骂。每当我因此而感到沮丧时，阿 Joe 都会语重心长地跟我说："不用跟这样的人生气，这样的人通常成不了大事。你注意观察，那些事业有成的成功人士一般都是适应性很强的人，不管是食物还是行程，他们都不喜欢一成不变，他们乐意接受新鲜事物，勇于尝试，而且还会刻意地去寻找新的挑战，通过不断地尝试和挑战来丰富自己的人生。"

自此之后，我开始有意识地让自己去尝试那些原本不太习惯的事情，就连一向讨厌的臭豆腐，也吃出了香味。学习心理学之后才知道，这叫一个人的调适性，就是一个人的调整和适应能力，与一个人的心理素质有关。

我们外在的行为，都是内在信念的显现

为了生存，人类总是会最大限度地确保自己的安全，因而总活在自己习惯了的舒适空间里。面对新的事物，因为没有尝试过，我们的潜意识会自然而然地把它判定为不安全，从而拒绝。所以，对绝大多数人来说，这种基于安全的潜意识会让我们一辈子活在一个固定的模式里。这

就是为什么圈层难以突破的关键原因。这样的结果当然确保了我们的生存概率，但也剥夺了人生变得丰富多彩的可能。

那如何才能改变呢？我是广东人，广东人都认为吃辣椒会上火，有时我不得不吃辣椒时，真的马上就会出现上火的症状，所以原来我家的餐桌上从来不会出现辣椒。直到有一天我认识了一个有名的中医，他建议我多吃辣椒，因为南方潮湿，辣椒正好能把这股湿毒排出来。自此之后，我开始尝试吃辣椒，神奇的是，从此再也没有因为吃辣椒而上过火。由此不难看出，我们“做”或者“不做”一件事情，和信念息息相关。就像我，一开始不吃辣椒是因为坚信吃了会上火，但是后来因为相信这个大夫的理论，改变了原有的信念，才开始尝试原来碰都不碰的辣椒。

很多时候，我们外在的行为，都是内在信念的显现。正如宋朝初年道家思想家陈抟老祖所说：“行者心之发，观行而祸福可知。”行为的固化其实就是内在信念的固化，当我们固着原有的信念时，就会习惯于做同一种行为，交同一种朋友，生活在同一个圈子里。当我们的圈子只存在一种观点时，我们接触的人、看到的事、站立的角度都是一样的，因而我们的世界就会停止于此，因为我们的信念已经为我们的世界筑起了一堵墙，封闭起了我们的发展空间。

孔子曰：“君子和而不同。”一个思想封闭的人，总觉得别人是错的，自己是对的，只要是和自己不同的观念，都要一竿子打死。这时，你听到的往往只是你愿意听到的，看到的也只是你愿意看到的，很难客观地、清晰地看待自己，你会习惯于待在舒适区，并且对这个舒适区越来越迷恋，认为世界就是这样，就算生活非常艰难，也会认为自己的世界只能这样。一个思想开放的人就不一样了，他能允许他人的观点和自己不一样，因为立场不同、角度不同，观点自然就不一样。只有包容、接纳别人跟自己的不同时，我们才有可能和不同的人相处、合作，我们的世界才会越活越宽广，否则，谈何圈层突破？

盲目求同排异，与外界隔绝，同时也阻隔掉了未来人生的无限可能。

世界是变化的，山川河流，草木花果，都有自己不同的生存方式，人生也一样。不要总认为那些跟我们不一样的观点是错的，没有永远正确的观点，这个世界也许只有一件事情是对的，就是不要坚持自己是对的。允许世界的不同，才能看到不同的角度；接纳和我们性格不同的人，我们的圈子才会扩大，机会才会增加，圈层才能突破。

渴望圈层突破的人们总是想尽办法去结识那些社会上的高层人士，因为他们拥有更多的机会和资源。但事实上，就算你有机会认识他们也于事无补，因为双方的认知根本就不在同一个层次。拓宽圈子不是让你削尖脑袋去认识那些高层人士，如果你的信念不改，就算是老天给你更多的机会，都会被你一一推走，因为你的信念会像我当年拒绝辣椒一样，把机会拒之门外。

上行，下效，存乎中，形于外。信念大多传承自我们的父辈和传统文化，一旦信念在潜意识扎根，我们的行为就会显现。生活中的圈层固化，其实本质上就是信念的固化，因此，圈层突破可以从内在的信念转变开始。而信念的外在呈现方式就是我们习惯性的行为，因此，最简单而有效的突破方法，不妨试试如下一些小突破：

1. 从视觉上突破：试着去穿平时无法接受的衣服款式；换一个与过往风格完全不一样的发型；去看一些你并不喜欢的电影（当然要选择经典影片，不要把时间浪费在粗制滥造的次品上）……

2. 从听觉上突破：试着去听听那些你平时并不喜欢的音乐类型，比如交响乐，不要急于下“不好听”的结论，著名音乐大师的作品会受到那么多人的追捧，一定有其原因；去听听那些与你不同的观点，不要急于反驳，带着好奇去探寻，你也许会发现别人的观点也有很多有趣之处……

3. 从味觉上突破：去尝尝那些你以前不能接受的食物，比如榴梿、臭豆腐、日本纳豆等，这些食物有那么多人喜爱，总有其特别的地方……

4. 从行为上突破：去做一些以前没做过的事，当然是在合法合理不伤害他人的前提下；去世界各地走走，了解不同地方、不同民族的文化。视野打开了，你内心的世界自然跟着打开……

当你能从这些小事上试着去打开自己的格局，你会发现，你慢慢开始能够接纳不同的人，可以接受他们的观点和价值观。当你允许自己的世界有不同的观点、不同的声音存在，你的朋友圈自然而然就打开了。

人生很多时候就像吃饭喝酒一样，有些食物你一开始并不能接受，但如果你愿意去尝试，你会发现突然有一天，你不知不觉就爱上了它。比如榴梿，一开始我对它的味道非常抗拒，但今天榴梿成了我最爱的水果之一。食物如此，人也一样。有些人一开始接触时，也许会像榴梿那样，他的某些特点会让你接受不了，但如果你愿意开放自己，悦纳万物，给自己和他人一个机会，或许他就是你此生的贵人。

同时，如果我们能够把圈子打开，争执也会少很多，更多的家庭，夫妻，就不会因为所谓的“性格不合”而放弃彼此，遗憾终身。商业合作中也是，很多人最后分道扬镳，也是因为“理念不合”。要知道，这个世界没有完全相同的人，如果能融他人所不同，世间也许就少了很多冲突和矛盾。

但愿我们都能够日渐觉察并破除这些限制性信念。当我们都愿意放下那些固化的信念，那些制约我们人生的圈圈自然就会消失于无形。这是我们人类共同的功课，让我们一起努力！

人生的七个层次，你在哪一层

有钱了，就能够过上层的生活吗？

我在上一篇文章《允许世界的不同，才能看到不同的世界》中谈了圈层突破的“圈”，现在我们来谈谈“层”。

我非常尊重“众生平等”，但我们不得不承认在社会层面，人们还是会活在不同的层次中。这里所说的“层”，是社会意义上的“层”，并非哲学意义上的“层”。

同样生而为人，有人一生劳碌奔波，整天为生计疲于奔命；有人却在迷人的沙滩上优哉游哉地晒着太阳。在炎热的夏天，有人汗流浃背地挤着公交车；有人却安坐于宽敞的私家车里听着典雅的音乐。有人蜗居在城中村，有人却在北上广深的豪宅里俯瞰天下……这就是活在不同社会层次的不同遭遇，底层的人为生计挤破了头，而上层的人过着自由自在、惬意舒适的日子。

究竟是什么决定我们的社会层次？是金钱、智商、关系，还是命运？大多数人心里也许会想，等我有钱了，就能够过上层的生活。真的是这样吗？事实上，拥有金钱的数量，并不是决定你的人生是否上层的关键。相反，有些人并不是很有钱，却活得轻松惬意，比如南怀瑾先生就是“身无分文，富可敌国；官无半职，权倾天下”。

我心目中的上层人，并不是传统意义上的有钱人或位高权重者，而是那些活出生命的意义，为社会创造价值，值得大众敬仰的人。

那怎么理解人的社会层次呢？我在《圈层突破》一书中，把人分为“奴、徒、工、匠、师、家、圣”七个层次。在这里，我想先和大家重温一下这些概念：

1. 奴：“奴”属于“不得不做”的一群人。在非自愿的状态下为了生存而工作、生活，满怀抱怨，总认为自己的人生被一股无形的力量束缚着，就像活在一个无形的囚笼里，郁郁不得志。我们说的房奴、车奴皆是如此。

2. 徒：“徒”是学徒，是成长的筑基阶段，虽然暂时能力不足，但知道自己要什么，愿意学习和成长。“奴”与“徒”的区别在于，奴是不得不工作，而徒是自愿、主动地学习和工作。

3. 工：“工”是社会的主要群体，他们有能力按规矩把事情做好，能够养家糊口，可以凭自己的能力立足于天地间。

4. 匠：“匠”有手艺，做事精益求精，尽善尽美，勇于创新，是业界精英。“匠”不光自己把事情做好，更重要的是愿意收徒授艺，传承绝学。

5. 师：在“匠”以前的几个层次，焦点都在事上，从“师”开始，不仅关注事，而且重点关注人。《礼记》曰：“师也者，教之以事而喻诸德也”。也就是说，师者，不光要自己有能力，而且还愿意把自己的技术或学问传授给别人，不仅教人做事，还唤醒人们内在的优良品德以及智慧。“师”与“徒”相对应，正因为有“师”的存在，才能有“徒”的成长。

6. 家：慈悲为怀，心怀大众，通过努力不仅实现了自己的理想，自成一派，还成了众人追随的偶像、行业典范。他能把自己的成功模式复制给更多的人，为社会创造巨大的物质和精神财富。

7. 圣：这是人生的最高层次，《说文解字》解释为：“圣，通也。”中国古代把那些生前为人类做出巨大贡献的人物，死后尊为“圣人”，比如孔子。

一个人能否站上更高的层次，并不取决于他拥有多少财富，也不取决于他权力有多大。如果他的心量不够宽广，权势再高、财富再多，也还是会被无形之力所缚，受外物所掌控。古人说：德不配位，必有灾殃。即使偶然占据了高位，也不能说明你处于社会的高层；同样，就算你生活在平常百姓家，也并不说明你就处于社会的底层。

那如何才能突破自己原有的圈层，走向人生更高的层次呢？除了上篇文章所谈的“圈”的突破外，我们再来看看“层”的突破。《人类简史》中说到一个观点：相较于其他生物，人类的身体并没有什么优势，速度比不上狮子，力气比不上大象，不能御风飞行，也不能在水里畅游，没有毛皮抵御寒冬，也没有利爪对抗野兽。但人类之所以能够跃居食物链顶端，是因为人类发展出超强的大脑，能够使用工具，并发展出了语言，通过语言，人类可以与他人合作。单独一个人不是狮子的对手，但一群人联合起来，就能把狮子关进笼里。

合作，让人类站在了食物链的顶端。只要有群体，就一定有层级。而高层级的存在，就是为了协调低层级，让低层级成员之间能够更好地合作。就像狼群有头狼，狮群有狮王，这些王者的存在就是为了更好地协调种群之间的合作，获得更有效的生存资源。而人类也不例外，别说一个国家，就是一家企业，也一定会有领导这个层级存在，因为组织需要更高层级的人来协调好原有层级之间的关系，让组织发挥更高的效率。

往更高层级上升的过程，就是心灵成长的过程

那什么样的人才能站上更高层级呢？从上面的描述中可知，就是那些有能力协调组织成员，能够让成员之间有效合作的人。那什么样的人才拥有这样的能力？或者说，怎样才能拥有这样的能力？

古人说“行者心之发”“上行，下效，存乎中，形于外”。也就是说，

外在的层级只是内在状态的呈现而已。

我们再回到前面谈过的“奴、徒、工、匠、师、家、圣”这七个层次，这七个层次的人内在有什么规律呢？

1. 不同层次的人，心理需求的层次不一样。低层次的人追求的大多是生理及安全层次的需要，而高层次人士更多的是在追求自我价值的实现。

2. 不同层次的人，他们的心量也不一样。所谓“心量”，就是格局。一个低层次的人，他们心中只有自己。随着层次的提升，他们不会拘泥于眼前的束缚，拥有更广阔的胸怀，可容纳更多形形色色的人、事、物。

一个心中只有自己，只想着满足自己欲望的人，如何能够去协调组织成员之间更好地协作呢？又有什么资格抵达更高的层次？只有胸怀大众，能为大众创造价值的人，才配得上社会的更高层级，这也许就是古人说的“德不配位”中的“配位”吧。

如何才能上升到更高的层级？既然外在的层级仅仅是内在成长的呈现，因此，突破现有层级的最好方法就是先提升内在的层次。一个人往更高层级上升的过程，其实就是心灵成长的过程。从心理学的角度看，生命的成长有三个阶段：

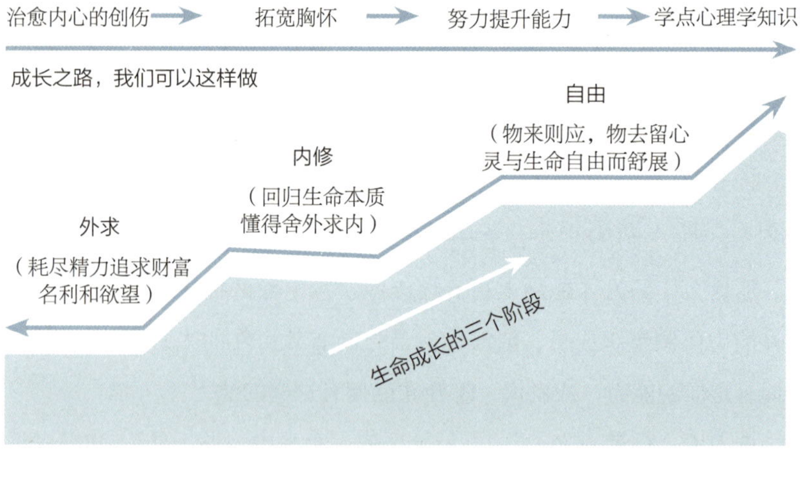

第一个阶段叫作“外求”。一直活在物质的世界里，被物质假象迷惑所困，耗尽全部精力去追求财富、名利和欲望，直至身体消亡。

第二个阶段叫作“内修”。开始明白物质等外物皆为人所用，逐渐脱离部分物质控制，开始回归生命本质，懂得舍外求内，愿意花时间去修复、还原自我的身体和心灵！

第三个阶段叫作“自由”。这个阶段终于了悟到你所遇见的一切人、事、物，都是为了完成这一辈子的修行圆满，没有好坏、对错之分。你看清楚了自己经历的一切痛苦都来自头脑的判断分别，不再执着、痛苦，不再为一切所困扰，你也体会到了真正的幸福和快乐，可以自由穿梭于空门与红尘之间，做到物来则应，物去不留，心灵与生命自由而舒展。

向上的路从来不拥挤，拥挤只因层次太低

一个内心匮乏的人，如果上升到更高层次，只会带来德不配位的“灾殃”。只有内心富足，才能积累上升的资源。从“外求”“内求”到“自由”的这条成长之路，我们可以这样做：

1. 疗愈内心的创伤。内在的匮乏大多源于成长过程中经历的创伤。随着医学技术的发展，现在大多数身体上的伤害都可以疗愈，心理上的创伤也一样。何况，心理上的创伤绝大多数并不是真正的伤害，只是受伤者内心留下了受伤的感觉而已。疗愈心理创伤的方法很简单，可以找专业的心理治疗师，或者上一些疗愈性的心理课程。

2. 拓宽自己的胸怀，涵容万物。考虑问题时试着把更多人考虑在内，拓宽自己思考问题的维度。当你能够从更宽的视角来看待事情时，自然可以达到我好、你好、大家好的多赢效果。

3. 努力提升自己的能力。当你有能力创造社会价值时，你自然可以上升到更高的层次，因为你的需求已经从满足自己上升到自我价值的实现了。

4. 学点心理学知识。老子曰，“知人者智，自知者明”。高层次的诞

生是为了协调原有层次的成员关系。而协调人的最好学问就是心理学，只有了解自己才能了解别人，只有了解别人才能有效地协调他们的关系。

人这一生是见天地，见众生，见自己的过程，既能看得见大千世界的芸芸众生，也能准确认知自己，是一个不断成长成熟、觉察觉知的过程。如何实现成长？最重要的不是现在的起点，而是你愿意从“徒”开始，走上一条学习成长的道路，接纳内在匮乏的事实，通过学习不断觉察自己、丰富内在。当你的内在丰富了，自然能够协调他人，拥有足够多的力量支持他人，你就能拥有自己的团队，获得更多的成就，走上更高的层级。

向上的路从来不拥挤，如果你觉得拥挤，那可能是现在你所处的层次太低。与其疲于奔命地生活，把自己弄得疲惫不堪，不如尝试走上内心富足的旅程。只有这样，才能做到真正意义的圈层突破。

知识为什么不能改变命运？

懂了那么多道理，为什么还过不好这一生

英国著名哲学家培根曾经说过：“知识就是力量！”看到越来越多的人愿意为知识付费，这是一件值得高兴的事情。

但凡事都有两面，我看到了人们对知识的重视，同时也看到了人们对知识的焦虑，总害怕因知识匮乏而陷入竞争的劣境，因此，拼命地通过各种途径获取知识。知识是好东西，但仅仅为了获得知识而拼命追求知识，那就未必是一件好事。庄子说：“吾生也有涯，而知也无涯。以有涯随无涯，殆已！”我们的生命是有限的，以有限的生命去追求无限的知识，那一定不是件好事。

这不禁让我想起了一位学者的故事。在一次心理学大会上，我认识了一位心理学教授，他知道我公司有开设催眠类的课程后，悄悄问了我一个奇怪的问题：“人真的可以被催眠吗？”我说：“当然可以！你是心理学教授，怎么会问这样的问题？”当他告诉我原因时，一股悲凉的感觉涌上心头。

原来，他对催眠一直非常感兴趣，看了大量催眠类的书籍，而且还

出版过一本关于催眠的书。可悲的是，他从来没有催眠过别人或被催眠过的体验。这让我想起了网上流行的一句话："为什么我们看过很多书，明白了很多道理，却依然过不好这一生？"

我不禁要问：知识真的是力量吗？如果是，为什么懂了那么多道理，我们的人生并没有多少改变呢？

真正改变命运的并不是知识

其实，知识如果仅仅停留在大脑，是没有任何力量的；知识只有透过行动，才能转化成力量。这种力量不仅可以创造财富、改变人生，还可以推动社会的进步。

可惜的是，对大多数人来说，大多数知识只是知识而已。高考的时候，我们背得滚瓜烂熟的各个科目的知识点，如果现在重新让你去参加一次高考，你有信心考上好大学吗？可能大多数人都会说，中专都不一定考得上吧？可是当年你为什么考得很好呢？那是因为，我们所学的知识 90% 以上都忘了。

但是，小时候学会的游泳和骑单车技能，你忘了吗？那是绝对不可能忘记的，因为那已经不仅仅是知识，而是成了你身体的一部分能力。所以，真正改变命运的其实并不是知识，而是这些知识带给你的能力的提高。知识加上行动，懂得学以致用，知识才会变成能力。知识很容易忘记，能力却永远也忘不了。不过，能力不是看书或看看视频得来的，而是只能从实践和训练中获得。

那么，知识如何才能转化成能力呢？大家可以试着回忆一下，当初是如何学会骑单车和游泳的呢？是在家看看课本，看看视频就学会的吗？显然不是。而是经过一系列的练习和训练，把学到的知识投入实践中，不懈努力地去做、去尝试，你才学会的。当你不仅仅只是知道，还能够做到时，你就拥有了某种能力。

前段时间，我见了一个同行，他一脸苦相，跟我说他公司去年亏损得很严重，现在网络课程太多，也很便宜，人们都愿意花很少的钱在网上报名听课，而不愿意走到线下来学习，线下的培训越来越难做了，问我对心理学培训的未来怎么看。

我告诉他，这只会是短暂性的冲击，人们最终还是要回到学习的课堂上的，因为只有通过课堂的训练，生命才能真正得到改变。这也正是为什么人们读了很多书，明白了很多道理，却依然不能过好这一生的重要原因。

真正的教育不是灌输知识，而是打开求知欲的大门

好学是件好事，但“乱花渐欲迷人眼”，我们要怎样才知道自己的学习真的有效呢？很简单，能带给我们成长的学习就是有效的。

那什么是成长？成长，泛指事物摆脱稚嫩，走向成熟的过程。简而言之，就是自身日趋成熟的一个过程。成熟包括智力成熟和身体成熟两个部分。法国社会心理学家托利得认为：“测验一个人的智力是否属于上乘，只看它脑子里能否同时容纳两种相反的思想而无碍于其处世行事。”

所以，成长，是一个智力不断提升、胸怀不断扩大、不断接纳异己的过程。

如果有人因为上了课，学习了新观点，回家发现伴侣的观点与自己的观点不一致，于是要求对方按照自己的观点来为人处世，如果对方不按自己的方式做，就以对方不成长为由而离婚。这不是成长，这是操控。

孩子教育也一样，如果上了某一堂课，学了老师的一个观点，回家就强迫孩子按照自己所学的去做，这样无形中就剥夺了孩子的发展可能性，以成长的名义给孩子戴上了新的枷锁。

企业发展也如此。如果因为自己学习了某些管理方法，就以为只有这一种方法是对的，要求合作伙伴按自己说的做，对方不同意就以价值观不同而拆伙。这样做的结果，只能变成武大郎开店，一个比一个矮。刘邦打天下时，就因为身边有一帮和他不一样的人，像韩信、萧何、张良，在做人做事方面都有不小的缺点。帮他奠定基业的一帮生死兄弟，

樊哙、周勃、夏侯婴也是各有各的习性。但拥有各种人才的刘邦最终击败了秦国的“铁血军团”。他敬仰的信陵君亦是如此，身为贵族，却能礼贤下士。大字不识的屠夫，他也能发现其特质，并委以重任。反观骁勇善战的西楚霸王项羽，却刚愎自用，不容逆耳，甚至连对他绝对忠诚的范增都不能容，导致一个个谋臣良将跑到刘邦阵营。

学习是一件好事，但如果我们从老师那里学到一种方法，就只用一种方法来要求他人，你的世界不是变得更大了，反而会变得更小。学一种方法，是增加一种方法，并不是只有这一种方法。所以成长不是让你用学到的新知识、新观点去要求别人，而是打开你的胸怀，让你能接纳和包容更多的人事物。正如康菲尔德所说的，一个人修炼的成果就是日益增长的包容心，让人更能接受事物的本来面目。我们在这崭新且辽阔的包容里，才能够觅得心灵的宁静与和谐。

那如何才能让自己变得更包容呢？如果我们只看到一个人的行为，有些行为确实很难让人接受。但如果能够从行为后面看到对方的正面动机，你就能用另一种方式去满足这个动机，当他的动机得到满足后，原来你所不能接受的行为就不会再有了，自然就可以有更大的包容心。这样的学习，才是真正的成长。

记得耶鲁大学某一任校长在一次演讲中说过，真正的教育不是灌输知识，而是打开人们求知欲的大门。所以，衡量一次学习是否有效果，并不是看你大脑里装了多少知识，而要看你的世界是否变得更大了，你的胸怀是不是更宽了，你与他人的关系是不是更融洽了。

特别是最后一点，因为关系并不是人生的一部分，关系就是生命本身，我们就是在各种各样的关系中体验到生命的本质的。

我衷心希望，在这个知识焦虑的年代，大家不仅仅满足于自己求知的欲望，而是能够将知识变成真正的能力。就像你学会了骑单车，学会了游泳，把它们变成你终生的一种能力，那你的人生就会在每一次能力提升后变得越来越好。

生病的潜台词是，身体在求关爱

如果想要被关爱，那就生病吧！

在 21 世纪的今天，虽然科技已经高度发展，但有不少疾病用现代医疗技术依然无法治愈。如果从心理学入手，却能让一些顽疾不治而愈。不信？我给大家讲两个真实的故事。

我公司曾经有一个非常优秀的员工叫小陈，她工作努力，能力强，非常善于处理与客户的关系，是一个不可多得的优秀人才。可是我渐渐发现，她身体状况似乎不太好，因为她每隔一段时间就会请病假回家休息。

听其他同事说，她中医、西医都看过，药也吃了不少，就是无法根治，每隔几个月总要犯病一次。有一次，她因请假次数太多，超过了公司的规定，所以来找我。出于关心，我问她："究竟什么病这么难治？"她说："也没什么大病，肠胃炎，自小就这样。我肠胃不好，每隔一段时间就会犯一次，可是别看病小，却特别难受，需要我妈妈专程从乡下赶来照顾我的生活，更不用说工作了。"

我问她："每次生病都是你妈妈来照顾你吗？"

她说："是的，有她在，我的病能好得快一点。"

我奇怪地问："为什么不干脆把你妈妈接过来一起生活呢？有她照顾，你的身体说不定能越来越好。"

她叹了口气说："团长你不知道，我还有个哥哥，身体有残疾，妈妈平时必须照顾他。我也只有身体不好的时候才会麻烦妈妈过来帮我。"

听她这样说，我仿佛发现了什么，于是问她："你小时候身体也不好吗？"

她想了想说："小时候身体还好，爸妈经常夸我懂事，不用他们操心。只记得中学有次得肠胃炎，差不多两周都在医院。"

"是从那时候起，身体就不太好了吗？"我紧接着问。

她想了想说："咦，团长，你这样说好像还真是。中学毕业后我就去了外地读书，离家之后身体就越来越不好，可能是水土不服吧。"

我问她："是不是离开妈妈的时间久了，你就会生病？"

她不好意思地笑笑说："你这么一说，好像是啊！"

想必大家已经知道了，小陈的病，是她获得妈妈关注的一种手段。当然，她并不是有意这样做，只是小时候那次经历让她的潜意识学到了一个方法——"如果想要被关爱，那就生病吧！"

每一个孩子都想得到父母的关注，但小陈有个先天残疾的哥哥，父母必然会把更多注意力放在哥哥身上，无形中就忽视了她。有一天她生病了，她发现全家的焦点重新回到了自己身上，虽然疾病给身体带来了痛苦，她却从心理上获得了温暖和满足，于是她的潜意识就学会了用生病去获得关爱。

当我把她潜意识的策略摆在她面前时，她恍然大悟。我建议她每个季度回家看父母一次，或者每隔一段时间把父母接来广州小住一段时间，从此之后，小陈的肠胃炎不治而愈。

原来，每件正在发生的事情一定会有隐藏的需求，就连生病也是索取他人关注的手段。

身体的疼痛也许是在提醒你注意什么

在执行师课程中，还有一个更神奇的案例。蓓童是一位老学员，她每次来上课都戴着一顶帽子，不是搭配衣服的那种时尚款式，而是保暖式的帽子。不少同学都问过她为什么总戴帽子。她说因为有偏头痛，一直治不好。

可是在一次与潜意识对话的练习中，我帮她做了一个示范个案后，从此再也看不到她的帽子了。与帽子同时消失的，还有困扰了她 10 多年的偏头痛。

她在我的指引下渐渐放缓了呼吸，让自己的注意力完全集中在头痛上。渐渐地，她的鼻翼两侧冒出了些许汗珠。我知道她已经进入了疼痛的状态，于是对她说："感受这份疼痛，接纳它，问问它想告诉你什么？"

"我不知道它想告诉我什么，我只知道很痛。"我知道一般人都疲于应付生活中各种外在的压力，很不习惯向内看，更不用说与潜意识对话了，这时候需要保持耐心。

"我知道这一会儿工夫，你领会不到它要告诉你什么，但如果这个疼痛真的是在提醒你一些事情的话，会是什么呢？"这句问话在心理学领域叫"魔术语言"。问完后，我就安静地等待答案。

沉默一会儿后，她轻轻地吐出了一句话："它在提醒我不要熬夜。"

"是的，头痛一直在提醒你不要熬夜，那你有按它的要求做吗？"

"没有，我只想着怎么对付它，通过吃药消除它，让它不要干扰我的工作。"

"现在我们试着换个方式应对它。你可以试着对头痛说：谢谢你一直以来不厌其烦地提醒我不要熬夜，我知道你是在为我的健康着想，以前我不懂，总想去消灭你。对不起！从今天起，我答应你，调整我的作息时间，不再熬夜了。谢谢你这么多年的努力提醒，现在你的工作完成了，你可以功成身退了。”我让蓓童跟着我一字一句地念完这段话。之后，我看到她整个人的状态都放松了。

个案结束时，蓓童告诉我，她的头真的不痛了。我告诉她，一旦接收到疾病给自己的提醒，就要学会给疾病一个承诺，答应它你会照顾好自己。不然，它以后还是会来找你的。值得高兴的是，从此以后，我再也没见过蓓童戴帽子了。

也许有的朋友看到这里，会觉得我说得很玄乎。真有那么神奇吗？如果你或者你身边的人有类似的疑难杂症，与其怀疑，为什么不去试试看呢？

疾病只是身体受到不公平对待后发出的呐喊

中国古代医学典籍《黄帝内经》中的“情志养生”堪称心理健康的最早典范。所谓“情志”，即喜、怒、忧、思、悲、惊、恐这七种情绪。如果不良情绪无法自行消解，这些多余的能量便会以躯体化的形式表现出来。世界卫生组织指出，70%以上的人会通过攻击自己身体器官的方式来消解自己的情绪。而消化系统、皮肤和性器官是重灾区。

有科学家提供了一个很有价值的研究。他认为，那些包含情绪的分子分布在人体全身。我们由此可以得知，皮肤上犹如一座座小火山陆续爆发的各种红疹，是想告诉你，我很生气，请看看我愤怒的表达，听听我的无声控诉；而胃里的阵阵扭痛，一方面是在提醒你要按时吃饭，更深层次则是告诫你，没必要让自己每天都活得那么紧张；常见的紧张性头痛和偏头痛的起因则是当事人高度焦虑的情绪，所以，那些性情急躁和追求完美主义的人，比一般人更易患偏头痛。

面对身体的这些症状，我们又是如何处理的呢？

王小波写过一个故事。说古代有一个国王，他只喜欢听好消息。如果士兵、官员给他传递坏消息，国王就会非常生气，将人拉出去斩首。你是不是觉得这个国王非常残暴和荒唐？可是大多数人跟这个国王一样荒唐，只是你自己没有意识到而已。

我知道你不会砍人，但是会砍掉“负面信息”。疾病就像一个传令官，比如你头痛时，第一时间会想到吃止痛药消灭疼痛。遗憾的是，你消灭的只是暂时的头痛，过后它还会来找你，于是很多人一辈子都在跟疾病做斗争。身体是一个高度智慧的系统，疾病有时候只是身体受到某些不公平对待后发出的呐喊。比如说，头痛只是在给你传递一个信号，提醒你需要适时休息了。你却没有接收到它传达给你的真实信息，它只好一而再再而三地来找你。如果你收下它的信息，它的任务就完成了，它就会像送完快件的快递小哥一样，很快从你眼前消失。

所以，当你遇到身体的某些症状时，与其对抗，倒不如试试按下面的步骤跟它沟通：

1. 充分地感受它、体验它；

2. 聆听它的声音，问它究竟想告诉你什么；

3. 感谢它；

4. 向它承诺，按它提醒的那样去做。

如果你能按这几个步骤去做，症状一般都会消失，有些疾病甚至会神奇般地不治而愈。这就是所谓的，心病能从心药医。

你拼命追求的可能只是你的“安抚奶嘴”

想要不断占有，其实是内心缺乏安全感

我从一篇文章中学会了一个新词——“tittytainment（奶头乐）”，这个词由 titty（奶头）与 entertainment（娱乐）两个英文单词组合而成，中文译为“奶头乐”。文章认为人的生活一旦被大量娱乐信息所充斥，就像婴儿只要含住奶嘴便能满足一样，就会不愿深入学习，慢慢丧失学习的热情、抗争的欲望和思考的能力。

我想到了另一个现象，“安抚奶嘴”除了会让人满足于一些肤浅的娱乐而不思进取外，也会让人疲于奔命去追逐看似重要的东西，反而失去了生活的乐趣。就像名车、豪宅、名誉、地位等，人们为了得到这些东西，不惜牺牲生活品质，有的人甚至连命都搭上了。其实这些让人苦苦追逐的，只不过是一个“安抚奶嘴”而已。

生活中，我们经常看到小孩子嘴里含着一个塑胶制的“安抚奶嘴”，这个奶嘴的作用就是满足孩子口欲期对安全感的需求。这个时期的孩子喜欢把所有的东西都往嘴里送，如果强行拿掉，孩子立马就会又哭又闹，让父母不得安宁。

其实无论是孩子还是成人，当他缺乏安全感时，就会想要占有一些东西，也许是一些具体或非具体、有型或抽象的物品。这个“被占有物”的作用就像小孩的安抚奶嘴一样，能带给我们安全感。只是这样的安全感虽然看起来幸福或温暖，但无形之中会成为牵绊住你、让你疲于奔命还“乐此不疲”的绳索，紧紧地控制和束缚住你，让你失去自由。

很多人都听过这个故事，中国老太太和美国老太太各自离世后在天堂相遇，中国老太太感叹死前省吃俭用，总算攒够钱买了一套房子，可是刚刚装修完，还没来得及住就上了天堂，这辈子算是白干了；而美国老太太则很满足地说，自己20年前贷款买了一套房子，房子虽然不能说已经属于自己，但也幸福地住了20年。

这个故事充分说明了大多数中国人的购房观念。我以前看过一个报道，说在厦门买一套房子，如果用来出租，要100多年才能收回成本。但为什么还有那么多人争先恐后地买房呢？因为对很多人来说，有了房子，就有了归属感，有了家的感觉，不再感觉自己是无枝可依的孤独候鸟。房子对于他们来说，就像婴儿的安抚奶嘴一样，嘴里含着它，才会感觉到安全。

除了房子，生活中还有很多有型或无形的东西，它们像“安抚奶嘴”那样让我们想方设法从中寻找安全感。但其实任何看似坚固的东西，都不可能带给我们永久的安全感。

你要的安全感，别人给不了

有一门学问叫“九型人格”，它把人的性格分成九种类型，每一种性格又分为三个子类，分别是点1、点2和点3。

点1的人把生存放在第一位，所以又叫自保型。他们需要拥有足够多的资源，才能确保自己的生存安全。每到一个群体或陌生的环境，他们首先会占领有利的位置，占据有利的资源。这些资源通常属于物质类或可以用货币来衡量。对他们来说，生存好像随时都会受到威胁似的，只有拥有了更多资源，人生才会更安全。所以属于这个范畴的人，他们的“安抚奶嘴”很容易识别，就是那些能确保获得更多生存机会的物质或权力。他们的幸福感取决于他们所拥有的东西，得之则喜，失之则忧。只不过，占有欲是个无底洞，对大多数人来说，欲望永远都不会有满足的时候，所以他们终其一生都在苦苦追逐。

点 2 的人在社交场合很难同时跟很多人交往，他们更倾向于找一个聊得来的人，与其发展一段一对一的关系。这类人看似对物质、权力这些能够给人带来安全感的东西不感兴趣，好像挺有安全感的。但其实这是错觉，他们只是把安全感寄托在了某个人身上，只要跟这个人保持良好的关系，他就感觉安全。反之，如果他失去了这段关系便会痛不欲生。这类人在关系上很容易受苦，因为人是很难控制另一个人的。而你要的安全感，别人也给不了。把安全感完全寄托在另一个人身上，你的人生无疑活得十分被动。

与点 2 倾向建立一对一的关系不同，点 3 的人更喜欢与他人建立一对多的关系。人类曾经生活在原始森林，试想一下，如果你的周围总有一群人围绕着你，即使突然有狮子、猎豹等猛兽向你袭来，你也不会太过担心，因为你还有众多同伴。所以对于点 3 的人来说，需要有很多人在身边，他才会感到安全。为了吸引更多的人来到身边，他需要全力展现自己的人格魅力，就像孔雀开屏一样，所以这种类型的人又称为“孔雀型”。他们需要更多的成就感和关注度，但他们出让了自己的情绪开关，喜怒哀乐的钥匙全都交给了别人；他们也十分注重他人对自己的评价，别人的一句话可以让他如置身天堂，也可以瞬间送他下地狱。

当然，让自己生活得更安全，这是动物进化的结果。越高等的动物，越知道如何确保自己更安全。追求更安全的生活环境，这没有任何问题，问题是很多人的生活已经很安全了，却依旧没有安全的感觉。这是内心匮乏所致，与真正生存中的安全需求已无太大关系。当我们需要通过占有才感觉安全时，我们很容易就会被别人和环境所操控。而那些我们拼尽全力去占有的东西，其实跟婴儿的安抚奶嘴一样，除了能让我们获得心理上的安全感外，并无多大的价值。可是为了得到它，我们却要付出沉重的代价，为它疲于奔命，痛苦一生。

当你感觉恐惧和不安时，就很容易被利用和操控

为了让大家理解得再深入些，我分享一个真实的案例。

大约 10 年前，一个偶然的机会我认识了一位培训师，他年纪轻轻就开始到处讲学，6 天的课程收费却高达 20 万元。我好奇地问他："那么贵的课程，你们是怎么招生的呢？"

他用小菜一碟的口吻对我说："嘿，这有什么难，只要你抓住顾客的恐惧，就很简单。"他跟我讲了一个例子：有一天，他在一间五星级酒店的洗手间上厕所，一位男士与他并排，对方方便完后打了一个冷噤，精通中医的他一看就知道对方有肾亏的迹象，于是推想对方性生活也许并不和谐。他轻轻地对那位男士说："你不担心你老婆出轨吗？"

对方很惊讶地看着他，被他的唐突和无礼激怒，大声质问："你说什么？"

他马上道歉："不好意思，如果我说错了，对不起。但如果有需要我帮助的，可以到大堂等我。"过一会儿，他经过大堂，那位男士果然在等候着他，并好奇地问他是怎么知道自己的困惑的。

因为戳中对方要害，他的一句话已经轻易地控制了一个人。当然，我十分鄙视这样的销售行为，只是想借这个案例告诉各位朋友，当你感觉恐惧和不安时，就很容易被利用和操控。如果你看不见自己的不安全感，就算没有具体的人来操控你，你也会沦为物质或环境的奴隶。

我再跟大家分享一个故事。猴子非常灵敏，人类很难将其抓捕，于是想了个办法，在有缝隙的笼子里放一根香蕉。为了吃到香蕉，猴子会把手伸进铁笼里，可一旦握住了香蕉，拳头变大，猴子就无法将手从笼子的缝隙中抽出。你也许会想，猴子真傻，放掉香蕉不就可以抽离了吗？

只可惜，再机灵的猴子也不愿放掉手中的香蕉，只会任由自己在铁笼边拼命挣扎，给了人类将其抓捕的大好时机。

不管你是在物质的欲望中挣扎（点 1），还是在人际关系中苦不堪言（点 2），又或是拼命追求那些虚无缥缈的认同和荣誉（点 3），这些看起来能给你带来安全感的东西，其实都是猴子手中不愿意放开的香蕉，它未必会让你致命，但足以让你失去自由。看看你正在追逐的吧，很可能它们就是你的“安抚奶嘴”。

第六章

心灵成长的旅程：方向对了就不怕路远

你为生活做些什么，我不关心；
我想知道，你的渴求，你是否敢于梦想那内心的渴望。
你的年龄多大，我不关心；
我想知道，为了爱，为了梦，为了生机勃勃的奇遇，
你是否愿意像傻瓜一样冒险。

我不关心，是什么磨圆了你的棱角；
我想知道，你是否已触及自己悲哀的中心，
是否因为生活的种种背叛而心胸开阔，
抑或因为害怕更多的痛苦而变得消沉和封闭！
我想知道，你是否能够面对痛苦——我的或者你自己的，
用不着去掩饰，使其消退或使其凝固。

我想知道，你是否能安享快乐——我的或者你自己的，
你是否能充满野性地舞蹈，让狂喜注满你的指尖和足尖，
而不告诫我们要小心、要现实、要记住人的存在的局限。

我并不关心你告诉我的故事是否真实，
我想知道，你是否能为了真实地面对自己而不怕别人失望，
你是否能承受背叛的指责而不出卖自己的灵魂。
我想知道，你是否能忠心耿耿从而值得信赖；
我想知道，你是否能保持精神饱满的状态——即使每天的生活并不舒心，
你是否能从上帝的存在中寻求自己生命的来源。

我想知道，你能否身处颓境，却依然站立在湖边对着银色的月光喊出一声“真美”！

我并不关心你在哪里生活或者你拥有多少金钱，
我想知道，在一个悲伤、绝望、厌烦、受到严重伤害的夜晚之后，
你能否重新站起，为孩子们做一些需要的事情。
我并不关心你是谁，你是如何来到这里，
我想知道，你是否会同我站在火焰的中心，毫不退缩。

我并不关心你在哪里受到教育、你学了什么或者你同谁一起学习，
我想知道，当一切都背弃了你时，是什么在内心支撑着你。
我想知道，你是否能孤独地面对你自己，
在空寂的时候，你是否真正喜欢你结交的朋友。

——英·达纳·左哈 / 伊恩·马歇尔

《你为生活做些什么，我不关心》

有些路不容易走，但我依然选择前行

每个人在当下，都会做出他自认为最佳的选择

每年的春运，都是一票难求，火车站更是人潮拥挤。春节回家，对大多数人来说，是一条相当不容易走的路，我也不例外。每年春节，我都会回到我出生的小城市，因为那里有我的亲人、我的祖先。虽然平时3个多小时车程的回家路，春节期间可能要花7个多小时，但明知道这条路不容易走，我依然坚持前行。如今很多年轻人纷纷加入创业的行列，可做老板的心酸和艰难，又有多少人知道呢？员工下班就回去了，老板却从来没有上下班的概念。一旦公司遇到困难，员工可以选择离职拍拍屁股走人，但老板必须硬着头皮面对困境。创业，要比打工付出更多的时间、更多的精力，承担更多的责任。这条路我也知道不容易走，可我依然选择前行，而且这一路走了20多年。

婚姻也一样，两个性别不同、出身背景不同、性格不同的人走到一起，一定会经历无尽的冲突、争吵和矛盾。孩子生下来后，更是麻烦事接二连三，健康、教育、婚恋等问题将让你不得安宁。可是，明知道这条路不好走，绝大多数人都会毫不犹豫地走进婚姻。

辛酸的春运回家路、艰辛的创业之路、矛盾不断的婚姻旅程……还有很多很多的路，都不是容易走的路，可为什么有些路，我们明知道艰难，却依然要走呢？我们为什么不去选择那些容易走的路呢？

每个人在当下，都会做出他自认为最佳的选择。春节，为什么全国人民都挤在春运的路上？对外国人来说，这也许是一件奇怪的事，那是因为他们不知道，中国人回家过年，不仅仅是过节这么简单。回家过年，是一份亲情的牵挂，是对祖先的敬畏，更是与根的连接……

对于祖宗，传统的中国人都怀有一份敬畏之情。在中国人的血液里，根植着深深的宗族文化，祭祀就是这种文化的外在体现。回家过年，除了见见离别已久的亲人，更重要的是祭祀我们的祖先，这是一种与祖先连接的仪式。通过这种仪式，可以连接我们血脉中那源自远古的力量，那是生命的源泉。就像树一样，通过它那深深的根与大地连接，从大地中吸取无穷无尽的营养。

一棵树，如果没有根，就没法生长。一个人如果没有根，就会像孤魂野鬼一样，没了灵魂。

你选择了相对容易走的路，那很可能是条下坡路

可惜的是，现在有不少人学习了西方的一点皮毛，就忘记了自己的祖先，甚至对抗父母，否定祖先，以反糟粕为由，以偏概全。因为祖先有些落后的地方，就全盘否定传统文化，数典忘祖，唯利是图，丧尽天良，这样的结果就是现在食不安心，因为食品有毒；睡不安眠，因为房子到处散发着甲醛；就连呼吸也不顺畅，因为空气中充满了雾霾……

传统文化中一定有糟粕，但它更多的是我们立足的根本。比如被誉为中国两个半圣人之一的王阳明先生，在精通儒、释、道、医等各家精华后提出的“致良知”理论，就是中国文化的典范。什么叫良知？良知就是人类与生俱来的内在资源，是一种善的本能。

在家里，要心中有长辈，要尊敬我们的祖先，继承老祖宗的优秀品

质和传统。只要心中还有祖先，能感受到祖先在天之灵的关注，相信一个人是干不出什么坏事的；在事业上，要尊敬行业鼻祖，只要想想那些开创行业先河的前辈的为人，你绝不敢胡作非为；在社会上，要有自己的信仰，可以是宗教信仰，也可以是其他信仰，比如中国古人所说的“天”，天是古人对未知力量的总称。

只要我们能够敬天爱人，还有谁会为非作歹？所以，致良知，就是唤醒我们内在的善良，把祖先、行业鼻祖、信仰放在心中一个神圣的位置，我们才能创造一个和谐的社会。只有先清除人们思想中的病毒，才有可能清除食物上的毒；只有人们的内心是纯洁、干净的，天空才能重见蓝天白云。

有些路不容易走，但我们依然前行，因为我们心中有一些神圣的东西永存。春节回乡的路很堵，却阻隔不断我们回家的路，因为我们心中有祖先、有亲人；创业是条艰辛又充满风险的路，但我们依然要去做，因为我们肩负着一份责任；明知结婚会遇到种种困难，但是我们仍然携手走进婚姻，因为我们心中有爱；养育孩子如此辛酸，但我们一样知难而上地繁衍后代，因为生命需要传承……

活鱼逆水而上，枯叶则顺水而流。生命的价值在于生生不息地成长，只有失去灵魂和生命力的残枝败叶才会顺水而流。人类一直在不断发展和进步中，就像登山一样，我们要挑战攀登更高的山峰，就一定要知难而上，而不是顺流而下。所有舒服的路，都是下坡路。如果你选择了相对容易走的路，那很可能就是一条下坡路。

有些路，我们明知道很难，但我们依然会义无反顾地前行。因为，我们心中有使命、有责任、有爱、有传承。当心中有了这些神圣的东西，一路走来，你会发现，这条路上有亲情、有友情、有爱、有希望！

过去了的是事，过不去的是情

时间可以治愈一切，但不包括心灵创伤

古人云：爱美之心人皆有之。据数据统计，2017 年，中国医美总量超过 1 000 万例，一举超过巴西，成为仅次于美国的全球医美第二大国。而医疗美容行业也成为房地产、汽车、旅游之后的第四大服务行业。为了遇见更美的自己，现代人也真是拼了。

外在的疤痕可以通过医疗科技手段消除，可是那些内心曾经受过的伤呢？那些伤也许在你的内心深处留下了一道道不易察觉的疤痕，它们不经常被想起，却永远不会被忘记。就像风湿病一样，会在某个夜深人静或阴雨绵绵的日子里隐隐作痛。

因为，过去了的是事，过不去的是情。

“精神上的创伤就有这种特性——它可以被掩盖起来，但绝不会收口；它会让你永远感受到痛苦，一旦触及就会流血不止，永远鲜血淋淋地留在心头。”大仲马在《基督山伯爵》中的这句话可谓一针见血地道出了心灵创伤的本质。生活中我们常听到这样的安慰——时间可以治愈一切。然而从心理学的层面来说，心灵的创伤如影随形，岁月的沉淀往往会让

伤痕愈加清晰。

曾有学员这样描述过自己的经历：小时候，爸妈经常吵架、打斗，每当这个时候，我就会蹲在一旁无助地哭泣，我内心甚至在祈祷，希望上天能让我少活几年，只要爸妈不再争吵。童年的阴影导致我现在都恐惧婚姻，害怕走跟父母一样的路。谈恋爱的时候，如果对方和我发生口角，我就会非常恐惧，觉得总有一天会像爸妈一样，吵着吵着，关系就破碎了。与其这样以悲惨收尾，还不如直接不要开始。

这样的案例在我的课程中数不胜数。童年阴影就像往杯子里加了一勺盐，时间可以把它冲得越来越淡，却始终不会变甜。

著名的精神分析大师弗洛伊德认为：人的创伤经历，特别是童年的创伤经历，对人的一生都有重要影响。每一次心理创伤就像在木板上钉下一枚钉子，就算钉子被拔掉了，可是木板上的痕迹犹在。谁的人生是一帆风顺？又有谁不是踏着内心密密麻麻的伤痕一路走来的？

“疤痕”的存在是为了提醒我们、保护我们

如何才能疗愈心理上的疤痕？我们还需要从身体上的疤痕说起。

苏茜女士是一位专注于心理健康与身体健康关系研究的心理学家，她曾经有过一次身体重伤却没留下疤痕的亲身经历。

有一天，她正骑着自行车，突然磕到了一块石头，整个人瞬间脸部着地，地面坚硬的石头在她的脸上划了一个大大的口子。一般人受那么重的伤，一定会留下一道难看的疤，可是，她的伤口疗愈后，皮肤却奇迹般地光滑如初，她是怎样做到的呢？

当医生对她说“你的脸上会留下一道疤痕，也许这一生都很难消失”时，她对医生说：“不，我不会，我的皮肤会光滑如初的。”她为什么这样肯定？因为她前半生都在研究身体与心理的关系，她发现，身体受伤后之所以会留下疤痕，是为了提醒人们以后小心点，不要再犯同样的错误。如果一个人能从中学习和成长，并向身体保证不再犯同样的错误，

伤疤就没有存在的价值了。

于是在伤口复原期间，她每天都与自己的潜意识进行沟通："谢谢你爱我，谢谢你保护我。这次经历让我学习到了，骑车的时候不要分神想其他事情，专注路况，即便真的撞到了岩石无法躲闪，我也会先让肩膀接触地面来抵抗撞击力，而不是让脸部直接着地。谢谢你，我现在学习到了，你以后不用再提醒我了。"

疤痕是潜意识为了保护我们而留下来的印记，是希望我们能记住这个教训，不再犯同样的错误。而心理创伤也是一样，有些事情我们以为过去了，但想起时心里还会隐隐作痛，这种伤痛其实就是一道心灵的伤疤，目的就是为了提醒我们，以后不要再犯同样的错误。

但"疤痕"在保护我们不再受同样伤害的同时，也限制了我们去突破和发展自己的人生。如果这些"疤痕"不去疗愈的话，会累积成一堵堵墙，将自己禁锢在那安全但却十分有限的空间里。

例如，如果一位女性曾被异性侵犯过，她的心里就留下了一道"疤痕"。经过漫漫岁月的反复发酵，这道"疤痕"逐渐会滋生一种复杂的情绪，挡在她与异性之间，目的就是为了提醒她提防异性的侵犯，避免同样事情的发生。可是，这道"疤痕"在保护她的同时，也妨碍了她的婚姻。

经商的人也是这样。有人因为投资不当破产，"金盆洗手"永远离开商场，有的甚至还阻止子女去经商，老老实实地待在舒适区安安稳稳地过一辈子。一次的失败导致放弃一生。

因此，从心理学的角度看，每个人的人生都可以活得更好，前提是你愿意去疗愈那一道道"疤痕"，拆除那一堵堵为了安全而建起来的墙。

疤痕的存在就是潜意识的一种提醒，一种保护。要想消除它，唯有刻意地去完成它的"使命"。如果我们能够从每一次伤害中有所学习、成长，并采取措施避免类似的伤害再次发生，疤痕就没有存在的必要了。

就像苏茜老师那样，在遭遇伤害之后，告诉潜意识，自己已经知道了该如何保护自己，身体就不必再留下疤痕来提醒她。

身体如此，心理也如此。以前面被侵犯的女性为例，如果她能够从那次伤害中学习和成长，从此懂得如何保护自己、如何分别好人与坏人。那她的潜意识就没必要为了保护她，而让她长期感受到内心的痛苦。她也才会有信心去认识新的男性，因为她知道，自己有能力保护自己，而且，并不是每个男性都是恶魔。

同样，企业家如果能从破产的事件中学习到投资的技巧，拿到资源可以让自己避免再犯同样的错误，那他就能够抚平这道心灵创伤，从头再来。就像爱迪生发明电灯那样，在尝试了 1 600 种材料去做灯丝都不成功时，还在不断尝试新的材料。他之所以能够这样做，是因为他能从每一次失败中学习，在他的信念中，没有失败，只有回馈。

过去了的，终将成为美好的回忆

是的，没有失败，只有回馈！只要生命还在继续，我们经历的每一件事情都是一个过程，每一件事情都值得我们去学习，我们都可以从中学习。只要我们能从每一件事情中去学习、去成长，我们就能疗愈心中那一道道“疤痕”。

所以，当你再次遇到伤害时，记得提醒自己从中学习，问自己：“这件事让我学到了什么？如何避免类似的事情再次发生？”

当然，那些过去留下的疤痕，并不是简单知道这些道理就可以解决的，因为真正的改变并不是在意识层面，而是在潜意识层面。要进入潜意识，需要专业的能力。就像脸部的疤痕可以找专业的美容师一样，心理的疤痕也可以找专业的心理学专家帮你疗愈。

有人说，往事不堪回首，因为那里有一道道的疤痕。其实，每一个创伤的背后，都埋藏着无限的资源。如果你能够鼓起勇气去直面这些困难，穿越这段旅程，你将会有意想不到的收获。如何“穿越”？简言之，就是遇到困难时，面对它、接受它、承担责任；解决它、放下它，享受其中的快乐，并从中学习和成长，让每一个当下都变得有意义！只要你愿意去疗愈、去穿越，就会像普希金说的那样："过去了的，终将成为美好的回忆。"

你不出发，谈何到达？

穷只能阻挡懦夫的脚步，却是勇士走向理想的阶梯

有一天无意中读到一段话："你写 PPT 时，阿拉斯加的鳕鱼正跃出水面；你看报表时，梅里雪山的金丝猴刚好爬上树尖；你挤进地铁时，西藏的山鹰一直盘旋云端；你在会议中吵架时，尼泊尔的背包客一起端起酒杯坐在火堆旁。有一些穿高跟鞋走不到的路，有一些喷着香水闻不到的空气，有一些在写字楼里永远遇不见的人。"

我喜欢周游世界，也认识很多喜爱游历大好河山的朋友，但看到这句话时，我脑海中浮现的是一个女孩的影子，她叫千帆远瀑。

纤瘦的身材，灵动而倔强的眼睛，文静秀气的短发，稚气未脱的脸庞，千帆第一次站在我面前时，是在 NLP 执行师课程。她说，自己是一个自媒体工作者，看到我的履历中有曾经带团考察，走遍 30 多个国家的经历，于是对我很好奇。因为她自己也是一个热爱旅游的人，已经走遍了 99 个国家。

99 个国家！我一下子惊呆了，问她多大了。她说 29 岁。

一个 29 岁的女孩去过 99 个国家，她的经历远远超过我的预想，要

知道我走过 30 多个国家已经很不容易了，一个年纪轻轻的女孩能有这样的经历真令人敬佩。我问她对哪个国家印象最深刻。她说“车臣”。出于对她的敬佩，我跟她去了一趟车臣。除了风景，其实我更好奇的是她的故事。

读万卷书不如行万里路，行万里路不如阅人无数。读书、旅行、识人这三者都是我的最爱，所以这一趟旅程，我除了看风景外，一直在读这个小姑娘的人生故事。

99 个国家，那得花多少钱啊？我心想，小姑娘不是富二代就是官二代。可是通过了解我发现自己猜错了，原来她周游世界不光没有花父母一分钱，还赚了不少钱。不但轻松养活自己，还在房价奇高的北京拥有了一套自己的房子。多少年轻人因为房子问题而苦苦挣扎，而她，一边欣赏着美丽的风光、一边享受着世界各地的美食，却赚得比一般人多得多。这不知要羡煞多少年轻人，就算是年过半百的我，也对她投去了羡慕的目光。

她是如何做到的呢？各位读者也许跟我一样，充满了好奇。

千帆说，高考结束后的那个暑假，她就开始了人生真正意义上的“玩”。她形容当时的自己像一只“放山猪”，在老家杭州周边彻底放飞自我“玩到嗨”。

阻碍学生旅游的最大问题往往在一个字——“穷”，大多数学生面对旅游时都会选择放弃，盘算着等工作后挣钱再说，结果发现工作之后反而从穷晋升成了穷忙，旅游仿佛成了一件更加遥远的事情。

但是，穷，只能阻挡那些懦夫的脚步，却是勇士走向理想的阶梯！千帆就是这样的勇士，穷并没有阻止她看世界的脚步。新闻专业毕业的她充分利用自己的优势，把旅游的经历写成一篇又一篇文章，这些文章为她挣得了稿费，也为她开始下一段旅程积攒了资金。凭着这股子拼劲儿，本科到研究生，她的足迹几乎踏遍了中国的每个省，大多数城市。

与千帆一样，我也曾经是一位周游世界的穷人。我读大学时就发愿要周游世界，可我是来自农村的穷孩子，连吃饭都成问题，哪有钱去旅游？但我并没有放弃。一次偶然的机会激发了我的灵感——那么多人都想走出去看看世界，这不正是一个绝好的商业机会吗？于是我开始组团出国游学，在我 30 岁出头的那几年，曾带领数百名企业家走过 30 多个国家，走访了数十家世界五百强企业。其间，我不但领略了美丽纯净的自然风物与人情风俗，也吸取了很多企业管理的精髓，关键是，不仅没花钱，还赚了不少钱。

不跨过去，你就永远停留在原地

我想借千帆和自己的经历告诉大家，穷，绝对不是限制你周游世界的理由！那究竟是什么阻止了你的脚步呢？为什么有些人可以轻轻松松地周游世界，有些人却苦兮兮地过着日子？难道真的是这些人家财万贯，家底颇丰？那些没钱又没闲的人，就没有出去看看的资格？

如果你想知道这些问题的答案，不妨打开朋友圈的评论看看。不少人会经常发一些旅游的图片在朋友圈，而评论里总会引来不少人的指责，不是被指责炫耀，就是被怀疑钱来路不正……其实，这样的想法才是真正的问题，因为这些人已经固执地认为，一般人周游世界是不可能的。他们不明白的是，对千帆这样的人来说，旅游根本就是生活的常态，有什么好炫的？而安于现状，贪图眼前享乐的人，都会停留在原地，永远止步不前。

千帆其实也是普通家庭出身的女孩，只是碰巧喜欢旅游，喜欢把旅途中的见闻写在博客里，加上拍照技术不错，尤其擅长拍带有人文情怀的细节图，渐渐的积累了一批粉丝。写了几年博客后，就有旅游景点的客户主动找上门来求合作。到 2014 年，合作机会越来越多，她决定离职，全职做旅游 KOL（关键意见领袖 Key Opinion Leader，指在微博上有话语权的人）。

当然，并不是会写点文章就能成为旅游 KOL，粉丝的积累需要时间，很多人写着写着就放弃了。但对未知世界的向往一直在支撑着她，她镜头里的草木砖瓦在默默诉说着光阴的流逝，笔下的一字一句都是对探索的虔诚。勇气与作品为她迎来了更多的回报，众多广告商开始找上她，她在这条路上走得越来越宽，影响力越来越大，去的地方越来越多，收获的物质报酬也越来越丰厚。

舒适区太过安逸，却可以轻易毁掉一个个梦想

一般人都在等有了钱之后再出去玩，而千帆不一样的地方在于，她懂得玩了之后再变得有钱！

有鸡之后才有蛋？还是先有蛋才有鸡？这是个历史难题。可是我们为什么要纠结于这样无聊的问题？我们只需知道，只要获得了其中一项，我们自然就能获得另一项，这不就可以了吗？

与鸡、蛋类似的问题，生活中比比皆是。有了钱才去学习，还是学习之后才会有钱？有了能力再工作，还是工作了之后才会变得有能力？等身体好了再运动，还是运动后身体才会变好？等有了钱再结婚，还是结婚后才会有钱？……

“先有钱再去旅游，还是旅游之后才有钱”只是众多问题中的一个而已。生活中，不少人困于这样的问题之中，找不到出路。其实，哪一个先并不重要，重要的是你敢不敢在当下迈出第一步。你不出发，谈何到达？

限制你出发的并非金钱，也不是别的有形的条件，而是你的内在，你大脑中的一个个限制性信念。也许你会说：“千帆只是一个女孩，没有家庭拖累，当然可以自由潇洒无牵无挂地到处跑。我上有老下有小，还有一堆家务等着去做，哪有时间走得开？”其实，人生的每个阶段都有走不开的理由。你今天被孩子老人牵绊住了，明天也会被孙子重孙绑住双脚。也许你从来不会发觉，很多时候是你自己不肯跨出舒适区而已。舒适区太过安逸舒适，却可以轻而易举地毁掉一个个梦想。而你乐意把时

间花在什么地方，时间就会回报你什么样的乐趣。

如果你继续抱着“等我有了时间，就去周游世界”，“等我有了钱，就去旅行”之类的信念，我保证你一辈子只能羡慕嫉妒别人，因为你永远都跨不出那一步。

与其羡慕别人，不如勇敢地迈出第一步！从你的舒适空间里走出去，去看看那个你没走近过的世界，你会收获更多。

如何放下灵魂的重担

一个愿意敞开心扉的人，是有力量的

每个人内心深处都会有难以忘怀的伤和痛，时日一久，逐渐凝结成一个个执念和心结。每每触及，心就像被针扎一样，隐隐作痛。

学员石梅就是这样一个一直沉溺于过往伤痛的人。有一次课程上，我正在教大家如何认清“矛盾”，她主动举手希望可以做个案。我答应了。石梅上讲台时，双手向内紧紧握住话筒，虽然初次上台有些拘谨，但她的眼神里还是流露迫切希望解开心结的期待。在我的鼓励下，她缓缓坐到了椅子上，开始讲述3年前的一件事：

“那天，弟弟来看我，我带他去一间诊所检查身体。没想到，那个医生看到我弟弟的脸，竟然说他这样的面相短命。一年后，弟弟就因为白血病去世了……”回想起曾经无比依赖自己的弟弟转眼间就阴阳相隔，石梅陷入了深深的无助和悲伤中。她觉得，就是因为医生的话给弟弟带来了强烈的心理暗示，才让弟弟离开人世的。她不是没有尝试过帮助弟弟，但每次去劝导，弟弟都会说：“姐，你不是我，你可以做到，而我做不到……”

“现在，每当自己的脾胃不舒服，就会有一种疼痛感蔓延到全身，从头到脚，每一根神经都在提醒自己，如果不是那个医生说的那些话，弟弟也不会离开。为什么他非要那样说？为什么我要带弟弟去看那个医生？为什么？”

石梅的讲述让我陷入了矛盾的境地，一方面，这不是单纯与他人的矛盾，而是更深层次的跟自己的矛盾（内疚和自责），它同时包含了内疚、怨恨、自责等一系列情绪。疗愈起来并不简单，其他学员也许一时难以理解。但另一方面，这件事对石梅来说，已经困扰她3年多了，如果不去处理，也许她的灵魂会继续背负着这个沉重的包袱度过艰难的一生。何况，石梅已敞开心扉寻求帮助，这极其可贵，因为一个愿意敞开心扉的人，是有力量的。

“是我害死了弟弟。”她喃喃地说道，目光呆滞，双眉紧锁，更像是在自言自语。

“石梅，我知道你很难过，从这份难过中，我能感受到你对弟弟深沉的爱，同时我也能感受到你对那个医生的恨及对自己的责备。”我心平气和地说，“如果一切皆有可能，你希望我们聊完天之后，达到什么样的效果呢？”

她沉吟了一会儿，说：“弟弟能回来。”

“好吧，我待会儿请你弟弟回来，让你跟他说说话。”我指引她看着远处，“如果什么都可以发生，你希望你的未来变得如何？”

“我要的是一个像以前一样，自信、健康、活跃的我。能代替弟弟，把爸妈照顾得更好。”

“嗯，那你需要有自己的事业，才能更好地尽孝，让父母过上好日子，这也是弟弟愿意看到的，对吗？”我指着她目光凝视的空间问，“所以那个石梅也是有能量、有活力的，对吗？”她点点头。

“可是，现在的石梅呢，处在一个怎样的状态？”

“难过、自责、压力很大。”石梅好不容易露出来的一点笑容一下子又收了起来，“我这 3 年多都没睡好觉，精神一直不好。”

“如果你弟弟在天堂的某个位置看到他姐姐今天的这个状态，他心里会有什么样的感受呢？”我用手指向天空，轻轻地问石梅。

“他一定会很难过。”一行泪从石梅的眼中奔涌而出，她又开始哭了起来。

“这 3 年多来，你一直认为自己害死了他，总在责怪自己，陷入深深的内疚中，你弟弟会怎么看呢？他会同意你的观点吗？”

“他不会，他知道我一直在帮他治病，他不会认为他得病跟我有关。只是我会不由自主这样想。”

“所以，你今天的内疚、痛苦都是由于这个想法造成的。你现在活得这样辛苦，这是他希望看到的吗？”我继续用手指着天空问，“你弟弟希望姐姐怎么过她的生活？”

“他当然不希望我这样，他希望我可以替他孝敬父母，照顾他儿子。”

“可是，你今天这样子，可以完成弟弟的期待吗？他在天之灵能放心吗？”

“可是我也不想这样啊，呜……”石梅放声大哭起来。

“你要完成弟弟的遗愿，要孝敬父母，还要照顾他的孩子，可是谁来照顾你自己呢？”

石梅止住了哭声，开始陷入了沉思。

“我留意到你一直在责怪你自己，这样的你又如何有能力照顾身边人？要让你弟弟放心，照顾好你自己才是关键。如果你继续这样生活下去，身体越来越差，你弟弟又能指望谁来完成他的遗愿呢？你能告诉你弟弟，你会照顾好自己，让他安心吗？”我柔声问她。

石梅开始对着天空说话，仿佛她的弟弟在天堂的某个位置，她轻声说着，请弟弟放心，她会照顾好自己，经营好自己的事业，这样才有能力照顾父母和侄儿。我留意到她说完这番话后长长舒了一口气，深锁的眉头舒展开来，脸上开始有了笑容。

一味地沉湎于过去，人生是走不长远的

在做这个个案的过程中，我应用了“位置感知法”加上“冰山原理”。所谓的“位置感知法”就是让当事人去到另外一个人的位置来感知他人的内在冰山。至于“冰山原理”是萨提亚流派的一个观点，它把人的意识比喻成浮在海平面的冰山一角，而人的潜意识就像海平面下面的巨大冰山，是我们肉眼无法看见的部分，包括内在的感受、观点、期待、渴望等。

当局者迷，当石梅处于自己的位置时，她是迷茫的。我通过位置感知法带领她置身弟弟的位置，去清楚地感受弟弟的所思所想，然后帮她放下了让自己陷入痛苦 3 年多的观点——“是我害死了弟弟”。这个观点就是她的心魔，让她一直活在内疚与自责中。

接下来，我用了同样的手法，带领石梅去到当年那位医生的位置，去感受医生的感受，了解他的观点、期待和渴望。站在医生的角度，她明白了，作为一名有着专业知识和丰富经验的医生，可以轻易判断出她的弟弟已经得病的事实，并不是医生的一句话让她弟弟得病的。医生想让病人得到及时治疗，是出于好意，只是不该当着病人的面直接这样说。

通过“位置感知法”与“冰山原理”，我让石梅看清楚了事件的真相，她可以保留对医生的恨，因为他确实对弟弟造成了伤害。但同时，石梅也放下了令自己受苦的执着——她一直认为是医生的那句话让弟弟生病的，也因此在恨医生的同时恨上了自己。当她放下这份执着时，她也放过了自己。

因为放下，所以放松。第二天的课堂上，石梅的脸已由暗淡无光变成了灿若桃花。

让你痛苦的，从来不是外在的事件，也不是某些伤害你的人，而是你对过往所发生的事件和人的解读，这些解读有时候就像心魔一样将自

己囚禁。所以很多时候，我们可以说服所有人，却说服不了自己。但是，一味地沉湎于过去的错误或者是伤痛，我们的人生是走不长远的。有些事情，越遗憾，越愧疚，越会成为我们人生中时不时浮现的梦魇。对于已经过去的事情，我们无力改变，不如学会与过去的伤痛和平相处，向阳而生，努力疗愈内在的伤痛，成就一个更好的自己。

莫把自己的人生交给算命先生！

命没有定数，要靠自己创造

你属于哪个星座？什么属相？来，让我看看你的爱情线！看看，有多少人爱算命！在如今，算命、看手相、聊星座已不仅仅是对命运的解惑，更俨然成了一种社交手段！其实，大家爱聊星座、属相、手相，是因为对未来迷茫，忐忑于一切的未知和不确定。于是，找算命先生掐指一算，吉卜赛女郎一摸水晶球，星相师望望天空，你的前世今生、过去未来，就通通展现。但是，我们的命运真的是天注定吗？如果通过算命真的能知晓未来，那为什么有的算得准，有的算不准？

究竟是什么在影响着我们的命运？也许有一种不易察觉的无形力量在影响着我们的人生。这种力究竟是什么呢？让我们一起来探索一下这个问题。

我每个月都有几个固定的课程，有一个月在美国待了 20 天，因此一回来就要讲 4 天课程。在做计划的时候，我最担心的就是时差问题，美国时间和中国时间相差 10 多个小时。根据以往的经验，我每次从国外回来，白天都昏昏沉沉的，晚上反而睡不着。可是我这次一回来就讲了 4

天课，竟完全没有时差，白天讲课很精神，晚上睡得也很香。不是有惯性力量吗？可我这一次为什么没有呢？

我想起了苏西·史密斯老师，她经常从美国飞来中国讲课，每次她都神采奕奕的，完全没有时差问题。我曾经问过她为什么没有时差问题，她神秘地告诉我："时差这个东西，你相信有就有，你相信没有就没有。"这一次，我亲身经历了一次从国外回来马上工作的经历，好像明白了什么。

我想起了佛教的两个术语——业力与愿力。时差是作息时间的转换结果。当你在另一个国家生活了一段时间，已经习惯了当地的作息时间，这种习惯就会通过某种方式储存在你的身体记忆里。这种习惯的力量就是一种业力，是过往的人生习惯对未来产生影响的惯性力量。从国外回来后，身体自然会依从这种力量。但当我一回来就要面对工作时，我给了我的身体一股新的力量，这股新的力量就像佛家所说的"愿力"一样，让我从过往的习惯中脱离，进入了新的循环。

我想，算命也是同样的道理。算命是根据一个人之前生活轨迹的惯性推测出来的未来，是对固有规律的推导。但如果一个人能够在人生的旅程中刻意地加入一股新的力量，就能打破原有的规律，进入新的人生轨道。而按照之前规律惯性推导出来的未来，自然不准。所以，算命准，说明你还在以前的生活轨道上；算命不准，则说明你正在突破自己过去的模式，创造一个新的未来！

我们来看一个传说中的故事：明朝有一个叫袁了凡的人，他就依靠自己的力量，改变了命运！

小时候，一位算命先生给袁了凡算了命。随着年龄的增长，他发现，自己什么时候中举人，什么时候中进士，当什么官，俸禄多少，全被算命先生算中了。突然之间，他觉得一个人的功名沉浮是命中注定，那人生还有什么意思呢？想到算命先生说自己只能活到53岁，还没有后人，他更感到心灰意冷。

后来，他去栖霞山拜见了得道高僧——云谷禅师。他和禅师面对面枯坐了三天三夜，连眼都没闭。这份定力，让云谷禅师非常惊讶。袁了凡却告诉禅师，他的命被算定了，都是定数，想也白想，所以干脆就不想了。

云谷禅师遗憾地对袁了凡说："如此定力，本是圣人行径，你却被自己的命数所束缚，成为凡夫俗子，太可惜了。虽然命数有定，但这只对平常人而言。一个极善的人，就不会被命数所束缚。"在云谷禅师的引导下，袁了凡发现，自己的福薄与自己的德行有关。于是他决定改变自己，一心向善，以善改命。

袁了凡开始按云谷禅师的指点发愿做善事。第二年，他参加科举，中了状元，而算命先生算得他只能得第三名。之后发生的一切，也不再按当年算命先生算定的那样发生了。由此，他更相信云谷禅师的论断——命运可以改造！

之后，袁了凡还有了儿子，活到算命先生说的寿终之时，即 53 岁，他一点病痛都没有。活到 69 岁时，他决定将自己改命的事写下来，告诫子孙：命没有定数，要靠自己创造！于是就有了著名的《了凡四训》。后来，袁了凡一直活到 74 岁。去世之前，他依然认真行善。

袁了凡的故事引发了我的思考：为什么他能改命？这仅仅是迷信吗？这里面是否有心理学的原理？作为一个现代人，我们可以从他的故事中学到什么？

业力与愿力，哪个都将影响你一生

在分析袁了凡的故事之前，我们先来了解一下业力和愿力这两个概念。

"业力"这个词来自婆罗门教术语，后来被佛教引用。业力的"业"字，原是作业或行为的意思。在佛教理论中，业力是控制一切自然界和道德界现象的因果规律。

佛家把业力分为身、口、意三业。身业，就是由身体行为所做的“业”；口业，是由语言所做的“业”；意业，则是念头所产生的“业”。身业、口业都是随念头而造的业，所以，意业是一切业的根源。

从心理学角度来看，业力就是一个人的习惯模式。意业可以理解为一个人的信念，信念决定行为，行为创造结果。一个人一生的命运是由其自身行为所创造的，而行为的源头又在于信念。因此，一个人储存在潜意识里的信念决定着他的一生，这跟佛家所说的“意业”很类似。

算命先生有自己的一套方法，根据了凡的业力去推断了凡的人生，当然可以推算得准确。就像推算一个刚从美国回来的人会有时差一样，因为万事万物的运行一定有其规律。业力，就是佛家对人生规律的解读。

“愿力”也来自佛教用语，是誓愿的力量，多指善愿功德之力。佛法讲，修行人有两个法宝，一是愿力，一是智慧。所谓的愿力就是指意愿之力。

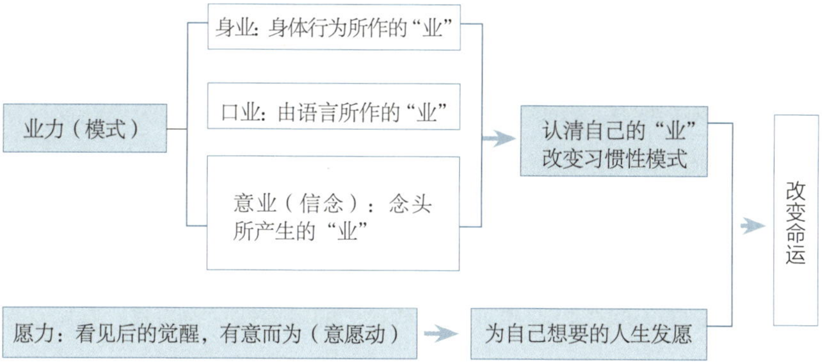

提升自己的智慧

了凡的命是从什么时候开始改变的？就是从他发愿开始。发愿就是意愿之力。愿力的出现，打破了算命先生已经算出的命运。有了新的力量影响，原有的人生轨迹自然会发生变化。业力就好像地心引力，所有有质量的物质因为地心引力的影响，最终都会掉落地面。而业力则一直牵引着人们在既定的轨道上前行，不会偏离。但如果我们给人造绕地卫星再燃一次火箭，再给一次推力，它就很可能突破绕地轨道，进入外太空。这火箭就好比是愿力，一次新的发愿，给了卫星全新的生命轨迹。

你的愿力越大，对你下半生的影响就越大

改变了凡命运的关键是，他开始发愿做功德。那功德跟愿力有什么关系呢？梁冬老师对“功德”做了最通俗的解读：在物理学上，功＝力×力方向上的位移；德，是能为别人做点事。所以，我对“功德”的理解就是，用力去推动自己和他人朝你所希望的方向前进，让他们的生命变得更加美好。这不就是“愿力”吗？

业力就是任由过往各种因缘、模式自然发展的结果，是一种无名，一种随波逐流。而愿力则是有意而为，是一种看见后的觉醒，是一种新的选择，所以它可以带来新的方向。袁了凡的改命，就是他抛却随波逐流的生活模式，明悟觉醒后对新方向的一种选择。

如此说来，你也完全可以改命！模式，其实就是你的业力。如果你看见了，依然不做出任何改变，就等于把自己的命运交给了过往的因果循环，交给了业力。但如果你有意识地发愿，你就可能为自己改命！你的愿力越大，对你下半生的影响就越大。

也许你会问，怎么做才能改变自己的命运呢？我认为，可以从下面3个方面进行尝试：

1. 认清自己的“业”。也就是认清自己的习惯性行为模式。看见，是改变的开始。

你不妨问问自己：在我的人生中，什么事情在重复地出现？我一直在什么样的模式里轮回？

2. 为自己想要的人生发愿。你可以问自己：如果有可能，我想要什么样的人生（越具体越好）？如果我要过这样的人生，具体要做些什么？

记住，功德功德，一定要有功才行，而功是由力推动的。所以，为自己的人生改变出点力，不要再放任自己的人生随波逐流。

3. 提升自己的智慧。佛家认为，除了愿力之外，更重要的是智慧。我认为，学习是增长智慧的最好方法。

但愿更多人能够用自己的愿力，去突破那些约束人生的业力！既然命运是可以改变的，我们为什么还把自己的人生交给算命先生呢？

兼收并蓄，人生才会越走越宽广

干大事者一定是能够融合不同理念与特质的人

法国社会心理学家托利得说："要测验一个人的智力是否上乘，就看他的大脑是否能够同时容纳两种相反的观点，而不妨碍其行事处世。"这是著名的托利得定律。2000 多年前，圣人孔子也说过："君子和而不同。"可见，古今中外的智者都认为，成大事者需要容纳不同的观点。可是，容纳不同的观点，真不是一件容易的事。

前些天约 A 君喝茶，他毫不留情地推了，因为"跟多年未见的好兄弟有约"。第二天 A 君主动约了我，一见面就沮丧地说："曾经那么好的兄弟，真的就差穿一条裤子了，见了面竟然没什么说的！"

跟当年无话不谈的朋友再也聊不到一块，这是很多人都有的经验。不是你认为他的想法太尖锐，就是他认为你的观点太保守，两个人就好像生活在不同的世界里，思想怎么都没办法同频。所以，"物以类聚，人以群分"，大家都乐意待在各自的小圈子里，不愿意向外看，更不愿意往外走。

过去，我也是这样的人，不喜欢跟和自己观点不同的人相处，有时因为工作的关系不得不跟观点不同的人相处时，也十分压抑。记得10多年前，我们举办心理学大会，邀请了近10位国际赫赫有名的心理学者在大会上做专题演讲。为了便于招待，我把专家们安排在一起用餐。记得吃饭的时候，美国的谈判专家威廉姆·霍顿——大会邀请的主讲嘉宾之一，他在席间当着所有人的面说："Team（团长的英文名）真是不简单啊，能够把这么多自以为是的家伙放在同一张桌子上吃饭，这是多么不容易的事啊！"

记得他的话还没说完，我的鼻子就酸了。因为席间这些谈笑风生的专家们，他们的学说分属于不同流派，有的观点甚至针锋相对。他们也确实在很多场合有竞争，甚至彼此相轻。只有我知道，让这些人平静融洽地在一张桌子上吃饭，这背后究竟经历了怎样的不容易！威廉姆·霍顿简单的一句话，把我的那些甜酸苦辣都翻了出来。

当然，今天的我已经慢慢学会了跟拥有不同想法、不同性格的人相处。因为我知道，干大事者一定是能够融合不同理念与特质的人。如果想要干大事，就应该兼容不同的观点，思想不仅要与时俱进，还要海纳百川。

虽然我至今依然无法做到托利得说的那样，但我知道，现在的我比以前的我在这方面有了很大的进步。所以，这一次，团长想跟大家聊的话题是"如何开放我们的大脑？"只有开放大脑，我们才能兼收并蓄，人生才会越走越宽广。

其实我们可以从身边很多人那里印证这一点：那些能容纳不同观点的人，他们确实事业做得好，而且婚姻幸福，朋友关系和谐。但为什么有些人总是固执己见，大脑一发现不同意见，就立刻攻击？有的人为了不向外攻击，干脆习惯性地压抑自己呢？为什么我们的大脑很难兼容不同的意见？

我们的很多认知都是建立在过去的经历之上

人们之所以不能接纳两种以上观点，是因为大脑在面对不同的观点时会产生冲突。所谓冲突，指的是大脑中正反两种观点之间的挣扎，是“应该是”和“如是”之间的碰撞，是“我对”与“别人对”之间的争执。冲突不仅发生在人与人之间，自己的内在也有不少冲突，比如，“我不知道”没问题，而“我不知道但是我应该知道”就有问题了，“我不知道但是我需要知道”也是一种冲突。

我们应该如何应对这种冲突呢？我的方法是把“冲突”转化为“困惑”。

困惑是“过去是”和“如是”之间的不一致，也就是今天发生的事实与自己过去的认知之间的不一致，是现在与过去之间的冲突。一旦区分出来“过去”与“现在”就好办了。

你怎么知道你的“应该是”一定是对的呢？如果你的“应该是”是“过去是”呢？同理，你一直坚持的“我对”，也只是过去的证据证明是对的而已。我们的很多认知都是建立在过去的经历之上，我们以为的“应该是”所依凭的也是从前的根据。时间不断在流逝，形势时时变化，以前的观点，现在是否还合时宜呢？

看到这其中的时间框架了吗？如果你看到了，就自由了。“困惑”是把彼此冲突的两种观点放在两个不同的时间框架，把我们坚持的“应该是”放在了一个过去的时间框架，这样我们就不会执着于原来的观点，而愿意开放一个新的空间，一个能容纳不同观点的空间。

冲突与困惑之间最大的不同在于，冲突把不同的观点、不同的认知放在同一个时间框架内，即现在；而困惑则包含两个时间框架，过去的框架和现在的框架。冲突会让你排斥异己，故步自封；困惑则促使你去探索未知，寻找新的答案。你不再坚守过去的认知，这样才能看到新的可能，不断成长。

开放包容，天地更宽

那么，当我们遇到不同的观点、不同的人时，应该怎么做？

首先保持觉察。提醒自己，把自己的认知放在过去，把对方的认知放在现在。一个观点是过去时，另一个观点是现在或者未来时。哪怕现在的观点不一定是对的，但大脑因此开放了一个储存的空间，本来的冲突就变成了困惑。一个人如果心中有困惑，他就会去了解、去学习、去成长，随着困惑逐渐云开雾散，我们的世界不就越来越大了吗？

这就好比氢气和氧气，如果把这两种物质存放在同一个有限的空间，一旦点燃就会爆炸。但是，只要把氢气和氧气存放在两个不同的空间，彼此不就安然无恙了吗？当然，有时候我们需要让两种思想发生碰撞，这样才能产生新的思想。

大多数时候，冲突会激化矛盾，而困惑可以促使我们不断成长。开放包容，天地更宽。我们不妨有意识地锻炼大脑开放、包容的能力，刻意去跟那些与自己持有不同观点的人相处，这样有助于探索那些跟我们完全不一样的人的世界，进而拓宽我们的包容心。我相信，长此以往，我们终将做到托利得说的那样，让自己能保全完全相反的观点，却能正常行事，成为一个智力上乘的人。

心中有鬼可能是内在阴影的一种投射

是心中有鬼，还是真见鬼了

世界上有鬼吗？至少目前科学无法证明有，但科学也有它的局限性，暂时无法发现的东西并不能说它就不存在。虽然科学无法证明有或者没有，但“鬼”一直存在于民间故事、文学作品及不少人的心中。究竟有没有鬼？会不会有一天能用科学的方法把它检验出来，我不得而知。碰巧团长在一次个案中疗愈了一位被鬼困扰了30多年的女士，这个案例十分有趣，分享给大家。

叶苗是我《升级生命软件课程》的一个学员。她说，自己从小就非常害怕一个人待着，这一怕就怕了30多年。

在台上和她相对而坐时，她躲闪的眼神，失措的双手，包括闭上双眼时急促的呼吸，她的整个身体都在诉说着恐惧。以往的经验告诉我，这次探索对她来说，是一次不那么容易的旅程。

“叶苗，我留意到你全身在发抖，你在害怕什么？你的眼泪在诉说什么？”我用很轻很轻的声音问她。

眼泪顺着她的脸颊一直往下流，她仿佛对这种感觉并不陌生。

“能告诉我发生什么了吗？你看到了什么？”

“小时候，我一个人睡觉，屋里好黑，我想坐起来，但我不敢起来，周围没有人，一个都没有，只有个窗户……”“嗯，屋里很黑，周围没有人，只有……”我慢慢地重复她说的话，一步一步带她走进当年那个让她害怕的房间。

她的诉说像一部恐怖电影，整个课室仿佛泛着森森寒气。“有个衣柜……”她喃喃地说，“衣柜……衣柜里……有东西，好恐怖……”叶苗整个身体往后缩，椅子差点因此被压倒。

我一手扶稳了椅子，另一只手扶着她的手臂，让她知道我就在她身边，借此让她有足够的勇气去面对她害怕了30多年的东西。她的身体在发抖，手臂冰凉的。我鼓励她说：“我们回到那个房间，看着那个衣柜，我就在你的身边。”她的呼吸越来越急促，“我们一起去打开它……”

“不要！”这句话几乎是嘶吼着冲出她的喉腔，把全班同学都吓了一大跳。

“你在怕什么？”她大口喘气的时候，我轻轻地问。

“有鬼！——”她紧紧地抓住我的手臂，号啕大哭。

“害怕是可以的，我们一边害怕一边去看看那个鬼是谁？它已经吓了你几十年了，我们一起去看清楚究竟是谁一直在吓你。”我猜也许是，在她童年时期，某个人曾经给她造成了很大的心理阴影，或许是一件她不敢面对的创伤性事件在她潜意识里投射成为“鬼”。我想陪着她把那个“鬼”捉出来。

“你是谁啊，干吗要吓我？”她嘶吼着说，“我求求你告诉我好不好，我真的好怕你，呜……”她越哭越伤心。我在一旁给她力量，“叶苗，我就在你身边，我们一起去打开柜门。”

她颤抖地抬起手，微微地做了个开门的动作……渐渐地，渐渐地，她平静了很多，仿佛看到了那个“鬼”。

“叶苗，它是谁？”

“它走了，它出来就走了。”她闭着眼睛说。

“那它是谁呢？去看看它，是谁呢？”

她喃喃地对“它”说：“你是谁？你的脸怎么这么黑？我看下你好不好？”说着伸出双手，仿佛想去揭开那个“厉鬼”的面具。

就在这关键的一刻，她的手突然反转伸向自己的脸，一点一点地摸索着，就像是在抚摸那个“鬼”的脸。我已经知道她的“鬼”是什么了，所以没去打扰她，让她有足够的时间一寸一寸地抚摸自己的脸，直到她脸上慢慢露出了天真烂漫的笑容。

“怎么了？叶苗，看清楚了吗？”我看她仿佛不怕那个“鬼”了，于是问道。

“它走了。”

“然后呢？”

“它出去玩了。”她突然睁开眼睛，笑得像个小女孩。

台下很多原本屏息凝神的学员，一下子忍俊不禁地笑了出来。

“我很好奇，当我让你去看清楚那个鬼的时候，你为什么突然摸自己的脸呢？”看到她已经完完全全地从恐惧中走了出来，我知道自己可以无所顾忌地与她谈论鬼了。

“我也不知道。”她天真地看着我，问，“为什么呢？我本想去看清楚那个鬼的，可当我一摸自己的脸就不害怕了，觉得好搞笑，为什么会这样呢，团长？”

我不知道该怎么回答她，也不想去回答这样的问题，因为一旦去探究“为什么”时，人又回到了意识层面，而心理疗愈都是在潜意识层面进行的。有效果比有道理更重要，重要的是，她不再害怕鬼了。至于她内心是如何玩这个游戏的，也许连她自己也不知道，我又何必把宝贵的时间浪费在这些事情上呢？

“我也不知道为什么，管它呢。重要的是你现在感觉怎么样，叶苗？”我微笑着问她。

“轻松多了，不过有点累。”她叹了口气说。

“你吓了自己这么多年，对自己有什么好处呢？”我突然问了一个看似奇怪的问题。

她沉默了好一会儿，说：“当我害怕的时候，就会有人关心我。以前是爷爷奶奶，现在是老公，这算是好处吗？”

“算啊，你只要害怕就会得到别人的关心，但得到关心的方法有很多，非要用这个方式吗？你已经吓自己吓了几十年，都快把自己吓死了，你还想吓自己多久呢？”

“不要了，以后不想这样了。”叶苗无可奈何地笑笑说。

是否真的有鬼我不敢确定。但多年的心理咨询经验告诉我，很多人说的所谓的“鬼”，只不过是他跟自己内心玩的一个游戏而已。

在自然界，白天与黑夜交替，哪里有光，哪里就有影子。著名心理学家荣格用“阴影”来描述我们内心深处隐藏的或无意识的心理层面。阴影的组成有自我的压抑或者其他部分，但大多是让我们感觉蒙羞或难堪的内容。这些我们自己不满意却存在于我们潜意识里的人格特点，往往会被我们投射到其他人或“鬼”身上。

就像叶苗一直觉得自己身边有鬼，可当我让她看看鬼长什么样时，她竟然去触摸自己的脸。由此可见，那个吓了她多年的“鬼”，很可能就是她内在“阴影”的投射而已。我们这一生，总有一些事情是不愿为人知，甚至我们自己也会害怕去触碰的，所以我们把它深深地掩藏在心底，这就是俗话说的“心中有鬼”吧。

比清扫环境更重要的是清扫我们的内心

就像屋子脏了需要打扫一样，有的人会把垃圾直接扫到沙发底下，以为眼不见就会心不烦一样。其实，那些被我们藏起来的“心理阴影”并没有消失，它可能会被投射出来，投射成一个鬼，一个我们恐惧、害怕去面对的东西。归根到底。我们害怕的不是投射物本身，我们怕的，是那个一直藏在阴影背后的自己。

哪里有光，哪里就有影子。反过来说，我们只要看到了影子，就可以找到光源，因为光明和黑暗是相互依存的。自然界是这样，人格也如此。我们常常把自己的某些观点公之于众，又习惯性地把另一些想法隐藏在影子里。或者说，我们试图把一些不太漂亮、不敢直面的东西隐藏起来，不让人看到，或者深深地掩埋起来。

如果你被某些阴影所困扰，或是被心中“厉鬼”所纠缠时，请你大大方方、理直气壮地承认自己、接纳自己人格的每一面，把那些你一直不敢承认的事情写下来，去直面它、穿越它、接纳它。真相不会使你软弱，只会让你变得很强大。当你敢于直面自己的“阴暗面”时，也许你会突然舒一口气，因为你竟然发现，其实一切没自己想象的那么糟。

古人云，“一屋不扫何以扫天下”。但我觉得，比清扫环境更重要的是，清扫我们的内心。心理的垃圾恰似人生的乌云，虽然会引来狂风暴雨，但也能产生色彩缤纷的彩虹。选择直面它就像拿起一把利剑，也许会让你一时恐惧，但一定能让你披荆斩棘找到真实的自己。如果我们敢完完全全地敞开自己，让阳光照进来，“鬼”又将何处容身?

心灵成长：方向对了就不怕路远

著名心理大师荣格在其自传中说过，人有两次生命，一次为别人而活，一次为自己而活。而我认为，最好的生命状态是在为自己而活的同时能滋养身边的人。

他们拥有了财富，幸福却不知道在哪里

我曾经认识一位可谓功成名就的老板，可是没聊几句，他就开始感叹："唉，这些年活得很无聊，再没什么让我提得起劲的事了！想来想去，我最开心的时候还是刚创业的时候，那时候虽然累，但活得有滋有味。"听他这么说，我愕然！要知道，他可是很多人羡慕的对象，10年前，他的公司被一家海外上市公司收购。他兜里装着近10亿现金，近10年只做些投资生意，其余时间就是游山玩水、交朋结友。很多人，包括他自己都曾认为，功成名就、名利双收后只剩下一件事——享受生活。可现实是，他好像并不享受。

类似的案例还有许多，因从事培训工作的关系，我身边出现最多

的一个群体是中国先富起来的阶层——老板。因着亦师亦友的关系，他们很多不轻易为外人道的心事都会向我吐露，半是倾诉半是让我解惑。创业时，他们抱着一个单纯的念头——有钱了，就幸福了。可是今天，他们拥有了财富，幸福却不知道在哪里，他们的苦恼和困惑依然存在，甚至比以前更多。名车、豪宅、各种奢侈品、众人羡慕的目光好像并不是心灵快乐的归宿地。我不得不思考：心灵的出路究竟在何方？

当富人们都感叹不快乐时，那些正在追求财富路上的朋友是否要多一份觉察，好像财富并不是幸福快乐的必要条件，它和钱有多少，官做多大，房子住多宽敞，车有多贵并没有多大关系。穷的不快乐，富的也不快乐，那幸福快乐究竟在哪里？我们的路又在何方？

心灵成长圈之怪现象

当人们从财富和成功中找不到幸福时，一些先富起来的人开始了心灵成长的旅程。而当人们满怀期待地走进心灵成长的课程时，却发现里面也相当混乱，甚至怪象百出，大致可以归纳如下：

学生之怪。有些人没上课之前看起来蛮正常的，上了某些课程之后开始变得不正常了。有人变得很孤僻，离群索居；有人正好相反，变得异常亢奋；有人上完课就离婚；也有人上完课就不想工作，或辞职炒老板鱿鱼……发生的这一切，让还游离在心灵成长边缘的人们开始质疑——这真的是心灵成长吗？

导师之怪。有很多导师行为也让人难以理解，比如，心灵成长领域的很多导师都曾离过婚；很多导师并不是好的合作者，与合作伙伴矛盾重重；更让人不可思议的是，他们的经济和生活也并不如意，有些甚至晚年孤独，一贫如洗……

于是人们不禁会问，一个连自己婚姻都经营不好的人，有能力帮助别人的婚姻吗？一个连合作伙伴关系都搞不好的人，有能力教别人如何合作吗？一个连自己经济都不宽裕的人，有能力让别人变得富有吗？一个自己生活都不幸福的人，有能力帮助别人幸福吗？

培训公司之怪。心灵成长类的培训公司通常都是家庭作坊式的，几个人就是一家公司。我们经常会看到一个怪现象，培训公司老板自己过得苦哈哈的，却到处向人游说，说上了他们的课程就会变得富有、幸福……而迫切想要学习、想要成长的人们，他们急需在亲密关系、子女教育、心灵成长上有所突破，需要找到幸福快乐的出路。但是，满腔急切的愿望被上述这些怪现象泼了一头冷水，飞奔而来的脚步不得不止于怀疑的高墙之下。进退两难之际，人们不禁要问，心灵成长，敢问路在何方？

心灵成长，方向在哪里？

路在何方？这句话问出了很多人的迷茫与渴望。我时常从心理学的角度思索，这些“怪现象”为什么会发生呢？也时常在质疑声中思考这份事业到底能给人带来什么价值，能把人带往什么方向。到了现在，对于这些问题，我可以说找到了基于心理学、社会学及个人成长经验的初步答案。不揣浅陋，希望和心灵成长路上的朋友一起分享。

心理学将人类的成长大致分为寄生期、依赖期、叛逆期、成熟期这几个阶段。如果每个阶段都能获得充分的心理营养，心灵就会得到滋养，健康成长，生命也才能自然游转进入下一阶段。遗憾的是，现实生活中，绝大多数人由于成长环境及父母教育的影响，都无法顺利地在相应的年龄进入相应的阶段。所以，我们经常看到，有些人活到退休依然对人唯唯诺诺，一辈子活在顺从期；有些人三四十岁了还做不了决定，心理上继续停留在寄生期；另外一些人刚好相反，凡是遇到和自己不同的观点就反对，见权威就对抗，典型的叛逆期心智模式。

一个真正成熟的个体懂得尊重自己的同时尊重别人，能够包容不同观点和个性，以圆融的方式和不同情境下的不同性格的人愉快地相处合作。既照顾到了自己、身边人，又能照顾到整体和社会，这就是NLP所说的三赢。遇到冲突时，能保持中立地表达自己的观点，实现良性愉快的合作。萨提亚把这种能力叫作“一致性沟通”；完形叫作“活在当下”。

那为什么有些人的人格不能顺利发展呢？心理学研究认为，如果某个阶段心理营养不足，或者遭受了心理创伤，心智的发育就有可能出现病态，或停留在某个阶段，从而导致三种类型的人格出现：

A类：基本没有脱离寄生期，完全没有自我，唯唯诺诺。

B类：有一点自我，但发展得不够充分。这种人表现在工作上会迫于生存的压力，压抑自己，讨好别人。

C类：处在叛逆期，见到任何人都反对，为反对而反对，处处通过反对来证明自己的存在。

心灵成长之怪现象，其实是他的内在正整合

当我把人类历史和个人心灵成长两幅图画放在一起时，我豁然开朗了。不管是人类历史还是个人的心智发展，都是朝着孔子所说的“君子和而不同”的方向发展的。也就是说，心灵成长的方向就是能尊重不同观点，能和各色人友好合作，和大自然和平共处。要达到这种境界，大致要经历如下阶段：

由压抑到找回自我。一般人基于生存压力，对很多事情都会妥协，不得不为之，活得很不开心，常常压抑自我。这在心理上是处于寄生或依赖阶段。要成功跨过这个阶段，就得重新找回自我，尊重自我的真实需求。

由自我到成熟。很多人以为，在找回自我的时候会伤害别人。其实，一个不懂得尊重别人、不能很好地和他人相处的人，是他的自我还没有得到足够的成长。相反，当一个人真正懂得尊重自己时，他自然懂得尊重别人，因为他会像尊重自己一样尊重别人。

清晰了要去往何方，心灵成长内在的成长规律也了解后，“路在何方”其实也不再是问题了。当我们明白了成长的内在规律后，就会知晓，各种心灵成长课程之怪现象，其实是当事人独特的心灵成长轨迹，是他的内心在进行一次彻底的整合，在酝酿一个“凤凰涅槃”般的人格转化过程，然后汲取新的力量重新出发。这其实是他在为自己从依赖期到叛逆期再到成熟期的跨越做好准备，也就是萨提亚导师所说的“积蓄新生的能量”。

心灵成长一类的课程，通常都是通过某种方式满足学员在某个阶段缺失的心理营养，从而为进入下个阶段做准备。这些朋友也许是寄生期没有获得足够的关爱，也许是依赖期没有获得足够的肯定和认可，也许是叛逆期的自我彰显还不够。不管什么原因，他的成长卡在这里，无法前行。成长停顿会带来一种本能的焦虑，并推动他寻求出路，所以他们走进了心灵成长的课程，而且往往会用一些看似奇怪的方式满足自己曾经缺失的部分。

当我们明白这一原理后，就不难理解为什么从心灵成长课程出来的人开始变得自我、不容易合作；心灵成长的导师很多曾经选择离婚，不按商业规则做事。其实他们都是用不同的方式来呈现自我，让自我发展得更加完善。而心灵成长类的公司经营不好的重要原因通常也在于此，我所认识的很多同行，他们通常是不愿再忍受传统行业的压抑，不愿再过“依赖”的生活而转行做心灵成长培训的。他们很多都出于彰显自我时期，正在走心灵成长之路，所以，他们不愿意妥协，比较难合作。这其实是他们在用一种极度自我的方式做着一些自我的事情。所有这些现象都在成长的过程中，并不是结果！

心灵成长是一条路，我们永远在路上

方向对了，不怕路远，当你遵循内心的渴望一路向前的时候，请先在内在放一张心灵成长的地图，这样就不至于迷失方向。

当然，虽然我理解每个“怪现象”背后的当事人有他自己独有的内心世界，我也理解不能用好和坏的标准去看待千差万别的个体成长，但我也并不鼓励用不合群、不合作、离婚、炒老板、不工作等极端方式去完成心灵成长。心灵成长的路千万条，我们可以选择更和谐的道路。

内在成长的渴望促使我遍访名师，用脚步丈量世界。在从事培训的15年间，我也经历了丰富的心灵成长过程（当然，我也正在路上）。回顾这些，我想有些观点值得跟大家分享。

第一，不要相信某个导师、某个课程或某种方法是心灵成长的唯一途径。

“只有我的方法才是正道。”“上了我的课，其他任何课程都不用上了。”我认为，这是某些导师出于某种商业意图的别有用心的引导。佛说开悟有八万四千法门，成长又岂止一种方法？！

这让我想起了我学乒乓球的经历。有段时间，教练让我每天都花时间练反手球，因为反手球是我的弱项。但光把反手球练好还不行，要成为乒乓球高手，技术得全面，除了反手外，正手、滑步、推、挡、上旋、下旋等，每一项都需要加以练习。有没有人把反手球练好后，就认为自己很厉害，已经学得了乒乓球技术的全部呢？我想这样的人应该很少。其实心灵成长之路也是如此。当我们因为机缘遇到某位老师，上了某个课程，修炼了自我的某个层面后，也要意识到这只是路途中的一站，并不是全部。

心灵成长是一条路，我们永远在路上。当我们把一时的所得固化，认为这就是完美、大彻大悟的时候，成长也就停止了。

其二，导师也是人，他们并不完美，学其所长，不要模仿他的全部，也不要因为导师有某种缺陷就放弃向他学习。

多年前，我对“大师”很是崇拜，在我的眼里，他们就是完美的化身。那时的我，有一种对外在权威和力量的依赖。而现在，当我从自己内在找到力量时，我发现他们不再是高高在上的权威，而只是同路人或者某方面的先行者。

曾几何时，我会因为导师的某种缺点而放弃和他合作，也会因某个导师的某个表现对他产生厌恶之心，进而全盘否定他。现在我知道，他们在某个方面有过人之处，但某些方面如同我一样，也需要成长。

收回对老师“完美”的期待吧！收回对老师“应该如何”的诸多投射吧！我们学习他的强项，但不要指望，一个在疗愈你的自我方面很有功力的老师，能够满足你对老师的所有要求和期待。不如以感恩的心态对待老师给予你的帮助，以平和的心态接纳老师如他本人的样子，因为，老师也和我们一样，正走在一条修炼的路上。

其三，课程结束后3个月内慎做重大决定！

某个课程只是心灵成长路上的一个阶梯，是过程，并非结果。在课程中导师疗愈的只是人生的一小部分，特别是很多课程都在帮助学生找回自我，在这个过程中往往会激起过激的情绪，所以，离婚、辞职、分手、解除合约、放弃合作，甚至出家等想法可能会发生。如果你能意识到那只是个念头，是成长过程中阶段性的反应，并不是真相，就能保留几分谨慎和清醒，不至于留下遗憾了。

其四，不要因为培训公司本身经营不好就放弃对他们课程的学习。

据我的经验，心灵成长行业的导师通常商业意识淡薄，他们和谁合作全看缘分。而另一方面，从事心灵成长行业的经营者本身就是渴望成长的一个群体，他们也有很多需要成长的地方。在选择课程上，你不要仅仅从课程主办方的某些行为来简单推断课程的品质，还要重点看看课程历史，听听课程口碑。

我一直奇怪的是，快乐幸福对人这么重要，为什么从小到大，学校却没有专门的课程来培养我们这方面的能力呢？这也是我这么多年来一直坚守在这个行业的原因，因为我看到了它在教育体制之外存在的价值和意义，有太多的心灵需要被唤醒，也有太多的心灵有待成长！